看见
不可见社会

UNVEILING
the
UNSEEN

The
Sociology
of the
Invisible

于海 邹华华 ◎ 著

图书在版编目（CIP）数据

看见不可见社会 / 于海，邹华华著. -- 重庆 : 重庆出版社, 2025. 3. -- ISBN 978-7-229-15575-9

Ⅰ. C91-49

中国国家版本馆CIP数据核字第2024HE5562号

看见不可见社会
KANJIAN BUKEJIAN SHEHUI

于　海　邹华华　著

出　　品：华章同人

出版监制：徐宪江　连　果

责任编辑：陈　丽

营销编辑：史青苗　刘晓艳

责任校对：李　翔

责任印制：梁善池

书籍设计：人马艺术设计·储平

重庆出版集团
重庆出版社　出版

（重庆市南岸区南滨路162号1幢）

北京博海升彩色印刷有限公司　印刷

重庆出版集团图书发行有限公司　发行

邮购电话：010-85869375

全国新华书店经销

开本：880mm×1230mm　1/32　印张：12.625　字数：271千

2025年3月第1版　2025年5月第2次印刷

定价：72.00元

如有印装质量问题，请致电023-61520678

版权所有，侵权必究

前言

　　人面对一个宇宙，却生活在无数社会里。宇宙，包括人，是由同一种材料构成的，因此，人不仅面对且属于同一个宇宙。勉强可说，社会由同一种生物构成，但让社会结合、运转、繁盛和解体的，并非赤裸的肉身，而是被意义渗透、道德规训、价值引导和信念驱动的肉身。意义、道德、价值、信念等既不是物理上可见的东西，也不是自然律上放之四海而皆准的东西。它们是人的心智能力及其产物，而且千差万别，彼此竞短争长。这就是有无数社会的原因，也是要说"不可见社会"的理由。

　　社会当然是可见的。我们每天见到的各色人等，或擦肩而过，或寒暄致意；或共处一室，生活共事；或兵戎相见，你死我活。面对面互动构成常人强烈的社会实在感。

　　社会更有一大块不可见部分，相较之下，可见社会或许只是露出水面的冰山一角。唯名论也说社会不可见，可见的只是个人。唯名论用不可见来否定社会的实在性，这自然是缺乏想象力的实在论。设想一个普通场景：迎面过来的路人，我们能直接看见其容貌、体态和服饰，而看不见其身份，难道身份就没有实在性？身份是社会建构物，在物理上不可见，但身份可通过可见的服饰和公认的象征标志而被人猜测或辨认，我们对路人身份的了解至多也就止于猜测。怎样的服饰象征怎样的身份，不是物理公式，而是文化公式。社会学家将人们的衣着比喻为社会分层的化装舞会道具，其潜台词是，可见的外表和装饰，是为不可见的文化密码和社会规范所设计。一个人在街头的简单现身，都是一个结合了可见表现与不可见符号的互文性存在。这也反证辨析"不可见社会"之必要。

本书以"不可见社会"为名，既非标新立异，更非哗众取宠，归根结底，它源自社会学的创始传统。马克斯·韦伯（Max Weber）说对行动的主观意义的理解和阐释，是社会学的核心，也是社会的本质。根据韦伯所论，社会的本质不是物，而是个人赋予行为的意义，是群体定义行为的观念，是社会规范行为的制度。意义、观念、制度都不是物理上可见的物，而是事，确切说是人事。人事是人在与情境遭遇和与人互动中创造出来的关系、价值、规矩、做法、契约、等级、信念、惯例、地位、身份、认同、冲突、角色、信任、合作、责任、权威、服从等。而赋予意义的行为也不是物理事件，而是社会事件。

社会学的另一位奠基者埃米尔·涂尔干（Émile Durkheim），他定义社会学研究客观社会实在，即外在于个人并强制个人的社会事实。涂尔干的路径看似与韦伯的正相反，但涂尔干说的社会事实，是道德义务、商业契约、法律规章、交易信用、宗教仪式、自然语言等事项，没有一项是自然物或超自然物，全是人类活动的创造物，跟韦伯说的赋予意义的行动的产物在人文学意义上并无根本区别。涂尔干断言社会实在自成一类，正可从不可见社会的视角阐发并深化。

最明确提出研究不可见社会的社会学家是格奥尔格·齐美尔（Georg Simmel），因为只有个体在物理意义上是可见的，而社会属于独立于可观察到的个体的分析层次，因此，"社会学的对象必须是关于各种符号和互动形式的不可见世界（invisible world）"[1]。

不可见社会的第一层含义，是指物理上的不可见。韦伯聚焦的行动的主观意义和涂尔干强调的作为社会事实的集体表象，都不是物理意义上可见的东西。本书中的关键词，身份、分层、自我、名言、社会戏法等，都是社会建构物，而非自然物。以身份为例，想从基因上确定犹太身份，无论是为歧视和迫害，还是为接纳和优待，都是种族主义。犹太身份是文化身份，而非生物学属性。

不可见社会的第二层含义，是社会并非现成在那里，如自然物一样随时都可从外部非介入地看到。社会是互动的产物，是在参与的互动中生成和改变的。认知神经科学家迈克尔·S.加扎尼加（Michael S. Gazzaniga）说，终极责任是两个人之间的承诺，而非大脑的一种属性。感受某人是否有责任，是日常交往的平凡经验，但没人能掏出"责任"给人看看是什么样子，责任是在互动中表现并被感受或评价的。人跟人的合作与其说是名词，毋宁说是动词，是持续的合作意愿和合作努力上演着合作这一幕社会戏剧。

不可见社会的第三层含义，是社会的黑箱性质。社会各方力量博弈汇成的合力及其运作机制，对于人的直接经验来说是一个

---

[1] [美]兰德尔·柯林斯、[美]迈克尔·马科夫斯基：《发现社会：西方社会学思想述评》（第八版），李霞译，商务印书馆，2014年，第248页。

黑箱。我们或许能观察具体的社会过程,如生产者和消费者的买卖行为,也能看到最后的结果,如从无数买卖中形成的价格,但经济过程的深层机制,是人的感知无能为力的,它们是思想实验和理论建构的结果。

社会合力造成的结果,恩格斯(Friedrich Engels)说超出所有参与者的想象,自然也超出所有人的观察,更不必说对合力的所有细节了然于胸。亚当·斯密(Adam Smith)说这是"看不见的手"的产物,我们能看见市场交易的结果,却完全看不见这只无形的手。社会学家会用无数主体自由博弈的总体效应来指称这只手,这跟企业内部的治理和政府主动干预的有形的手正相反对。

不可见社会的第四层含义,是指人在特定社会情境中感受到的神性状态,它超越日常经验,却有人性根源。只要人意识到日常经验的有限,就不会满足于现世生活而渴望进入超验世界。这样,神性意义就不仅在于它是人类对于一个超越日常实在的更强大更真实的实在的渴望,也让人更充分地意识到精神维度的存在。所谓更真实的实在,恰与可见的世界无缘,这是一种让人心醉神迷的状态。人多半在集体活动,如宗教仪式、政治集会、赛事现场、歌星演唱会等中获得超验感受,如涂尔干所说,是社会赋予个人以力量和生气,"等到集会解散,我们发现自己重又孑然一身,回落到平常状态,我们就能体会到我们曾经在多大程度上超越自身了"[1]。社会的神性,指的不只是社会创造了自己的神话,更主要指

---

1 [法]涂尔干:《宗教生活的基本形式》,渠东、汲喆译,上海人民出版社,1999年,第280页。

人集体地创造了他们的神圣时刻。超验状态从来是当下的和短暂的，它只存在于参与者的体验中，而非可以重复的物理事态。

本书志在普及社会学，以"不可见社会"为名，表明本书不作面面俱到想，而是想借由对经典的重新阐释开出新的论域。看看本书各章的议题，如"不可见社会""名言的世界""社会的神性及自我神化""社会分层的空间化""会变戏法的社会""游戏的世界""社会自我""物化之幻觉"等，这些议题，经典都有论说，却罕有作为教科书章节得到阐述和发挥，或许它们更适合做成探索性专题。本书七篇，各篇的主题大抵围绕不可见社会的不同方面展开。

社会的可见不可见，涉及社会本体论，将《社会实在篇》作为开卷篇名正言顺。该篇第一章开宗明义，从可见的日常生活场景引出不可见社会的本体论。在社会停摆的极端情境下，本体论问题被尖锐地提出：到底是什么让社会存在、强大而生气勃勃？进而追问，既然社会可以在此处消失，又在彼处产生，社会究竟是什么性质的实在？上海居民的自治实践，证明一旦人们结成合作之网，消失的社会就会即刻重建起来。还是人和人的互动，是社会的活力之源。

《名言的世界》章表达的核心思想是，构造社会的材料与运转社会的机制，符号和名言比可见物更为重要。

该篇的其他几章，无论是参考自然实在来说社会实在，还是聚焦社会的神性，皆为突出在一个物理宇宙中，由人组成的社会的自成一类。

《社会结构篇》的四章全是分层议题，说是"社会分层篇"亦无妨。分层是结构问题，或可说是结构的中心问题，但不等于说结构只有分层问题，这只是本书的有意为之。人在社会中占据不同位置，归属不同等级，是可见的分层现象；根据什么资格或条件将人分配到不同的社会层级，有可见者，也有不可见者。教育经历成为今日年轻人出人头地、实现地位上升的主要资本，这是人所共见的。但教育获得，特别是诸如获得进入名校的机会，人们觉得难，也认为对谁都难的事，该篇的《"牛桥人"为何做事不难？》章揭示的却是，就有那么一群人，从考上牛津剑桥，到日后职业发展，都比其他人更顺风顺水。该章更揭示了"牛桥人"为什么做事不难的理由。分层的故事，多半讲的是为什么寒门难出贵子，却很少有对"英雄本有出处"的点破，而优势家庭子弟现身说法来捅破这层窗户纸，就更能让人明了常人看不见更看不透的深层社会机制，决定了大部分可见的社会地位差异。

该篇的《社会分层的空间化：读〈住在武康大楼〉》章是一篇书评。武康大楼已经成为上海最火的网红地，但大楼内居民的故事，路人站在大街上是完全看不见的。决定社会分层的机制，社会学家讲得最多的是阶级、权力和声望。这是不错的。人不会随便住到一起，能住进最初为上海的高级西侨而建的诺曼底公寓（1953年改名为武康大楼）的人，不是因为有政治资本，就是因为有文化资本，这说明社会分层一定有对应的空间化表现。反过来说，社会地位的再生产，也一定会在特定空间中获得资源和动力，家庭特有的文化资本如艺术成就，最容易实现代际传承的地方，多半是家。武康大楼内居民的口述，生动诠释了分层的空间性机制。人住在哪里可见，人日后地位流动的空间性机制，是社会分析的结果，而非肉眼能看穿的事物。

《社会游戏篇》探讨人的表演性、游戏性和社会的魔法性。游戏和表演看似全是暴露在外，做给人看的，但其内里仍非一眼可见。它们都是一种"假扮"活动，所有当事人都心照不宣地努力维持着这种假装性，但假扮背后是什么不仅没有心照不宣，也是多数人所不知的。社会戏法就是一个黑箱，通过从表面看到的过程和结果是无法直接猜到其内部机关的。与表演性魔术相比，社会魔术并没有人有意设计戏法机关，它更是一种社会机制，一种所有人都接受的规则和程序。以学业评价为例，大家都接受学业择优就应该选择思维活跃、阅读广泛、富有表达力和想象力的学生。但入选的多为精英家庭子女，秘密在于他们更容易先人一步熟悉由其父辈设计的学业游戏的玩法，从而也最容易在一场跟别人比拼全面素质能力的游戏中脱颖而出。学业游戏没有预谋，只有同谋，所有参与游戏的人也未视其为魔术，但最后的结果依然是，看似学业择优，根子里出身择优，这就是让所有人都无法指责的社会戏法。

《社会主体篇》聚焦自我。泛泛说人容易，认真谈自我是个难题。我们能看见人，却看不见社会，唯名论据此认定社会只是名义存在，而人是实在。但自我是实在吗？我们能在人身上，更确切地说在人的大脑里看见一个名叫"自我"的东西吗？两百多年前的大卫·休谟（David Hume）说我们只能看到一系列前后相继的感觉印象，而看不到"自我"，自我只不过是感觉捆绑于一起之名，这是变相的自我唯名论。今天的自我论说，绕不开休谟的自我怀疑论。当两千多年前佛家说自我空无一物时，这只是哲学，而非科学，但今天最前沿的科学都在支持佛家之说。社会学从来没有把自我看成一物，因为自我从来不是与生俱来的，无论自我是某主体跟其他主体互动产生的，还是被社会结构的力量塑造而成的，自我只是一个社会概念，而非生物概念。认知科学家侯世达（Douglas R. Hofstadter）把自我视为一个符号，一个从他人、从社会、从世界得到滋养而不断成长的符号，一个对个体来说最大最重要且随时随地可呼唤出来的符号，但这个自我符号不是"老大"，大脑中只有一大堆由神经元组成的决策中心，像互联网一样，没有老大的位置，把自我视为老大只是一种幻觉，却是一种有用且摆脱不了的幻觉。物理学家埃尔温·薛定谔（Erwin Schrödinger）则将自我比喻为画布，我们对自我能说的一切，无非个体的生命在画布上留下的印记，刮去经历的画面，自我空无一物。这些留有印记的画面，在心理学家威廉·詹姆士（William James）看来就是记忆，"自我就是不断更新的记忆"。人一旦完全失忆，无论常识还是科学，都会说某人失去了自我。以上种种自我论说，在该篇的"社会自我"章中都有介绍，似乎都在支持一个看不见的自我。但自我也不是一个幽灵，即便一个魂魄，也必须附体，且不说一切自我的认知完全离不开大脑这个生物实体，而光一个大脑也不能产生真实的自我意识，用营养液供养一个活的大脑的思想实验之所以不会有结果，在于自我虽非一个实体，却是大脑对身体内外各种表征的反复激活而持续律构的自我状态。神经科学家安东尼奥·达马西奥（Antonio Damasio）之所以提出"神经自我"的概念，旨在表明自我并非勒内·笛卡尔（René Descartes）说的与身体无涉的心灵，而有其生物基础。正是这个生物基础，进而更大的物质性基础，是该篇《身体自我》章探讨的主要内容。但这并非挑战自我不可见的判断,而是聚焦自我建构所必需的客观基础,这包括建构自我意识的大脑,建构自我身份的身体、衣服、家和亲人以及其他种种客体条件(详见《身体自我》章)。

谈到身份,谈到自我,我们一直用"建构"一词,这就是《社会建构篇》的关键词。建构主义,是社会学的一大传统,互动论、现象学、常人方法学等都是建构论,其要旨大概都是这样一句话:人是悬挂在他们自己编织的意义之网上的动物。意义之网就是社会,网上的节点,或曰身份,或曰地位,或曰责任,或曰权力,或曰荣誉,或曰种姓,等等;所谓"动物",就是被各种价值、信念、利益、认同驱使的"自我"。"建构"一词,说穿了就是虚构,不仅意义是人虚构的,诸如国家、企业、民族共同体等都是想象的现实。正如《人类简史》的作者尤瓦尔·赫拉利(Yuval Noah Harari)所说:"除了存在于人类共同的想象之外,这个宇宙中根本没有神、没有国家、没有钱、没有人权、没有法律,也没有正义。"[1]想象的或虚构的,当然都是物理上不可见的,但不等于说它们不是实在。该篇的《物化之幻觉》章,就是揭示将人造物视同自然物,可谓人类根深蒂固的意识形态幻觉,但也反证人造物一点不虚,非常实在,若非其强大的实在力量,人造物何以能被执拗地视为自然物?意义之网的编织,不只关乎真假,关乎善恶,更关乎信念。该篇的《自甘如此的子承父业》章,讲述的就是关于生活信念如何让人作茧自缚的故事。不爱读书的工人子弟,是在一个不爱读

---

[1] [以色列] 尤瓦尔·赫拉利:《人类简史》,林俊宏译,中信出版社,2014年,第29页。

书或不善读书的环境中长大的。他们对书缺乏兴趣，但对表现出男子气并不缺少激情，不能以书写能力证明自己的男孩们，会以义气、性吸引力、手上有活儿等来张扬男子气。这就是男孩们认为有意义的生活。这样他们不仅继承着家庭和社区对读书人的不以为然，还继续着子承父业的职业命运。这岂不是批判的社会学所要揭示的不平等的再生产？无论如何，民族志的文化研究报告了被人视为学业和职业双重失败的男孩们，确实是相当主动地选择了这条他们年轻时认为有意义的生活道路。该篇的《犹太人大屠杀的悲剧叙事》章讨论了事实的意义建构这一议题。就是基于同样的事实，人能建构不一样的故事。问题首先在于事实是要解释的，纳粹对犹太人的大屠杀，在反法西斯战争胜利后真相大白，不会有异议了，但这场大屠杀只是在战争的特定环境中犯下的罪，还是在人性中亦有根据，只要万事俱备，普通人亦会把杀人当职责所犯的罪？这将是两个不同的叙事，不仅关乎对特定历史事件的理解，更关乎对自己所处的时代和自己的人性的理解。人活在自己编织的叙事中，人也将按照自己的活法选择不同的人类叙事。

《社会互动篇》写了两类互动：古老的人际互动和最新的人机互动。社会学提出互动论才一百年，谈不上古老。说古老，是因为有人际交往就有人际互动；且只要人跟人面对面交往，就存在互动的道理。孔子的"己所不欲,勿施于人"，向来只被视为道德律，但这句话不也是互动律？问题是在现实中，己所不欲，要加于人的事例屡见不鲜。该篇的《跷跷板互动与善恶报应理由》章，要点是说明不对等的互动是人际互动中的常态。其社会分析的根据是，不平等是人际关系的常态。孔子的教诲在师父和徒弟、医生与病患、老板与雇员、富人与穷人等之间,是不容易实行的。就孔子的本意而言,"己所不欲,勿施于人"中的"人",也非泛指所有人,而是指贵族或官员。把孔子对贵族内部的互不伤害要求推广到所有人,多半会落空。富人会说贫穷限制了穷人的想象力,反之亦然。占据任何优势资源或优势地位的行动者,是比弱势一方更难换位思考而行孔子提倡的恕道的。恕道是很好的应然原则,但不容易成为面对面互动中的必然原则。

社会自我生成于互动,是《社会主体篇》中一章的主题,《社会互动篇》的《互动生成自我》章又从互动立场讲了别样的自我生成道理。从互动讲自我,自我容易通过他人的眼睛,即亚当·斯密说的公正旁观者,想象他人如何看待自己。自我多少明白:"对于他人而言,自己的任何感情都是过剩的,在他人眼里都是小题大做。"[1] 互动中的他人是自我的一面镜子,不仅照出自己在互动中的位置,也照出自己在他人评价中的位置。互为镜像的人际互动,是得体自我的修行之路,也是膨胀自我的疗愈之路。

该篇的《从人机互动到"人际"互动?由 GPT 引出的主体性问题》章是由 ChatGPT 横空出世引出的。自控制论诞生以来,就有了工程师用工程语言跟机器的互动。今天人工智能工程师用自然语言教会了机器,所有人都可以像跟人交流一样跟机器交流。从来的互动,都发生在人类主体之间,人工智能的最新发展对社会学提出的一个挑战,就是该篇的"由 GPT 引出的主体性问题"。机器能否成为一个拟人的主体,进而人机对话能否进化为类人际

---

[1] [日]山崎正和:《社交的人》,周保雄译,上海译文出版社,2008年,第242页。

对话？而真正严重的主体性问题是，当机器日益强大且势不可当时，已经不再是人类主体是否还能匹配机器主体，而是人类主体是否还能控制机器，不致被机器降维（成为 AI 的客体），或被机器所灭。讲人工智能对人类的影响，社会学必须发声。本书另一篇讨论人工智能的文章《人心模拟是否可能》，也关乎主体性问题，被收在《社会主体篇》中。

本书最后的板块是《生死篇》。个体死亡从来不只是个人事件，它是死者家庭结构的裂变，也是其生前编织的社会关系网络的破碎。社会学关心生死，本是题中应有之义，但几乎所有现代社会对死亡都讳莫如深，有逃避主义的倾向。死亡无时不在，无处不在，但除了最亲近的亲友之死，现代人对死亡的感知基本上是抽象的，也是漠然的。说抽象，是跟过去比较。前现代社会的死亡事件是家庭事件，必定也是社区事件。但死亡的社会具象性在现代消失了。现代人也许从媒介获得更多更可怖的死亡消息，但那都是别处别人的事，他们对死亡生出漠然，也是自然。死亡对现代人变得不可见，首先是社群意义上的不可见，其次也是更重要的是自我意义上的不可见。现代人对死亡话题的逃避，马丁·海德格尔（Martin Heidegger）的评论最为尖锐："死本质上不可代理的是我的死，但是被扭曲为摆到公众面前的、对常人照面的事件了。"[1] 关键就是，从我们一出生，人就是走向死亡的存在，这是个事实，但常人"有

---

1 ［德］马丁·海德格尔：《存在与时间》，陈嘉映、王庆节译，生活·读书·新知三联书店，2014 年，第 303 页。

所掩藏而在死亡面前散避,这种情形顽强地统治着日常生活"[1]。当生死事尚未涉及自己时,生命的真相总有几分晦暗不明,人在世间的努力也总有几分盲目。

直面自己的生死,人就在极端境况下获得了看清生命真相的机会:一定有比功名、地位、财富、声望等更重要的价值。《生死篇》之《参透为何,迎接任何》章中,亲历过全美航空公司1549号航班紧急迫降事件的里克·埃利亚斯(Ric Elias)说,空难让他醒悟,生活中头等重要的事是做个好爸爸。在《任生死、超生死的思考》章中,病榻上的于娟有一种对人生意义的了悟和升华,命悬一线的她,"却笑得比以往更加幸福和舒展。最真实地活着,拥有最真实的亲情、友情和爱情,体味着最真实最质朴的来自内心的温软"。笔者愿意相信,于娟们了悟的生命真相,正是为平常的人性人情所充实的社会存在感。

科学,无论是自然科学,还是社会科学,其宗旨都是使不可见世界让人看见。自然与社会的不同在于,自然之不可见,并非物理上的不可见,而是人的感知意义上的不可见,人看不到原子分子,其日常生活工作不会甚至可能永远不会跟这些宇宙微粒打交道。社会之不可见,却是物理意义上的不可见,但在感受意义上几乎无时不在、无处不在,人的日常生活与工作就是在跟不可见的义务、责任、友谊、荣誉、尊重、地位、身份、面子等打交道。

人为什么精心着装,在人面前卖力表演?因为人的身份、地位、社会声誉这些东西并不是可以拥有而后还可以将之展示出来

---

[1] [德]马丁·海德格尔:《存在与时间》,第304页

的实体性事物。它需要通过合适的着装、体面的行为模式和容易被人理解的话语表现出来。职场、商场、官场的人士都谙熟各自的着装品位和举止风格。炫耀性消费就是富人有意展示给他人看的，以便获得歧视性对比的满足；或如亚当·斯密所说的：我们感兴趣的是虚荣、受人敬重、博得同情，而不是安逸开心。将看不见的身份外在化、隐秘的财富可视化，各界人士得心应手，但讲出人为什么演戏的道理、发明炫耀性消费概念的人，是社会学家。

我们是天生的黄种人，如同天生的黑种人吗？不是。把我们命名为黄种人加蒙古人种的体质人类学家设计了各种办法，发明了各种仪器，积累了有关肤色属性的各种数据，但他们的数据很难跟常人的视觉经验相容。他们把人们凭肉眼不容易看出的东亚人的黄皮肤解释为"黄色隐藏在表象之下，只有科学测量、科学实验和科学计算才能还原黄色的真相"。"黄色隐藏在表象之下"！这是科学语言，还是种族论语言？在欧洲的大航海时代开始时，东亚人都被描述为白色人种，而不会被描述为黄种人。凭观察并不容易看出东亚人是黄种人，但说东亚人是白人也非仅凭肉眼能看出的。在人种分类学出现之前，对东亚人是白人的认定，并非人种学的分类，也不全是对肤色的描述，而是西方人对东亚人的财富、力量以及较高的文明等级所形成的附加印象。由此可见，对东亚人肤色的认定，从来是价值判断更多于感觉判断。而人类学家开始把亚洲人划为黄种人的理由，看似是科学人种论，实际上还是预设文明等级的种族论。要而言之，世上本无黄种人，黄种人是被以科学分类名义的戏法变出的。近代科学人种学背后不可见的种族论，经由社会学分析而大白于天下。今天，亚洲人若还自称黄种人，只是为方便则无妨；若还以白人为标准而自认低人一等，则大可不必。人种的等级概念早已被严肃的科学去除。

我们能看到穿制服的纳粹高官奥拓·阿道夫·艾希曼（Otto Adolf Eichmann）参与组织犹太人大屠杀的罪行，但我们看不到脱去制服的艾希曼可能跟我们常人一样正常，我们更看不到我们自己在特定时刻可能就是一个艾希曼。1961年对艾希曼的审判，最发人深省的是从道德上（而非法律上）发展了对大屠杀行凶者的新的理解，行凶者也从具体而确定的人格，转变成一种抽象而有普遍性的形象。参与观察审判的犹太哲学家汉娜·阿伦特（Hannah Arendt）提出的"平庸之恶"说（the Banality of Evil）对这一转变贡献甚大。在《艾希曼在耶路撒冷：一份关于平庸的恶的报告》的结论部分，阿伦特说："艾希曼令人不安的原因恰恰在于：有如此多的人跟他一样，既不心理变态，也不暴虐成性，无论过去还是现在，他们都太正常了，甚至正常得可怕。"[1] "以色列法庭的心理专家在给艾希曼进行过身体检查后，发现他是一个'完全正常的人，甚至某种程度上比给他做完检查的我还要正常'。"[2] 艾希曼跟你我没什么两样，这正是阿伦特"平庸之恶"概念的力量。人人身上有一个艾希曼，这在和平时期绝大多数人身上是不可见的，阿伦特借助对艾希曼的审判，将犹太人大屠杀悲剧的根源追溯到普遍人性最深处。阿伦特之后，人类永远看见了自己身上的艾希曼。

---

[1] [美]汉娜·阿伦特：《艾希曼在耶路撒冷：一份关于平庸的恶的报告》，安尼译，译林出版社，2017年，第294页。

[2] 同上，"导言"，第11页。

若看不见的世界是水面下的冰山，那么让不可见世界可见的工作，不仅永无止境，而且永远只能无限接近世界的真实。阿尔伯特·爱因斯坦（Albert Einstein）说过，理解自然实在的工作，如同一个人想知道一块表的内部机制。他能看到表面和正在走动的表针，甚至听到嘀嗒声，却打不开表壳。他可以凭才智将表的内部机制画出来，以解释他观察到的所有事物，"但他永远无法完全肯定，只有他的图才能解释观察到的东西"[1]。考虑到科学家面对的宇宙只有一个，面对无数个社会而想有所作为的社会学者，也永远无法完全肯定只有他的解释才能让人看见原本不可见的东西。他有更充分的理由像爱因斯坦那样对自己的工作秉持谦虚和谨慎。

---

[1] ［美］阿尔伯特·爱因斯坦、［波］利奥波德·英费尔德：《物理学的进化》，张卜天译，商务印书馆，2019年，第27页。

目录

前言 i

壹 | 社会实在篇

不可见社会 4

社会实在与自然实在 16

名言的世界 32

社会的神性及自我神化 48

贰 | 社会结构篇

人以群分 72

社会分层：从计划经济到市场经济 82

"牛桥人"为何做事不难？ 91

社会分层的空间化：读《住在武康大楼》 97

叁 | 社会游戏篇

会变戏法的社会 109

人为什么演戏 123

看清人生荒诞，仍要认真演戏 139

游戏的世界 153

肆 | 社会主体篇

身体自我 172

社会自我 186

人心模拟是否可能 203

"活出自我"辨 213

伍 | 社会建构篇

犹太人大屠杀的悲剧叙事 237

空间品牌的社会命名 250

自甘如此的子承父业 261

物化之幻觉 270

陆 | **社会互动篇**

互动生成自我 287

跷跷板互动与善恶报应理由 298

恩义互动 311

从人机互动到"人际"互动？由 GPT 引出的主体性问题 319

柒 | **生死篇**

人为什么怕死 336

任生死、超生死的思考 342

参透为何，迎接任何 360

珍惜生命的三重论说 367

后记　　　.....379

壹

社会实在篇

社会是实在吗？或者只是名义上的存在？社会唯实论和唯名论的争议已不再热闹，无论唯实唯名，都认一条：自然实在与社会实在，虽说都可名之为实在，但此实在非彼实在。斯蒂芬·霍金（Stephen Hawking）说人和宇宙是用同一种材料做成的，这还是科学家思维。认知神经科学家加扎尼加说责任并不是大脑的属性，而是大脑与大脑在互动中的产物。加扎尼加比霍金说出了更多社会学洞见。申言之，社会实在的本质不是粒子，而是为意识驱使的互动。自然不说话，科学代自然说话，但科学永远不等于自然，科学只能无限接近自然。社会饶舌，社会的人活在各种或相容或冲突的说法编织的世界里，人创造说法，又被说法困住，还要挣脱旧说法创造新说法。社会说法不同于自然说法（科学），它不只是对世界的表征，表征就是世界。自然无情无义，社会有心有肺，因为人有七情六欲；有情的社会是被意义渗透的世界，做有意义的事，无论好坏，都是社会运转的引擎。自然与社会两相对比，自然是物的世界，人只能发现物、利用物而不能改变物的规律；社会是事的世界，人想事、做事、发明事从而创造一个人事的世界。人的世界的基座是物理学，但其上层则是神话或神性建筑，人创造了神圣的世界，无意义的宇宙才像是有了意义。做事要有物，电子货币不用物理的纸张，但不能不凭借物理的电子运动。有无人事染指的自然，却无无物理介入的人事，但从电磁波感受不到声音和气味，从神经元放电也读不出喜怒哀乐，物和人事关联，人事还要文化的人来感觉、来解读、来评价、来创造。对比着自然实在，才能更看清社会实在的自成一体，涂尔干一百多年前的洞见，今天仍然烛照元宇宙时代的学人。

不可见社会

社会不容易看明白,一个重要原因是除了可见社会,还有不可见社会。不可见社会实在比可见社会更大更重要。

社会之不可见的本体论

为理解不可见社会,美国哲学家约翰·R. 塞尔(John R. Searle)在《社会实在的建构》一书中设想了自己走进巴黎一家咖啡馆的情景:他找了一个位子坐下,用法语要了一杯啤酒,服务员端来啤酒,他喝完,在桌上留下一些钱后离去。从这样一个平常情景中,哲学家读出了它的形而上学的复杂性。首先,物理学语言对描述这个场景无能为力,没有任何物理—化学的描述能适合于定义"餐馆""服务员""法语""钱",甚至"椅子""桌子",尽管所有这一切都是物理的。其次,也是更重要的,是以上叙述的场景背后还有一个巨大的、看不见的本体论:服务员给"我"的啤酒不归他所有,但他受雇于拥有啤酒的这家餐馆;餐馆应当张贴一张所有服务项目的价目表,即便"我"从没有看到它,也要按表上的价格付账;餐馆的所有者是经法国政府批准经营这个餐馆的,因此,他必定遵守了成百上千个规则和规定;"我"之所以有资格在那里用餐,"只是因为我是一个美国公民,是有效护照的持有者,我是合法地进入法国的"[1]。

塞尔说的这个不可见的本体论,几乎全都关乎权利和规则,如所有权、经营权、审批权、外国人入境权,及由权利和规则建构的身份和资格,如消费者、合法劳工、餐馆所有者、经营许可证、有效护照等。只有通过这些权利、身份和规则语言,我们才能定义诸如"餐馆""服务员""桌子"等社会的可见部分。

我们再用这种社会本体论来看麦当劳中国的不可见结构。同塞尔走进巴黎咖啡馆的情况一样,笔者走进上海麦当劳快餐店,迎面走来的服务员手里托着汉堡包加饮料的快餐,我很容易知道,这份快餐的所有权不是我的。即使我为自己的快餐付了钱,我多半还是不清楚,这家店尚在加工或还未售出的食物的确切的所有者是谁。你或可笼统地说属于这家店的资方。但资方是谁?是美国麦当劳公司吗?麦当劳的确是美国品牌,但麦当劳中国已非全资美国公司,它现在最大的股东是中信资本和中信股份,另两家是凯雷集团和麦当劳全球。想不到吧,美方的麦当劳全球却是最小的股东。所以,若说这家上海麦当劳餐厅,乃至中国近五千家麦当劳的汉堡包、薯条和饮料,其产权属于美国人,就是一个错误的判断。现代多主体的股权制度,若要由看得见的商品来判断所有权归属,已经不是一件容易的事。这样的股权构成,产生了麦当劳中国的领导构成,董事长当然由最大的出资方担任,事实

---

[1] [美]约翰·R.塞尔:《社会实在的建构》,李步楼译,上海世纪出版集团,2008年,第5页。

上中信系获得了二十年麦当劳中国的运营权；凯雷集团贡献了副董事长，而首席执行官则来自麦当劳全球公司。以上的知识，是笔者上网查到的，而不是在快餐店从我享用的快餐上或为我服务的餐厅工作人员的行为上看到的。不知道麦当劳中国的股权结构和管理层构成，无碍进店的顾客来吃美国快餐。然而，这在麦当劳的物理空间里看不到的股权关系和权力关系，却是支配麦当劳几千家中国餐厅运营及麦当劳中国版图发展的真正决定性力量。

不可见社会构成当然不止股权。仍以麦当劳为例，如今大多数门店都可线上点餐、使用在线平台或数字货币支付，数字化应用大大便利了麦当劳的消费者。支持这便利的，不只是复杂的数字网络，这是可以用数字工程学了解的系统，更有复杂的信用关系，这只能用社会学才能"看到"和了解的系统。这里所说的信用网络，不是由光纤编织的，而是由行动者构成的，涉及商家（麦当劳）、消费者和第三方（银行、支付宝或微信支付等）等多方行动主体。而若没有实时和有力的监管，交易信用是可能随时被破坏的，而监管方通常是代表公权力的行政部门。这种看不见的社会本体论，虽不为绝大多数的就餐者所知，却是保证数字化交易顺畅的关键因素。

不可见社会，在以色列学者尤瓦尔·赫拉利所举的法国"标致公司"的例子中，是以标致公司何以存在的问题表达出来的。是靠路上跑的标致车，生产标致车的装配线、厂房，还是标致公司的员工、经营团队和股东？赫拉利说都不是！就算全世界所有的标致汽车同时被回收打成废铁，标致公司也不会消失。即使毁了所有的装配线和办公室，失去了先前所有的员工，标致公司还是可以借贷，重新雇用员工，重新盖起厂房，重新购买机器。就算解散经营团队，股东也售出所有股票，标致公司本身依然存在，因为这些人加起来也不等于标致公司。

这些实体物质和实在的人都不代表标致公司，那么什么才代表标致公司？法律拟制（legal fiction）。标致公司不是一个物理意义的实体对象，"而是以一种法律实体的方式存在"，"标致公司只是我们的一个集体想象"，一种法律上称为"法律拟制"的集体想象。因此，只要有个法官下令强制解散标致公司，虽然公司的工厂仍然存在，员工、经理、股东也继续活着，但标致公司就不复存在了。[1] 公司法人，如同前面说的股权和信用，都是法律建构的不可见实在。

继续麦当劳的例子，这次要讲的是意义创造的实在。在20世纪90年代兴起的中外快餐的大战中，中式快餐店最终败给麦当劳等洋快餐店，按人类学家阎云翔的说法是败在了"社会空间"上。西式快餐店创造了一个多元和多义的开放的社会空间，让来自不同社会背景的人可以进入同一个用餐场所，不必担心丢面子，并且都能找到一种更好地自我定位的新方式。"比如，白领可以展示他们新的阶层地位，年轻人可以显示他们特殊的休闲风格，家长可以让他们的子女更具有现代眼光。各年龄层的女性当她们选择独自用餐时也能够体验到独立感和中式正规饭店所不能提供的性别平等。"[2] 这里所说的阶层地位、休闲风格、现代眼光、独立意

---

[1] [以色列] 尤瓦尔·赫拉利：《人类简史》，第30页。

[2] Deborah S. Davis (edited), *The Consumer Revolution in Urban China*, University of California Press, 2000, p.221.

识、性别平等，全是观念性、符号性、表演性和审美性的，没有一项是可用物理语言定义和描述的。而相比之下，中式快餐店只把饭店当作就餐场所，采用的是低价位、地方风味策略，全是看得见的东西，而没有社会空间的概念，即不懂得如何营造让各阶层就餐者都能在这里找到自我认同的氛围和环境。[1] 不是食物的竞争，而是社会空间的竞争，或曰象征空间的竞争，让本土快餐店落败。象征空间也是不可见空间，并非象征空间可脱离物理空间单独存在，而是人在特定物理空间中所创造的意义空间。韦伯说，人是悬挂在由他自己编织的意义之网上的动物，那么，社会就是此意义之网。不可见社会正是意义的世界。

由韦伯的概念可知，不可见社会指向的正是由符号和意义构成的文化世界。社会学家齐美尔直接把社会视为由各种符号和互动形式构成的不可见世界，社会的自身规律可以在"文化之流——语言、技术、社会体制、艺术——中找到，这些文化在时间的流程中塑造了一代又一代新人，并体现在人们之间互动的各种形式和模式中，而这会对个体性的活动产生影响"。但互动形式也是行动者在社会交往中创造的，更确切地说，构成社会运转机制的国家、家庭、经济和阶级结构，"只是男人和女人在街上、商店、办公室和聚会上所进行的日常互动的扩展。因此，通过研究更为短暂性交往情境的正式结构，我们就能理解我们的不可见社会的本质"。[2]

---

[1] 参阅云翔《汉堡包和社会空间：北京的麦当劳消费》，收入戴慧思、卢汉龙《中国城市的消费革命》，上海社会科学院出版社，2003年，第254—255页。

[2] 转引自［美］兰德尔·柯林斯、［美］迈克尔·马科夫斯基《发现社会：西方社会学思想述评》（第八版），第249—250页。

兰德尔·柯林斯（Randall Collins）赞扬齐美尔的这一观点是深具震撼力的社会学洞见。[1]

社区共同体的死与生：野牛湾和创智农园

齐美尔的洞见，让我们对下面两个例子中不可见社会的生灭有更好的理解。第一个例子是美国社会学家戴维·波普诺（David Popenoe）在他的《社会学》中提到的。野牛湾曾是这样一个社区，整个社区都可以说是人们活动的中心。这些活动又通常被认为是具有个人特点的，是这个社区为人们提供了密切的联系，是这个社区象征着德行并成为旧传统的博物馆。后来它遭遇了一场洪灾。洪水退去后，野牛湾的社区支柱也被摧毁了。一位幸存者描述了当时的绝望情景：

> 我们真的失去了一个共同体；我得说，它曾是一个好的共同体。每个人都很接近，人们都互相了解。但现在每个人都很孤独。人们行动时六神无主，他们失去了那些曾是他们所喜欢和习惯的家园和生计。人们纷纷离去，四处逃散。你不知道将要与谁为邻，你不能随便到隔壁闲聊天，因为隔壁根本没有人。[2]

---

[1] 转引自[美]兰德尔·柯林斯、[美]迈克尔·马科夫斯基《发现社会：西方社会学思想述评》（第八版），第250页。

[2] [美]戴维·波普诺：《社会学》（上），刘云德、王戈译，辽宁人民出版社，1987年，第4页。

没有了人，没有了人的互动或互动变得稀少，虽然物质的社区中心还在，但人们熟悉和亲近的社区，即引文中所说的"共同体"不在了。野牛湾的例子让我们知道，不可见社会中最关键的是人和人的活动。

野牛湾的例子让笔者想到2022年春天上海的防疫。当时小区实行临时管控，一个月下来，居民急切盼望走出小区。上海的一位医生对焦虑的市民说：

> 社区团购啥都有，外面啥都没有。社会暂时被关在里面了。所以还不能出小区的上海朋友，少安毋躁，安安静静地待在里面的社会吧，等着恢复生产。目前小区里面最安全，小区里才有社会，外面什么都没有。

这是我听到的非社会学学者说的最具社会学意义的话：外面的社会强大，是活动的人强大，一旦行动者撤出，无论主动的还是被动的，社会不仅不再强大，而且可能不再存在；人撤到小区，社会也就出现了。社会随人搬迁！这岂非社会兴亡的动力学？

人因为被管控而退出原本的社会，这是极端情境，而非常态，但极端情境显露出社会的真相，让我们有机会来问到底是什么让社会存在、强大而生气勃勃？进而追问，既然社会可以在此处消失，又在彼处产生，社会到底是什么性质的实在？上海居民的自治实践，证明一旦人们结成合作之网，消失的社会就会即刻重建起来。还是人和人的互动，是社会的活力之源。

下面的创智农园案例，是笔者参与的上海社区发展的田野工作，它跟野牛湾正好形成对比。洪灾让野牛湾的居民失去了他们向来归属的共同体，创智农园则是通过创造可见的活动空间，进而激发出居民的互动冲动和参与意识，最终创造出一个以农园为归属的社区共同体。下面这份三小时的观察记录，描绘了充满人文互动、人与环境互动情节的农园故事：

14:00 混血小姑娘，5岁，家住附近小区，跟着在农园举行班级活动的哥哥姐姐们（七八岁，20名左右）一起种菜、磨豆子、在草丛中找四叶草。一位上海阿婆推着两岁的孙子来到农园，自己搬了小板凳在集装箱门口坐定。

14:40 名为"汪导"的狗和其女主人来到农园，混血小姑娘、两岁小男孩开始聚过来和狗玩接球游戏。此时在农园右侧角落同时进行的是堆肥教学活动，有一名美国教师和20名左右中国青年。

15:30 "汪导"和其主人去逛附近正在举办的农夫市集。农园菜园区陆续进来5组住在附近的小孩及其爸妈，他们从农园工具间取了小水壶，在公共菜园区浇水。家庭之间并不熟悉，但孩子们很快形成协作关系。

17:00 农园开始进入一天中的高峰时段。刚刚结束培训班课程的12岁女孩和妈妈一下小黄车，就直奔自己的"一米菜园"。混血小姑娘的爸爸起身进入集装箱室内，给自己倒了一杯水，喝完后，将水杯洗净放回原位。

从以上的观察记录中，我们能读到什么？第一，农园是孩子的农场、孩子的作坊、孩子的乐园。现代人被剥夺了对空间的感知能力，在农园玩大的孩子，对环境和对人的感受是否会更敏锐也更友善？社会学更关心的是，沙坑、树皮、植物和伙伴是不是孩子社会教化环境的必需要素？第二，农园是田野的学堂。学习堆肥，就在制作堆肥的现场，这里没有大脑和身体的分离，有的是手脑并用的实训。第三，农园是社交的场所。一起种植、一起玩亲子游戏、一起购物等，都是发生交往的缘由。第四，农园也是个熟人的社会。农园被做成了社区之家，才有居民像在自己家里那样渴了就找杯子喝水并把杯子放回原处的主动行为。

上面描述的行为，都是可见的，且发生在可见的物理空间里，而所谓孩子农场、田野学堂、社交场所、社区之家等，是被社会学家看出来的不可见的社会互动形式，是被人们的互动创造出来的一个共同体。它可以借助可见的形态（如活动空间和场所）而被发展出来，也会因为特定的经历而解体，如原本存于野牛湾居民心中的那个共同体因一场洪水而失去，后来洪水虽退去，却永远带走了人们曾经结成的社群联系。

不可见社会之社会分析意涵

讨论至此，我们似乎假定"不可见社会"是一个社会分析概念，但你几乎在所有的社会学教科书上都不会看到一个"不可见社会"章节，"不可见社会"甚至很少被设为关键词。不可见社会的确并非严格意义上的分析概念，但我们无妨从以下诸方面来说明"不可见"概念的社会分析意涵。

首先，它引出社会究竟为何种实在的本体论问题。创始社会学的两大传统，分出韦伯的主观行动意义理解的社会学和涂尔干的客观社会事实研究的社会学。行动者创造和编织的意义之网正是韦伯定义的社会实在，韦伯当然是不可见社会之社会学的创始者。行动无疑是经验上可见的，驱使行动的主观意义却非经验上可见。由韦伯影响的社会研究传统，全都聚焦在不可见的行动意义脉络上，其中声势最大的符号互动论，把人们依据事物对他们的意义而对事物采取行动定为互动论的第一条原则，但意义并非事物本身固有，而是人们的行动所产生并赋予事物的。这条原则完全来自韦伯。涂尔干把社会事实定为社会学的对象，并坚持社会事实对于个人的外在性，这显然就将自己的理论与韦伯的区别开来。但涂尔干的社会事实，既非物理实在，也非心理实在，而是诸如伦理义务、商业契约、法律法规等，"当我尽兄弟、丈夫或公民的义务时，当我履行自己订立的契约时，我就尽到了法律和道德在我的自身和我的行为之外所规定的义务。即使我认为这些义务符合我自己的感情，从内心承认它们是实在的，也不能使这种实在性不是客观的，因为这些义务不是我自己创造的，而是教育让我接受的"[1]。社会事实因此而自成一类，它们"由存在于个人之身外，但又具有使个人不能不服从的强制力的行为方式、思维

---

[1] [法] E. 迪尔凯姆（又译为涂尔干）:《社会学方法的准则》, 狄玉明译, 商务印书馆, 1995年, 第23页。

方式和感觉方式构成"[1]。涂尔干的社会事实定义，跟塞尔所说的不可见本体论事项有何区别？两大传统的分野在于是主观意义过程（韦伯）还是集体意义结构（涂尔干），但定为不可见之社会实在则是经典社会学的共同取向，也是现代社会学的共同取向。这一共同点，从社会唯名论与社会唯实论的对立去看是无法发现的。

其次，它引出社会创造物与社会关系之关系的方法论问题。透过可见的社会事物看出创造社会事物的不可见的社会关系，这何止是社会学想象力的主要表征，更是社会学的主要功课！商品当然是可见之物，但把商品交换只看作物与物的关系，而看不到其背后的人与人的关系，这正是马克思（Karl Marx）"商品拜物教"（Commodity fetishism）批判的要点。马克思的工作是一流社会科学家的工作：将被物的形式遮蔽的"不可见"的社会生产关系变得可见。这里之所以将"不可见"一词打上引号，是因为此处说到的"不可见"有双重含义：其一，生产关系本身属于物理上不可见范畴；其二，拜物教的虚幻意识让不可见关系成为不存在而不被人发现。由此双重不可见，将我们引向人类意识的物化倾向。"物化就是把人类现象当成事物来理解，即从非人或超人的角度来看待人类现象。换一种说法来讲，物化就是将人类活动的产品当作非人类产品，如物理事实、自然规律或神意的体现。"[2]

最后，它引出社会变化生灭的动力学问题。不可见社会假设

---

[1] [法] E. 迪尔凯姆：《社会学方法的准则》，第 25 页。
[2] [美] 彼得·L. 伯格、[美] 托马斯·卢克曼：《现实的社会建构：知识社会学论纲》，吴肃然译，北京大学出版社，2019 年，第 111 页。

揭示社会的法权结构、互动模式、道德义务、符号体系、生产关系等，都是人造物而非自然物。具体的社会可以无中生有，如上海创智农园的实践，用几个集装箱改造的小蓝屋，因为有持续的活动和互动，就成为孩子社会化的学堂和居民认同的社区之家。但若哪里不再有积极的社会行动，不再有竞争性、合作性、冲突性的互动，哪里的社会就会衰败、沉寂乃至于消亡，尽管先前那里曾有过生机勃勃的社区生活，如野牛湾的例子。小尺度社会的生生灭灭从来很少为社会变迁的宏大叙事所关注，但它是关乎具体社会怎样存在的基础理论问题。社会本质上不稳定，因为社会的人为性质。社会不同于自然物，并非一旦存在就一直存在下去。柯林斯谈到社会学家欧文·戈夫曼（Erving Goffman）的贡献时这样评论："社会现实并不是'在那边的'、固定的，只需要被描述和记录，它是由个人在应对无限的可能性中构建出来的，这些可能性在不同的时间、不同的地点可能以相互矛盾的方式被实现。这种复数的、上演式的社会现实观是拟剧论革命性突破的本质。"[1] 不可见社会假设与这种互动上演式的社会实在观有着内在的亲和性。

---

[1] [美] 兰德尔·柯林斯、[美] 迈克尔·马科夫斯基：《发现社会：西方社会学思想述评》（第八版），第388页。

社会实在与自然实在

理解社会实在的一个进路是将自然实在当作参照物。人类生活的世界是由社会实在和自然实在构成的,这是一个基本且粗略的划分。这不等于说这两种实在截然对立、非此即彼。以人为例,人就是既生存于又属于这两种实在的存在。因为人既是一个社会存在,如教师,如牧师,本身又是一个生物系统,服从自然因果。本章聚焦于作为社会实在的人,但这无妨我们将自然实在作为一个参照物,通过比较框架来揭示社会实在的自成一体性(涂尔干语)。

自然无心无肺,社会有情有义

第一个关键词是感受性。社会是一个感受性世界,能表达感受、分享感受并被感受驱动。自然无感受能力,更不必说表达、分享感受并被感受推动。简而言之,社会有情有义,自然无心无肺,这跟两千五百多年前老子说的"天地不仁,以万物为刍狗"大抵是一个意思。

社会多愁善感,首先是因为组成社会的人多愁善感。自然被人感受为有声有色、有滋有味,只是因为所谓"五蕴"俱全的观察者的存在。但物理学的自然本身,是一个既没有色彩又没有声响也没有气味的世界。虽然科学能够把人的全部感觉过程都解释为神经元放电和化学反应过程,但为什么会有色彩、声音、气味、味道等主观感受,科学无力解释或永远无力解释。这从一个侧面揭示出社会感受性构成了一种不同于物理实在的独特实在。

感受性始于感觉,但不限于感觉,若非如此,除人之外的动物世界也能被冠以感受性存在。动物亦有各种色彩、声音、气味等感觉,甚至有人类没有的感觉能力,如蝙蝠感知环境的超声波定位能力,又如蜜蜂能看到紫外线的视觉能力等。但动物有的只是被基因程序规定的感觉,而非能产生主观意义的感受。若考虑人文经验,人类的感受性更显示出其独特的存在论性质。

人感受的不只是物理世界,更有人文世界。"感时花溅泪,恨别鸟惊心",杜甫眼里的花鸟,在国破离乱的情境中,不再是美景,反是触目惊心、挥泪伤感的场景。诗人的这种主观感受,不可能在其他动物的感知中发生。东晋桓温率兵北征,经过金城,见到年轻时种下的柳树已有十围之粗,感慨"树犹如此,人何以堪",手抚枝条,泫然泪下。陈子昂"念天地之悠悠,独怆然而涕下",仰望浩渺宇宙,感怀人生短暂而不由得悲从中来。康德(Immanuel Kant)从"头顶的星空"引出的是跟"心中的道德律"并行的"始终新鲜不断增长的景仰和敬畏"[1]。而王安石"山花落尽山常在,山水空流山自闲",一字未落主观,但全在表达其对天地人之间无限和有限关系的深刻感受。

人类追求社会重要性的感受更构成人类行为的动力和人生意

---

1 [德]康德:《实践理性批判》,韩水法译,商务印书馆,1999年,第177页。

义的来源。黑格尔（G. W. F. Hegel）说恶是历史发展的动力借以表现出来的形式，恩格斯以肯定的口吻对此作了发挥："自从阶级对立产生以来，正是人的恶劣的情欲——贪欲和权势成了历史发展的杠杆。"[1] 把情欲视为道德意义上恶的事物，或非恩格斯的本意，更非他的评论重点。这里可以确定的是，欲望的确是让人行动的燃料。若加细分，利益、野心、权欲和荣誉等，皆可归入黑格尔所谓恶的欲望范畴。简而言之，滔滔者天下皆是也，功名而已。亚当·斯密在《道德情操论》的第一卷中，以"论野心的起源"为标题，来探究人类情欲所求为何：

> 我们追求财富，逃避贫穷，主要是出于人类情感的考虑。人世间的所有辛苦和忙碌是为了什么？贪婪和野心，追求财富、权力以及出人头地的目的何在？……遍布各个阶层的竞争的源头在哪里？人生的伟大目标，即我们所谓"改善我们的境况"，是为了得到何种利益？受人敬重，侍从如云，博得同情，自满自得，被人称赞，这些都是我们能够从那个目标谋求的利益。我们感兴趣的是虚荣，而不是安逸开心。[2]

---

[1] 中共中央马克思恩格斯列宁斯大林著作编译局编译：《马克思恩格斯选集》第四卷，人民出版社，1972年，第233页。

[2] 转引自[美]艾伯特·O. 赫希曼《欲望与利益》，冯克利译，格致出版社，2022年，第104页。另参[英]亚当·斯密《道德情操论》，蒋自强等译，商务印书馆，1997年，第60—61页。

亚当·斯密说的虚荣，用社会学的语言来说就是"社会重要性"。帕斯卡尔（Blaise Pascal）说，人最看重的莫过于他人的尊重，"无论一个人在世界上享有多大的优势，但假如他没有在别人的理智中也占有优势地位，他就不会惬意。那是世界上最好的地位"[1]。他人的肯定之所以是一个人能从世界得到的最好东西，乃因为承认、尊重是社会世界所能提供的最稀有的东西。它能够为生存提供意义。它涉及"社会重要性和生存理由的分配"[2]。皮埃尔·布尔迪厄（Pierre Bourdieu）研究专家罗易克·华康德（Loïc Wacquant）纠正人们对布尔迪厄的误解，指出布尔迪厄的哲学人类学并非立足于物质利益概念，而是立足于"承认"概念。布尔迪厄属于帕斯卡尔派系，他坚持说："对尊严的渴望，才是行为表现的最根本动力，而且，唯有社会才能满足对尊严的渴望。因为，只有在某个群体或某个机构内部，通过授予称号、场所、职务，个体才可能摆脱生存的偶然性、局限性，并最终摆脱生存的荒谬。"[3] 物质利益，是人类跟其他动物共有的生存基础，唯有"承认"，即客观的社会尊重和主观的荣誉感受，才将自然世界与社会世界区别开来。

人追求社会承认的主观感受，的确是让社会忙活和复杂起来的激情。承认的有无和多寡，必定造成人与人之间的差异进而成为等级差异，这种等级差异反过来诱发了没完没了的辩证法：杰

---

1 [法]帕斯卡尔：《思想录》，何兆武译，商务印书馆，1985年，第177页。
2 [法]皮埃尔·布尔迪厄：《帕斯卡尔式的沉思》，刘晖译，生活·读书·新知三联书店，2009年，第284页。
3 转引自[法]拉茨米格·科伊希严、[法]热拉尔·布罗内尔《当代社会理论》，吴绍宜译，中国社会科学出版社，2015年，第149页。

出与奢望、承认与拒绝承认、专横与迫不得已的辩证法。[1]

自然无知无觉，社会充满幻觉

第二个关键词是幻觉。自然无幻觉，社会充满幻觉。自然就字面含义而言，无论它以怎样的方式表现，就是如其所是，也无知无觉。海面上水天一色，这是海景之自然。海面上海市蜃楼，这也是海景之自然。"海市蜃楼"是一种因远处物体被折射而形成的幻觉，说光线折射乃成因，是科学解释，说海市蜃楼是幻觉，则是人为观察者产生的谬误。浸入水中的筷子看似向上弯折的原因也是光线折射，筷子并未因为浸入水中发生实体变化，只是人眼看上去向上弯折了。说幻觉，那是人的幻觉而非自然的幻觉。

海市蜃楼是幻觉，是明眼人都能看到的；浸入水中的筷子看似向上弯折，也是明眼人都能看到的。杯弓蛇影，就非人人看来都如此。情人眼里出西施，情人两字限定了看入眼的人。古代相信求雨得雨的人甚多，今天信者减少，但也不能说完全绝迹。相信随身佩戴的吉祥物能给自己带来好运的人恐怕不能说罕见。将商品交换看作物与物的关系的人，肯定多于看出其中人与人的关系的人，也就是说，多数人倾向于商品拜物教，而马克思正是用意识形态幻觉来定义拜物教的。以上种种（除杯弓蛇影外），已经跟海市蜃楼般的幻觉感觉无关，而涉及社会学意义上的幻觉，它们充满社会生活，跟真相一起构成社会现实的图景。

---

[1] 转引自[法]拉茨米格·科伊希严、[法]热拉尔·布罗内尔《当代社会理论》，第149页。

人对世界产生幻觉，科学不昌明无疑是我们首先容易想到的原因。古人相信求雨得雨，求雨多次总有碰巧下雨的，碰巧的结果靠的是概率和运气，跟人的求雨行为并无因果关系。求雨而相信得雨，当然是人的幻觉，但这曾经是一种普遍的社会心理，正是靠着这种被我们视为幻觉的信念，才让这些仪式即便屡屡无果也持续地上演。社会学家罗伯特·金·默顿（Robert King Merton）的研究揭示，仪式本身产生了团结部落成员的功能，这是比求雨维护部落生存作用更大的贡献。因为它跟求雨仪式表面追求的功能不同且难以让人一眼看清楚，默顿称其为仪式的潜功能。相信求雨得雨的社会心理和求雨仪式团结部落的潜功能，都是社会学意义上的社会事实。这就是为幻觉所充斥的社会之所以仍然构成实在的道理。

　　幻觉更多地来自意识形态的作用。意识形态概念成为社会分析概念源自马克思，我们在商品拜物教的分析中已经看到马克思意识形态批判的运用。社会学家彼得·L.伯格（Peter L. Berger）说："某一思想为社会上的某一既得利益服务时，我们就把这种思想称为意识形态。意识形态经常地，即使不是一贯地、系统地扭曲社会现实，以便插足它能够插足的地方。"[1] 当一种似是而非的说法在社会上大行其道时，意识形态分析让我们马上聚焦：谁最能从这种说法中获益？它掩盖了怎样的现实？人们又是如何被此种虚假意识所左右而趋之若鹜？钻石之为爱情象征的说法，就是一个既

1　[美] 彼得·L.伯格：《与社会学同游：人文主义的视角》，何道宽译，北京大学出版社，2008年，第121页。

流行又可疑的说法。钻戒是爱情的见证；无钻戒意味着爱情的亏欠；等等，显然是经不起严肃质疑的幻觉。意识形态分析引导我们看到钻石神话的真正始作俑者和受益者——钻石矿主和钻石生产商。但资本构建的神话为大多数热恋并准备走向婚姻殿堂的世间男女所相信，仍然符合马克思的分析："支配着物质生产资料的阶级，同时也支配着精神生产的资料，因此，那些没有精神生产资料的人的思想，一般是受统治阶级支配的。"[1]

再如，以为购买了奢侈品，就能让自己跻身高于自身阶层的上一个阶层，或从工人阶级变为中产阶级，这是幻觉。拉美裔青年阿特米奥装了满满一袋钱去蒂芙尼购物，他在店里受到的怀疑和歧视，表明购物并不能获得地位（详见本书《社会结构篇》之《人以群分》章）。这位拉美裔青年最后倒是明白了这个道理。但多数普通白领，将辛苦积攒的工资，换来一个 LV 包或 GUCCI 皮鞋，进而想象自己获得了某种阶层的提升，而有了积极的心理感受，这无疑是幻觉，但自我感动在心理体验上也是实在的。相信买了奢侈品，自己就比原先更体面更被人高看，奢侈品公司自然乐见这种社会认知，而广告公司就会把这种幻觉修饰成煞有介事的文案，来"教化"大众。他们抑或知道文案只是噱头，也是幻觉，但广告影响受众行为是实在的。我们受自己幻觉的影响，受社会文本幻觉的影响，从而形成自我认知并采取行动，此过程类似于托马斯"自我实现的预言"所描述的情形。若小白领们都相信 LV

---

[1] 中共中央马克思恩格斯列宁斯大林著作编译局编译：《马克思恩格斯选集》第一卷，人民出版社，1972 年，第 52 页。

或 GUCCI 代表身份并被他人接受为某种身份，普通工薪族如此爱上奢侈品，或奢侈品跨越阶层界线而多少大众化，这就成为由消费意识形态造成消费主义的实在。

自然无欲无求，社会有心有肺

第三个关键词是意志。显而易见，自然没有意志，人有意志，人组成的社会当然有意志。没有意志的自然，其强硬并不亚于社会，甚至更强硬。人跟自然的关系，尽管近代以来"人定胜天"的口号越发响亮，人对自然进程的干扰更见剧烈，以至于现在都要提出一个"人类世"（Anthropocene）的概念，以警醒人类活动如何改变亿万年地球的自然进程，但除非人类一意孤行，不管地球可能毁灭的前景，否则仍有理性的人类，其顽强的意志必定要向自然低头，与自然和解。

没有意志的自然规律，却不以人的意志为转移。人的四肢可以做功，意识不能做功，因为意识既非物质，也非能量，非由微粒构成的。把大千世界看成不可分微粒（原子）的构成和组合，是两千多年前希腊哲人就已经有的伟大猜想，但直到近代物理学才将原子论假说发展为以实验为基础的科学理论。今天没有人再将原子视为不可分的最小微粒，但也不会把最新发现的十二种基本粒子视为不可再分的原始质。所有被近代以来科学当作原始质的对象，都只是理论假设的对象，而非对象本性，这一点，法国物理学家皮埃尔·迪昂（Pierre Duhem）看得很明白："当我们认为一种性质是原始的和基本的，我们无论如何将不断言，这种质就其本性而言是简单的和不能分解的；我们将宣称，我们把这种质还原为其他质的一切努力都失败了，我们分解它是办不到的。"[1]今天被认为是简单的东西，将来未必如此。化学家安托万-洛朗·拉瓦锡（Antoine-Laurent de Lavoisier）曾谦逊地表示："我们能够说的一切就是，这样的实物是现在化学分析所达到的终点界标，该实物在我们知识的目前状态下不能进一步被分割。"[2]也就是说，科学所分析的简单的质，只是暂时是原始的，就其本性而言，从来不是原始的。再好的科学理论，都只是对实在的近似反映而非完全写真。近似的话，最初是阿尔伯特·爱因斯坦对旧理论说的："如果引力较弱，旧牛顿定律就会是新引力定律的很好近似。因此，所有支持经典理论的观测也支持广义相对论。"[3]爱因斯坦相信新物理学比旧物理学更简单，包含的事实也更多，但他不会认为新物理学已经达到对实在的终极理解，"异乎寻常的意外经历仍然在等待着我们"，"我们的最终目标永远是更好地理解实在"[4]。质言之，不仅旧理论对于新理论是近似，所有通过观测和实验的科学理论，都只是对实在的近似。无论人类怎样言说，科学对实在的说明总是暂时的，无意志的自然不可穷尽。

社会有意志，因为人有意志。由人组成的社会，是被人的目的和意志推动和运行的社会。人是否有自由意志，在哲学上争议

---

[1] 转引自[法]皮埃尔·迪昂《物理学理论的目的与结构》，李醒民译，商务印书馆，2011年，第155页。
[2] 转引自[法]皮埃尔·迪昂《物理学理论的目的与结构》，第159页。
[3] [美]阿尔伯特·爱因斯坦、[波]利奥波德·英费尔德：《物理学的进化》，第183页。
[4] 同上，第164页。

不已，从无定论。但在伦理、政治、法律、经济等领域，个人意志不是问题。若不预设个体意志，如何判定个体行为之道德责任？而一人一票、个体财产、法律责任等社会事项，都是以独立公民身份、法权主体、产权所有者的认定为前提的。人类社会有强奸罪，动物世界没有，区别依然在于有无独立个体的自由意志。物理学家薛定谔对以上所言或不以为然，在他看来，自由意志所涉及的"我"，"就是按照自然界的规律控制着原子运动的这个人"[1]。显然，他的断言是决定论的，或用他自己的话来说，至少是统计决定论的。薛定谔的说法有两个问题：第一，他的还原论逾越了讨论具体问题的多个层面，例如作弊的学生能用"我只是控制了原子的运动"来为自己解脱？或假定薛定谔是监考老师，他会如何将犯规学生与合规学生区别开来？第二，以生物学法则为例，即使维持生命的律令是从单核细胞到人类种族一样遵循的自然律令，人类社会也不乏舍生取义或舍己为人的自我牺牲，此即对决定论的挑战。

当然，从社会学、政治学、法律学上肯定个体自由意志，严格说只是一个人为假定。是的，社会的一切制度和安排，本质上皆人为。身份证号、社会保障号，一人一号，是独一无二的数字设定了独一无二的个体，还是独立个体必须配以独一无二的数字，不是社会治理者要追究的问题。但只要社会安排具有人为性，人的意志就一定包含其中。让我们从这个实证角度来讨论社会的意志性或社会的有心有肺。

---

[1] [奥]埃尔温·薛定谔：《生命是什么》，罗来鸥、罗辽复译，湖南科学技术出版社，2018年，第94页。

社会思想史上，17世纪的自然法描述了自由的个体，如何自愿放弃部分自由，自愿订立契约，走出自然状态，进入社会状态。自然状态说和社会契约论，究竟是历史事实，还是思想实验？让-雅克·卢梭（Jean-Jacques Rousseau）、大卫·休谟、马克思对此都有精彩评论。若着眼于本章题旨，引康德的议论最为契合。个人意志结合为一个公共意志的契约论，康德否认其为一项事实，然而，"它的确只是纯理性的一项纯观念，但它有着毋庸置疑的（实践的）实在性，亦即，它能够束缚每一个立法者，以致他的立法就正有如是从全体人民的联合意志里面产生出来的，并把每一个愿意成为公民的臣民都看作就仿佛他已然同意了这样一种意志那样。因为这是每一个公开法律之合权利性的试金石。也就是说，倘若法律是这样的，乃至全体人民都不可能予以同意的话（例如，某一阶级的臣民将世袭地享有统治地位的特权），那么它就是不正义的；但是只要有可能整个人民予以同意的话，那么认为法律是正义的便是义务了，哪怕在目前人民处于这样一种状况或者思想情况，即假如征询他们对它的意见的话，他们或许会拒绝同意它的"[1]。

　　康德评论的核心词是"同意"两字：法律是人民与自己的契约，只有全体人民同意的法律，才不仅是合法的，也是有效的。否则，被人们拒绝——无论是明言还是非明言——的法律，只是一纸空文，没有真正的实在性。对比自然定律，如万有引力定律、质能转换定律、热力学第二定律、遗传定律等，则无论人们同意与否，放之四海而皆准，万古如斯。自然法则的不以人的意志为转移、

---

[1] [德]康德：《历史理性批判文集》，何兆武译，商务印书馆，1990年，第190页。

自行其是的决绝性质,被哲学家塞尔描述为"无情性事实",与之对比的社会实在,"只是由人们的同意才成为事实","只是因为我们相信其存在才存在的事物","像货币、财产、政府等就属这种事物"。塞尔以"制度性事实"来命名社会事实。[1]

制度性事实是人们为了一定目的而创造的,它们不仅出自人的意志,也以人的意志为转移、为改变。以货币为例,社会创造货币,是用它来作为价值尺度、交换媒介和储存手段。但无论是金或银,还是纸币,它们都不是内在地具有价值。有"价值"是一种人为赋予的功能。如果说金或银的这种功能还是凭借它们本身的物理特性而被赋予的,那么,纸币则没有丝毫的物理重要性,其价值完全来自人为:无论是其币值还是汇率,全是制度性安排和群体性活动的产物。一张纸,仅当它被人们普遍接受为货币,才能长期地成为货币。普遍接受就是构成货币本质的信用,一旦纸币不再被人接受,意味着它不再具有信用,它就只是纸,而不再是货币了。南美某国通胀失控,本币缩水,大选获胜者甚至提出本币美元化的激进改革设想,这实际上是放弃货币主权。本币美元化是否可行是另外一回事,但当一种纸币开始被人民厌弃时,它就开始失去其制度性的力量。这反证众人意志构成社会实在的要素。

为人所同意才成为一种社会实在,这关乎实在的意志论,却无关乎实在的真理论。地心说曾长久地为众人所接受,直到哥白尼(Nicolaus Copernicus)从知识上用日心说取而代之,但在社会认知上占主导地位的仍然是地心说,追随日心说的人士仍然冒着

---

[1] 参[美]约翰·R.塞尔《社会实在的建构》,第3页。

触犯教会权威和大众信念的风险而可能遭受迫害。达尔文（Charles Robert Darwin）进化论问世已超过一百六十年，今天绝大多数受过教育的人都会坦然同意人只是灵长类动物的一个亚目，跟猴子、猩猩共享同一祖先，但仍然有人相信宗教的创世说而反对达尔文进化论。他们或构成秉持一个信念的小团体，共享他们的世界观，但无论如何，他们的信念无碍于更广大人群的实在观。

引出的问题是，社会实在不是为了个人的目的，而是为了群体的需要被创造出来的。只有多数人的同意或不同意，才能影响社会事实的实在性。今天反对进化论的，除去持某种学术观点的不谈，不会遭到某些组织的迫害，但大概率会遇到文明世界的疑虑和不解，因为他们的世界观跟今天构成现实的常识相互抵牾，他们自己或许也会活得不自在。

引出的又一个问题是，为人所同意而成立的社会实在，虽无法要求其意志必须符合科学意义上的真实，但科学报告的真相，无论关于自然，还是关于社会，或多或少总会进入社会认知而成为常识。今天达尔文主义为多数人所接受，进化论则成为常识，如此建构的实在岂非既是自然图景也是社会图景，或更确切地说是社会—自然复合图景？

引出的下一个问题是，没有人的自然是可以想象的，但离开自然的制度性实在则是不可能的。正是在此意义上，塞尔断言，无情性事实逻辑上先在于制度性事实。例如，任何一种实物材料都可以是货币，货币可以是贝壳、金属块、纸张或其他什么材料，但它必须以这样或那样的物质形式而存在。即使今天开始流行的电子货币或比特币，货币似乎不再有形，但其电子痕迹仍然属于物理世界。

更为重要的是,制度性结构的目的,在塞尔看来,是为了获得对无情性事实的社会控制,如社会地位的作用,让某些人对稀缺资源和生活机会拥有优先权,"一般说来,制度性结构的目的或功能就是创造和控制无情性的事实。制度性实在是一个具有正面权力和负面权力的问题,这些权力既包括义务、责任、耻辱和惩罚等,也包括权力、资格、荣誉和权威等"[1]。

最后的问题,是由爱因斯坦和量子力学的新生代关于物理实在的性质辩论引申而来的。爱因斯坦说,我们试图理解实在,如同一个人想知道一块表的内部机制。他能看到表面和正在走动的表针,甚至听到嘀嗒声,却打不开表壳。他可以凭才智将表的内部机制画出来,以解释他观察到的所有事物,"但他永远无法完全肯定,只有他的图才能解释观察到的东西"[2]。但爱因斯坦相信,随着人类知识的进步,人会无限接近物理实在,"我们的最终目标永远是更好地理解实在",这个抱负当然是基于他的实在论信念。这一信念却受到量子力学的新生代的挑战。在1927年的索尔维会议上,当谈到量子力学成就时,尼尔斯·玻尔（Niels Bohr）直率地说:"确定性和严格因果性在亚原子层次并不存在。并没有什么决定论的定律,只有概率和偶然性。脱离观察和测量来谈论'实在'

---

[1] [美]约翰·R.塞尔:《心灵、语言和社会:实在世界中的哲学》,李步楼译,上海译文出版社,2001年,第125页。
[2] [美]阿尔伯特·爱因斯坦、[波]利奥波德·英费尔德:《物理学的进化》,第27页。

是没有意义的。"[1]因为人的观察和测量已经扰动并改变了实在，我们的描述不再是物理实在本身，而仅仅是我们观察到的物理实在发生的概率。爱因斯坦当然不能接受这一依赖人的意志的实在观，爱因斯坦坚信，"对一个独立于感知主体的外在世界的信念是一切自然科学的基础"[2]。他对人类依靠思维和感觉经验发现世界的秩序心生敬畏，"世界的永恒秘密就在于它的可理解性"。他甚至把这种可理解性称为"一个奇迹"[3]，但量子力学的不确定性原理让这个"可理解性"成为问题。

如果说人类在亚原子层次的科学操作，就对自然产生了人为干扰，让自然的独立实在性受到怀疑，那么人类在社会世界的互动，又有多少非人为的空间？社会的感受性、社会的幻觉、社会人的主观意志等，全是人为，社会的实在性，能离开人为而获得客观性吗？如果人组成的社会就是如此的多愁善感、如此的白日做梦、如此的目的驱动、如此的恩怨纠缠，那么，要获得对于社会实在的更好理解，是否应该如实地反映这种种人为，而不将自己的人为，即韦伯所谓研究者的主观价值带入研究中，以保证价值无涉？这跟爱因斯坦要求在解释实在的理论中尽量减少人为假设的目标是一致的。

物理学解释的实在，是一个没有生灵的世界，一个无视人类对它可能提出任何看法的世界，哲学家将自然的这种缄口不语理

---

[1] ［美］沃尔特·艾萨克森：《爱因斯坦传》，张卜天译，湖南科学技术出版社，2014年，第304页。

[2] 同上，第307页。

[3] 同上，第407页。

解为它对人类文化彻底的"无动于衷"[1]。在此意义上，自然的解释与自然本身不会互动。社会学解释社会，解释会成为社会认知，反过来成为构建社会的材料。换言之，社会的解释与社会本身有互动，英国社会学家吉登斯（Anthony Giddens）称此互动为"交互解释"，意即"有关社会过程的思考（理论及对它们的见解）持续不断地介入、脱离、再介入它们所描述的事件世界"。吉登斯并以欧洲17世纪的主权理论为例，"这些理论来自对社会趋势的反思与研究，又反过来卷入这些社会趋势。若无现代主权国家理论，就不可能产生现代主权国家"[2]。问题很清楚，好的物理学让我们看见自然；而社会学，无论好坏，解释社会的同时都在建构社会并改变社会。

---

[1] [美]詹姆斯·卡斯:《有限与无限的游戏：一个哲学家眼中的竞技世界》，马小悟、余倩译，电子工业出版社，2019年，第125页。

[2] [英]安东尼·吉登斯:《社会的构成》，李康、李猛译，生活·读书·新知三联书店，1998年，第54—55页。

名言的世界

名言的世界

社会是一个名言的世界，对比缄口不语的自然，名言的社会就是一个喋喋不休的世界。喋喋不休什么？就是说很多话，做很多的命名，围绕名义展开纷争，为获得名分、名号而竭尽全力。在社会里，我们都想做一个有名有姓的人，没有人想当无名小卒。在社会世界中，语言很重要，可以把整个社会组织起来，对世界命名，对人群分类，给事物划等级，给既有秩序正名，当然也能为颠覆秩序提供理由。

把语言提到与社会实在同等地位的，不是语言学家，而是哲学家。德国哲学家恩斯特·卡西尔（Ernst Cassirer）认为语言让社会和自我成为可能："正是语词，正是语言，才真正向人揭示出较之任何自然客体的世界更接近于他的世界；正是语词，正是语言，才真正比物理本性更直接地触动了他的幸福与悲哀。因为，正是语言使得人在社团中的存在成为可能，而只有在社会中，在与'你'

的关系之中,人的主体性才能称自己为'我'。"[1]

流传最广的名言说是马丁·海德格尔的"语言是存在之家":"任何存在者的存在居住于词语之中。所以才有这样一个命题:语言是存在之家。"[2] "因为存在是语言的家,所以我们能随时随刻从这家宅穿来穿去,以这种方式达乎存在者。我们走向井台,我们穿过树林,我们也就穿过了'井'这词,'森林'这词,哪怕我们没有说出这些词,哪怕我们想也没有去想语言这样的东西"。[3] 我们用语言谈论一切,语言自身却隐身不显,"只是由于在日常的说中语言本身并没有把自身带向语言而表达出来,而是抑制着自身,我们才能够说一种语言"[4]。薛定谔对意识说了几乎同样的话,而"语言"和"意识"在这里完全可以互换。意识是世界画面的创造者,却并不包含在此画面中,因为意识是一舞台,"上演世界剧目的唯一舞台,或是包含整个世界的容器,容器外不再有任何物质"[5]。这就是语言(或意识)是存在之家的本体论意涵。

语言是存在之家的更深一层含义是,语言使物存在。这是反常识的。即便是人造物,如人造卫星,常识也认为它是不依赖于"人造卫星"——这个后来赋予它的名称的。海德格尔却坚持说,即

---

1 [德]恩斯特·卡西尔:《语言与神话》,于晓等译,生活·读书·新知三联书店,1988年,第82页。
2 [德]海德格尔:《在通向语言的途中》,孙周兴译,商务印书馆,1997年,第134页。
3 转引自周国平等《语言与哲学:当代英美与德法传统比较研究》,生活·读书·新知三联书店,1996年,第154—155页。
4 同上,第129页。
5 [奥]埃尔温·薛定谔:《生命是什么》,第146页。

使是人造卫星,也是由它的名称促成的:"如若不是那种尽其可能地在技术上提高速度的急迫——唯有在这种速度提高时期内现代机械和仪器才可能存在——招呼着人,并且把人设置到它的指令(Geheiss)中,如若这种指令没有对人挑起和摆置(Stellen)这种急迫,如若这种摆置的词语没有被讨论,那么,也就没有什么人造卫星。"这段辩词不会说服所有人,或他也无意说服所有人,而他最想表达的是:"词语破碎处,无物存在。"[1]这一引自德国诗人斯特芬·格奥尔格(Stefan Anton George)的诗句,海德格尔反复吟咏,再三致意。

语言之为存在之家,意味着社会存在是表达的存在。自然也表达,日光下万紫千红,这是自然的直观表达;艾萨克·牛顿(Isaac Newton)用三棱镜析出组成日光的七种单色光。我们感觉到的各种色彩,只是电磁波在神经纤维键盘上演奏出的结果,这是自然的科学表达。无论如何,自然不会自我表达。为自然表达的科学已是人为,但好的科学,在爱因斯坦看来,就是最少人为而最接近于自然的表达。

语言为世界命名,名言的世界首先是一个为名词编织起来的世界。人、村庄、汽车、河流、驿站、山峦、朋友、森林、猎人、邻居、银行等,都是社会名言化的构件。在所有名词中,有些词可称为关键词,它们不只命名世界,更定性世界。"血缘"一词之于中国传统社会,和"个人"一词之于西方近代社会,就是最为重要的关键词。

---

[1] [德]海德格尔:《在通向语言的途中》,第133页。

先说"血缘"。若就人类全部脱胎于亲代而言,血缘不过是一个平常的事实名词,但在主张"仁者人也,亲亲为大"的宗法社会,血缘就成为社会中枢。中国传统的五伦,或是直接血缘,如父子、兄弟;或借亲子关系而与血缘关联,如夫妇;其他两伦,君臣是父子的推广,朋友则是兄弟的借用。不见于五伦的关系,如师生,则有"一日为师,终身为父"之说。五伦观念,首先是对宗法社会的反映,也建构和强化宗法社会的存在,尤其是孟子所谓"父子有亲、君臣有义、夫妇有别、长幼有序、朋友有信",不仅原创了五伦话语,也构建了宗法社会的人伦准则。

人伦化就是中国社会的人文化,一旦人伦不及,如面对现代社会陌生大众的群己关系,即一对多,而非传统的一对一的关系时,往往公德不彰,这成为中国社会最受人诟病者。

再来看"个人",看似也是寻常名词,其实不然。放在五伦社会,个体从未脱离人伦另一方而成为独立个人。梁漱溟反省中国文化最大之偏失,"就在个人永不被发现这一点上"[1]。

个人,而非作为数词的个体,则构成西方近代社会的中枢。托马斯·霍布斯(Thomas Hobbes)以降的自由派哲学家,其政治哲学,几乎全是以原子化个人开篇。霍布斯说:"自然使人在身心两方面的能力都十分相等",纵然有所差别,"也不会使人与人之间的差别大到使这人能要求获得人家不能像他一样要求的任何利益"[2]。人性平等不给任何个人特权的存在以理由。

---

[1] 梁漱溟:《中国文化要义》,学林出版社,1987年,第259页。
[2] [英]霍布斯:《利维坦》,黎思复、黎廷弼译,商务印书馆,1985年,第92页。

卢梭说："人是生而自由的……这种人所共有的自由，乃人性的产物。人性的首要法则，是要维护自身的生存，人性的首要关怀，是对于其自身所应有的关怀；而且，一个人一旦达到有理智的年龄，可以自行判断维护自己生存的适当方法时，他就从这时候起成为自己的主人。"[1] 与生俱来的个人自由，确立了个人主体性的原则。

自由自主理念，在约翰·密尔（John Stuart Mill）那里成为个人主权概念，"任何人的行为……在仅只涉及本人的那部分，他的独立性在权利上则是绝对的。对于本人自己，对于他自己的身和心，个人是最高主权者"[2]。密尔说的个人权利，并非法定权利，而是自然法意义上的天赋人权，即《独立宣言》所说的："人人生而平等，造物主赋予他们若干不可让与的权利，其中包括生存权、自由权和追求幸福的权利。"

由这样的个人组成的社会，一定是社会为个人存在，而非个人为社会存在，用约翰·洛克（John Locke）的话来说："人类天生都是自由、平等和独立的，如不得本人的同意，不能把任何人置于这种状态之外，使之受制于另一个人的政治权力。任何人放弃其自然自由并受制于公民社会的种种限制的唯一方法，是同其他人协议联合组成为一个共同体，以谋他们彼此间的舒适、安全和和平的生活，以便安稳地享受他们的财产并且有更大的保障来防止共同体以外任何人的侵犯。"[3]

---

1 [法]卢梭：《社会契约论》，何兆武译，商务印书馆，1980年，第8—9页。
2 [英]约翰·密尔：《论自由》，程崇华译，商务印书馆，1959年，第10页。
3 [英]洛克：《政府论》（下篇），叶启芳、瞿菊农译，商务印书馆，1964年，第32页。

对这种天生独立主体通过契约建立相互关系的社会契约论，马克思批评其为一种自然主义的错觉。错觉在于，这些独立的个人，不是历史的起点，而是历史的结果，"一方面是封建社会形式解体的产物，另一方面是十六世纪以来新兴生产力的产物"。但马克思看到自然法学者的错觉背后对正在到来的个人主义社会的预见："这倒是对于十六世纪以来就进行准备，而在十八世纪大踏步走向成熟的'市民社会'的预感。在这个自由竞争的社会里，单个的人表现为摆脱了自然联系等，后者在过去历史时代使他成为一定的狭隘人群的附属物。"[1]

哲学家米歇尔·福柯（Michel Foucault）批评洛克式的个人："个人无疑是一种社会的'意识形态'表象中的虚构原子。"[2] 但无论是错觉还是虚构，都是思想家们对历史进程新潮流的敏感和呼应。开始挣脱旧制度束缚的个体的出现，以个人主义揭示其本质，而最终成就以个人为中枢的近代西方社会。笔者对洛克们的评论是，他们的贡献在于，"他们通过无视历史的实际条件、进程和限制，而将注意力集中于发现一种理想的社会和正义制度，从而完成了一项社会任务，奠定了现代西方社会和政治思想的基石"[3]。

语言给存在命名，不仅是定性，也是分类；不只是中立的事实分类，更有高下的等级分类。名言的世界是等级的世界。以中

---

1 中共中央马克思恩格斯列宁斯大林著作编译局编译：《马克思恩格斯选集》第二卷，人民出版社，1972年，第86页。
2 [法] 米歇尔·福柯：《规训与惩罚：监狱的诞生》，刘北成、杨远婴译，生活·读书·新知三联书店，1999年，第218页。
3 于海：《西方社会思想史》（第四版），复旦大学出版社，2022年，第66页。

国大学为例,最初有211大学和985大学,它们代表中国建设世界一流大学最有希望的候选者。这些名称仍在使用,现在又有了新命名"双一流大学":建设世界一流大学和世界一流学科。这些命名一再将中国大学划进不同等级,并引发学校之间的持久竞争。连普通教师也关心起自己学校和专业是否入围"双一流"名单,因为这些命名背后的地位、待遇、权力关系、福利资源等,都跟个人境遇大有关联。

对比之下,自然原本无名无姓。我们命名这座山为珠穆朗玛峰,命名那座峰为勃朗峰;还用人名命名宇宙中的小行星,比如用高耀洁的名字命名38980号小行星,以永久纪念这位中国艾滋病防治的先驱。可见自然的名称,所为还是人事,并且为了人事,或只是约定俗成,方便识别;或赋予价值,从而也将人间等级加到本无贵贱之分的自然上。

对人群和机构的命名,与其说是语言学行为,毋宁说是社会学和政治学行为。比如年龄,我们会用到"资深"一词。中国传统尊老,老年人富有经验,在低科技社会,经验就是靠谱的能力,所以流行论资排辈。今天的人事制度中,"资深"多半跟年龄无关,而跟技术等级和专业能力有关,人力资本已经取代年龄资格而更具职位分类的根据。

再如"族裔"。在美国,族裔是填表时必填的选项,这是一个多元族群共存国家在实行文化融合政策时最需要关注的分类,但多数表格的选项中并无"白人"这一项,这是否因为白人为主流人群,若填写者是白人,就无须特别标示出来?对此容或有各种解读。但能确定的是,在多族群的美国,白人还是第一大人口族群,从而也是最理所当然的社会事实，这无疑意味着某种优越性。

再看"职业"，人们马上会想到职业声望。科学家、大学教授、医生、律师等职业在声望表上的排序，在多数现代国家大体都会靠前。在信奉"万般皆下品，唯有读书高"的东亚社会，家长训诫孩子时，往往会说，现在不好好读书，将来就去扫马路、种大田。革命意识形态声称，职业不分高低，都是为人民服务。但常人相信的还是职业有高低，不然无法解释为何东亚社会中没有比教育更内卷的竞争领域。

出生地也可涉入命名，并有社会安排。户籍本是出生地登记信息，但若附加上区别性社会福利安排，就成为户籍歧视。计划经济下实行的城市和乡村区别的户口制度，就成为一项生成不平等身份的分层机制（详见本书《社会结构篇》之《人以群分》章）。

居住地，而非出生地，在法国则另有一种特别的分类功能。法国朋友说，法国只有一个城市，巴黎之外全是乡村。这种说法给出了巴黎的法国和巴黎之外的法国的文化版图。就连社会学家做严肃研究时都会把研究对象的居住地分成巴黎和巴黎之外两大类。在法国的社会空间语法中，居住地是区分人的社会地位、经济收入、文化趣味和其他各种社会属性的重要变量。

名言世界的神圣化、污名化和匿名化

若语言是存在之家，或更具体说现实是被语言命名和分类的存在，那么社会科学要处理的就是已命名、已分类的现实，这正是布尔迪厄给自己确定的社会研究纲领，这包含两个目标："社会科学必须将有关命名的社会操作以及使命名得以完成的制度仪式作为其研究对象。但是在更高层次上，它们必须研究词语在社会现实的构成中所扮演的角色。"[1]

提出命名的社会操作及其制度仪式实现的问题，实质上是提出怎样的命名和谁的命名是算数的并被社会接受的。语言学家奥斯汀（J. L. Austin）设想了这样一个场景，他看到造船台上有一艘船，就走过去打碎挂在艏柱上的瓶子，宣称："我命名这艘船为斯大林号"，问题是"我并不是被选来为它命名的那个人"。奥斯汀想说的是他的命名是无效的，因为他没有得到权威机构如船舶公司的授权。问题很清楚，语词的权力只是发言人获得授权的权力而已，命名的权威来自语言之外，"语言至多也只是代表了这种权威，表现了它，并且把它象征化了。这里有一种作为所有制度话语之特征的修辞法，也就是说，一个被授权的发言人在一个严肃的场合表达他自己的正式话语，具有一种其限制与其机构的授权程度相一致的权威"[2]。制度的仪式实际是授权，授予某人的说法是权威的，授予某个名词具有权威，而参与仪式的人们因此不论情愿与否都要认同一个关于世界等级和事物品质的分类和命名。完成命名不是这项命名的终极目的，终极目的是要让确认的命名和分类在社会秩序中发挥作用，是要让命名确定的区分为人们所遵守。

若命名的权威是来自语言之外的权威，反过来说，权威的命

---

1 [法]皮埃尔·布尔迪厄：《言语意味着什么：语言交换的经济》，褚思真、刘晖译，商务印书馆，2005年，第82页。
2 同上，第85—86页。

名才具有权威性。权威或是"国字头"或"中字头"的机构，如国家一流本科课程的命名和颁发者，是中华人民共和国教育部；"感动中国年度人物"的评选和发布者，是中国中央电视台；享有世界级声誉的机构，如为全球资本市场提供信用评级的穆迪评级，它对国家主权信用的评级，是被评的主权国家需要慎重对待的。黄河学者、浦江学者等，以各省、直辖市的大江大河命名的学者们，构成了当今中国学术精英的版图，不难看出其命名的权威性来自各省、直辖市的教育和学术主管机构。在介绍菲尔兹奖时，人们会说"这是数学界的诺贝尔奖"。为什么特别扯上"诺贝尔奖"？因为诺贝尔奖地球人全知道，也是地球上权威性最高的奖，说了"诺贝尔奖"，圈外人大体能掂出菲尔兹奖的分量。

20世纪90年代，上海泰康路文化街一直面临拆迁的前景，正是三位艺术和学术权威对项目的重新命名，让文化街存活下来。从泰康路更名为田子坊，这是艺术大师黄永玉命名的力量；陈逸飞带头做起来的艺术工坊，被论证为代表世界潮流的文化创意产业，并被上海市列入优先发展的产业计划，这是经济学家厉无畏命名的功劳；一处在上海排不上保护街区名单的旧里弄，被定义为保留上海民居样式最丰富的怀旧地，这是历史建筑保护权威阮仪三命名的贡献。而他们对田子坊的声援，都发在《人民日报》《文汇报》等中央和地方权威报纸上，田子坊最后的胜出，实为上述各种权威加持的结果（详见本书《社会建构篇》之《空间品牌的社会命名》章）。

上面提到的国家机构、权威媒体、权威评级机构或各界的权威人士等，布尔迪厄都视其为命名的社会代理人，通过构造他们"对社会世界的观念,命名行为帮助确定了这个世界的结构"。而且,"只要环境允许,没有一个社会代理人不渴望具有命名并且通过命名创造世界的权力:流言、毁谤、谎言、辱骂、称赞、批评、争论以及夸奖都是正式的和集体的命名行为的日常的、琐细的表现,无论它们是赞美还是谴责,都是由被广泛认可的权威所施行的"[1]。

命名创造世界的观点,看似回到海德格尔的语言使物存在说,其实不然,社会学的说法不只是哲学洞见,更包含经验的生成机制。从上面布尔迪厄的引文,至少可提出命名的两个基本机制:神圣化(赞美)和污名化(谴责)。考虑到命名让一部分世界被看见,也让另一部分世界隐匿不见,我们可再加上一条——匿名化。

神圣化如同施行魔法,创造出贵族或人的神话,命名行为"庄严地将名称或称号授予接受任命者,名称或称号通过一种就任仪式,中世纪先生的开蒙(inceptio),教士的神品晋升礼,骑士被授予称号、兵器和盔甲的仪式,国王的加冕礼,开课,法院开庭"[2]。社会科学必须注意到制度仪式具有的象征效力,即它们所拥有的那种通过作用于其表征而作用于现实的权力,"例如,授权的过程,在它确实改变了被神圣化者方面发挥了非常真实的象征效力:首先,它改变了别人对他的印象,尤为重要的是,它改变了他们对他所采取的态度(最明显的变化就是他被赋予了尊贵的头衔这一事实,并且这种尊贵确实是与这些宣告相关的);其次,因为它同时改变了被授权者对自己的看法,以及为了与这一看法相一致,

---

[1] [法]皮埃尔·布尔迪厄:《言语意味着什么:语言交换的经济》,第82页。
[2] [法]皮埃尔·布尔迪厄:《帕斯卡尔式的沉思》,第287页。

他感觉自己有义务采取的行为举止"[1]。布尔迪厄以最雄心勃勃的巴黎高师的学生为例，他们迫使自己学习作为天才的艰难行当，"这个行当里的每一个成员都必须成为他自己的神话，都必须披上比正常人更伟大更有力量的人物的外衣。而且所有的人也都这样期待着他们"。"将一个人划定在一个本质卓越的群体里（贵族相对于平民，男人相对于女人，有文化的人相对于没文化的人，等等），就会在这个人身上引起一种主观变化。这种变化是有实际意义的，它有助于使这个人更接近人们给予他的定义。"[2]

神圣化的另一面正是污名化。戈夫曼考证，污名（stigma）一词是希腊人发明的，最初用以指称身体记号，做这些记号是为了暴露携带者的道德地位有点不正常和不光彩。"这些记号刺入或烙进体内，向人通告携带者是奴隶、罪犯或叛徒；换言之，此人有污点，仪式上受到玷污，应避免与之接触，尤其是在公共场合。"[3] 今天这个词更适用于耻辱本身，而非象征耻辱的身体证据。从帕斯卡尔、亚当·斯密到布尔迪厄，都认为社会世界中最稀有的东西是承认和尊敬，也就是存在的理由，它能够为生存提供意义（详见本书《社会主体篇》之《社会自我》章）。而社会世界中最不平等且无疑在任何情况下都最残酷的分配，恰恰正是社会重要性和生存理由的分配。被污名化的人群，即被打上耻辱标签，被人嫌弃且在

---

1 [法] 皮埃尔·布尔迪厄：《言语意味着什么：语言交换的经济》，第100页。
2 [法] 皮埃尔·布尔迪厄：《国家精英：名牌大学与群体精神》，杨亚平译，商务印书馆，2004年，第193—194页。
3 [美] 欧文·戈夫曼：《污名：受损身份管理札记》，宋立宏译，商务印书馆，2009年，第1页。

公共场合被施加种种限制的人群,正是最缺少社会承认与尊敬的人群。他们与贵族相对,在欧美历史上构成这样的系列,"如卡夫卡时代的犹太人,或今天,贫民区里的黑人,欧洲城市的工人郊区的阿拉伯人或土耳其人,带着一种否定性象征资本的诅咒"[1]。是的,否定性的符号诅咒,会让蒙受污名的人群终生受累。在过去很长一段时间里,上海的苏北人,就是因方言、职业、习性等因素而被上海的江南人、广东人等歧视并遭污名化,而成为上海这个移民城市最不能被社会充分接受的人群。历史学家韩起澜(Emily Honig)说:"苏北人不是在苏北的人,只是在上海才成为苏北人。"[2] 污名化对此与有力焉。

被污名化的人群,不是无名无姓者,而是被污名折磨并为掩盖或摆脱污名特征而挣扎者。而社会世界中的无名无姓者,则要被归入匿名者范畴。不符合入籍条件的黑户、没有正式编制的代课教师、都市里的流浪汉、不知道父亲为何人的私生子等,都是社会身份意义上的无名无姓者。

在上海,人们知道富二代、农民工二代,却多半不知道何为"劳模二代",他们在公众的认知上属于无名无姓者。所谓"劳模二代",指的是在上海工人新村中出生的一代人,他们的父母在20世纪五六十年代的上海最为风光,因为只有劳动模范才能住进政府建造的工人新村。六十年后,劳模们老去,他们的子女也从计划经

---

[1] [法]皮埃尔·布尔迪厄:《帕斯卡尔式的沉思》,第284—285页。
[2] [美]韩起澜:《苏北人在上海(1850—1980)》,卢明华译,上海古籍出版社,2004年,第7页。

济时代的优越人群变成了市场经济中的弱势人群。由于历史最悠久的工人新村不准拆迁，留作纪念地，劳模二代们也就不能通过拆迁来获得住房的改善。每次我们进村调研，他们就会问，你们是不是来帮助我们动迁的？劳模二代是小众群体，即使有抱怨也弄不出声响。劳模的后代仍然在乎父母曾经的声誉，他们不会成为走上街头的行动者。多数劳模二代也在老去并退出行业和岗位，他们之无名无姓，也在情势之中。

在历史书写的意义上，下层民众多数也是无名无姓者。20世纪90年代，充斥影视剧和文学作品的都市怀旧风，在上海大行其道。观众和读者看到听到的大多是名人名媛的前世今生、风花雪月，却甚少石库门里弄的柴米油盐、家长里短。笔者的评论是："这场怀旧还只是精英的运动，并未进入普通上海人的日常生活。我们对城市记忆因为里弄意象的大规模生产而复兴的期待并没有从市民那里获得回应。一场以恢复或接续集体记忆为旨的'老上海怀旧'，集体却是缺席的。"[1] 卢汉超的《霓虹灯外：20世纪初日常生活中的上海》和王笛的《街头文化：成都公共空间、下层民众与地方政治（1870—1930）》之所以都拿到美国城市史研究学会最佳著作奖，就在于他们都让下层市民的声音被人听到。《美国历史评论》《中国季刊》等著名刊物评论《街头文化》的优胜，异口同声的一点是"力图从下层民众的角度去揭示这一时期的城市转型"[2]。

---

1 于海：《上海纪事：社会空间的视角》，同济大学出版社，2019年，第49页。
2 王笛：《街头文化：成都公共空间、下层民众与地方政治（1870—1930）》，李德英、谢继华等译，中国人民大学出版社，2006年，第401页。

王笛说,我们知道的历史是一个非常不平衡的历史,"我们把焦距放在一个帝王将相、英雄驰骋的小舞台,而对舞台下面千变万化、丰富多彩的民众的历史却不屑一顾。在帝王和英雄的历史书写下,我们把希望寄托在历史上屈指可数的明君贤相、精英人物身上,视个体的小人物如沧海中的一滴水,可有可无,似乎他们在历史上没有留下任何踪迹"[1]。王笛等历史学家让普通人在历史上有名有姓起来的努力令人敬佩,但在名言化的社会世界里,小人物多半还是被大人物的身影遮盖,隐而难见。

还有非法意义上的无名无姓的世界,比如地下世界、边缘世界。这些世界,普通人鲜有了解,如地下黑工厂,只有工商执法、卫生执法才能够把它们暴露出来。市面上的很多"三无"产品、假冒伪劣产品就是从这种地下世界里流出来的,无名无姓在这里代表着无法无天。

《老子》一上来就说,"道可道,非常道。名可名,非常名。无名,天地之始。有名,万物之母"。老子真的是一等的甚至超一等的哲学家。我们今天讲的这些,老子大多都讲到了,至少点到了。有名,万物之母,世界被命名,不光有了万物,还有了万物的位置、等级和价值。人不仅活在一个充满各种各样命名的世界里,人本身就意味着名号、名分和名位。而不被命名的人和物,也即无名无姓者,就不仅在社会中没有其位置和价值,事实上也不被名言的世界听见看见,仿佛不曾存在过。回到并改写海德格尔:词语不

---

[1] 王笛:《茶馆:成都的公共生活和微观世界(1900—1950)》,社会科学文献出版社,2010年,第13—14页。

到处，无物存在。

无论是污名化存在，还是匿名化存在，都是无社会存在理由的人，都被抛入一种无必要性的、沦为荒诞的存在的无价值。而能脱离偶然性和无根据并给存在以意义的权力，则近乎神圣，"不管人们是否愿意，这种权力都由社会世界把持，并尤其通过国家制度发挥作用：作为象征资本的中央银行，国家能够授予这种形式的资本，这种资本的特点是本身包含它自身的合法化"[1]。

---

1 [法]皮埃尔·布尔迪厄：《帕斯卡尔式的沉思》，第283页。

社会的神性及自我神化

社会的神性从神话开始

这个世界有没有神？牛顿以后，物理世界只服从牛顿的万有引力定律，尽管牛顿还为神留了个第一推动力的虚名。大爆炸后才有我们今天看到的宇宙，物理学已经能精确地描述大爆炸后一秒迄今所发生的一切过程，还能留下什么让神（上帝）发挥的空间？对此问题霍金没有把握，他或是不想冒犯公众而虚悬一问。达尔文以后，我们所属的生物世界也不再有自圆其说的神创论，一切生物都是盲目地服从物竞天择的定律演化出来的。基于科学的无神论并非完全没有异议，但对于本文的议题已经够用，我们自可大胆前行。

转到社会世界，上述意义的无神论可能都将失效。霍金说人跟宇宙是用同一种材料即粒子做成的。阐发达尔文学说的理查德·道金斯（Richard Dawkins）说万物之灵的人无非盲眼钟表匠的作品。一旦转到宗教和文化，霍金多半不会再说人是粒子；道金斯也不再用基因说事，而特别创造了"觅母（meme）"这一概念，一种跟自然基因（gene）对应的复制因子，但觅母复制的是文化。

何为觅母？"曲调、概念、妙句、时装、制锅或建筑拱廊的方式等都是觅母"[1]，觅母通过模仿过程从一个大脑转移到另一个大脑，从而在觅母库中繁殖。道金斯说的觅母库大体可等同于人类学家说的文化。

从文化看社会，社会是充满神话和神祇的世界。社会成为神性的世界，乃社会的自我神化的结果。我们大体可从神话、制度和群体诸方面来了解社会的造神机制。

社会的自我神化从神话开始。自古以来，神话就是先民想象自己与世界关系的主要文化形式。现代人知道分辨宗教信仰与世俗生活的区别，但神话学家告诉我们："对于旧石器时代的猎人们来说，这是一件不可思议的事情——在他们的心目中，根本没有世俗这个概念。他们所看到或者体验到的每一事件都将与神性世界的原型相对应。万事万物，无论多么微不足道，都包含着神性。"[2]神话的创造有其心理根源，只要人必死并时刻意识到必死的结局，就不会满足于现世生活而渴望进入天国。这样，神话的意义就不仅在于它是先人对于一个超越日常实在的更强大、更真实的实在的渴望，也让人更充分地意识到精神维度的存在，"它从四面八方紧紧地包裹着他们，是生命的自然组成部分"[3]。只要科学的有效性仍然限于经验的实在，当代人对更真实实在的追求就会延续神性社会之香火。

如果说集体想借某种超验力量而超凡脱俗是一个神话，那么

---

[1]〔英〕理查德·道金斯：《自私的基因》，卢允中、张岱云等译，中信出版社，2012年，第218页。
[2]〔英〕凯伦·阿姆斯特朗：《神话简史》，胡亚幽译，重庆出版社，2020年，第22页。
[3] 同上，第23页。

个体通过洒扫应对的日常修行而超凡入圣，仍是一个神话，这是中国的"人皆可为尧舜"的道德神话。且不论佛家的"砍柴担水，无非妙道"，这里举的例子是孔学。

美国哲学家赫伯特·芬格莱特（Herbert Fingarette）在孔子学说中看到了常人"即凡而圣"（The Secular as Sacred）之道。下面这段文字出自已成为当代儒学研究经典的《孔子：即凡而圣》一书：

> 人在终极的意义上不是一种自主的存在，并不像我们西方人所说的，他具有一种内在的决定性的力量，这种力量在各种真实的选择项之中可以做出抉择，从而塑造他自己的生活。相反，孔子认为人生来就是"原材料"，必须受到教育培养和文明熏陶，才能成为一个具有真正人性的人。为了达到这一点，他必须以道为追求的目标，而"道"——通过它的崇高性以及求道之人所体现出来的崇高意义——必定吸引着他。这种结果并没有被构想为那样一种情况：强化一个人个人的力量，从而凌驾于社会或者物质环境之上。而是构想为这样一种情形：磨砺或稳固一个人所追求的"目标"或精神方向，为的是使之能够坚定不移地走上那条真正的大道，也就是成为一个高尚的有文明修养的人（君子）。行道之人使寓于道之中的恢宏的精神尊严和力量在他的身上得到了具体的表现，一个行道而不悖道的人，他的行为是如此"自然"和"和顺"，而远远不是被迫而为。这样的人过着一种具有人格尊严和精神圆满的生活，并与他人互相尊重，和

谐共处，同时也允许他人过上这样的美好生活。[1]

即凡而圣的神话性在于，它致力于更真实的实在，即"道"，一个永远在前而不能确定抵达的状态，一旦抵达，它就是实在的完成时态，而非比（实现的）现实更高的实在。道标示着一个自我在神圣化的追求中与万物合为一体的状态和过程。神圣化，即自我转化之道，既不是绝对假的，也不是绝对真的，这就是神话的特征，"之所以它不是绝对假的，是因为这种对道的描述比说道是由主体和客体的二元组成的更真实。但是，说道是由一种既不是主体又不是客体的状态组成的也不是绝对真的"[2]。孔子从不自诩为"圣"，也极少嘉许人为圣，从历史面亦可了解"即凡而圣"的神话性质。

说人"即凡而圣"是个神话，还在于真正在平常心中求道者绝非多数人类。即便是少数要把成圣当作"人生第一等事"（王阳明语）来追求者，最终也非都能修成正果。但个人成圣之神话无碍其成为美好社会的一崇高道德理想，如太史公曰："'高山仰止，景行行止'，虽不能至，然心向往之。"

---

[1] [美]赫伯特·芬格莱特：《孔子：即凡而圣》，彭国翔、张华译，江苏人民出版社，2002年，第30—31页。
[2] [美]爱莲心：《向往心灵转化的庄子：内篇分析》，周炽成译，江苏人民出版社，2004年，第171页。

制度性自我神化

如果说个人成圣的神话只是影响少数人的话，宗教造神、统治者造神、教育造神等制度性神圣化过程影响的则是多数人。制度性造神并不以道德楷模为目标，而是以神圣权力、精英地位为目标。要而言之，制度性的社会自我神化关乎的是统治的正当性和地位的再生产。

宗教造神，对祭司僧侣集团来说是题中之义、理所当然。这是一个在天国与人间之间充当神意代言人角色的人群，他们要创造一个世俗世界之上的神圣世界，如圣·奥古斯丁（St. Augustine）的天上之城与地上之城的对立，不仅表达天国代表一切价值的终极根源，也为作为神意中介的教会确立正当性和权威性。得救是灵魂事，但不加入教会则永不能得救。德国哲学史家威廉·文德尔班（Wilhelm Windelband）之所以称奥古斯丁为中世纪真正的导师，是因为"他以创造性的精力集中了当代关于救世的需要以及教会实现这种需要的整个思想"[1]。教会自有理由奉奥古斯丁为圣人，因为他的教义造就了教士阶级的特权社会地位。直到马丁·路德（Martin Luther）的宗教改革，认识到"得救的整个过程应当是在他的精神里面进行的，他的得救那是他自己的事情，他借它而与自己的良心发生关系和直接面对上帝，而不需要那些自以为手

---

[1] ［德］威廉·文德尔班：《哲学史教程》（上卷），罗达仁译，商务印书馆，1997年，第354—355页。

中握有神恩的教士们来做媒介"[1]。必须注意的是,路德教去除的只是旧教教会的神性,而非宗教的神性,正如马克思对路德的绝妙评论:"他破除了对权威的信仰,却恢复了对信仰的权威。他把僧侣变成了俗人,但又把俗人变成了僧侣。他把人从外在宗教解放出来,但又把宗教变成了人的内在世界。"[2] 只要信仰仍然关注人的精神得救,则宗教及其活动本身的神性,就仍是现代社会世界中神圣事物的源头,虽然已非唯一来源。

统治者造神,在皇权时代,理由显而易见。没有神,哪有"君权神授"?哪有"受命于天"?"天"字在中国文化中的意涵丰富,有"天然之天""皇天之天""天命之天""天道之天""天理之天"诸义,[3] 统治者造神,最要祈求的是皇天之天,此即源自原始宗教信仰的主宰神。但它是全善而非全能,故不同于西方一神教所谓宇宙创造之主。甲骨文就是基于中国"皇天之天"传统的"装神弄鬼"的产物,通过占卜来预知商王决策的吉凶等,将占卜结果记载在龟甲上并加以存储。存储占过卜的龟甲有何意义?社会学者郑也夫说这里就有神圣化的机制:"其一,每片卜辞记述了王要做什么。其二,每片卜辞差不多都以明白无误的卜兆,显示神灵允准商王实施此举。其三,一片两片不足为证,唯大量存储的甲骨文字才是神灵保佑商王的系列证明。内中不乏少许凶兆卜辞,更凸显其整

---

1 黑格尔对路德教的评论,见黑格尔《哲学史讲演录》第三卷,商务印书馆,1981年,第376页。
2 中共中央马克思恩格斯列宁斯大林著作编译局编译:《马克思恩格斯选集》第一卷,第9页。
3 傅伟勋:《从西方哲学到禅佛教》,生活·读书·新知三联书店,1989年,第451页。

体真实性。其实，王的每日生活与百姓一样，是庸常的，除稀少的大事件外，最初谁也不会觉得有记载的意义。但当它们披上了'龟甲—祖先—神灵'的外衣，并串联起来，就成了伟大的史诗。区别性、合法性、神圣性尽在其中。"[1] 以甲骨占卜来神化君王，未为后世效法而延续，但乞灵于皇天为统治提供合法性，则是帝制中国延绵不绝的传统。北京天坛祈年殿可谓这一传统的空间象征。祈年殿的直接功能是明清两朝皇帝孟春祈谷的祭坛，但祈年殿的蓝色琉璃瓦、龙凤和玺彩画、圆形三重檐的屋顶形制的设计，是特别营造以表达其崇高等级的独特形式。"其对天的尊敬，反映天的权威性和封建君主对皇天上帝的顺从的同时，更强调皇帝是'奉天承运'的君主，表达其统治权的合法性。"[2]

涂尔干看得清楚，把某些人特别是君王贵族神化，正是社会造神制度：

> 古往今来，我们看到社会始终在不断地从普遍事物中创造出神圣事物。如果社会恰好垂爱某人，认为从他身上找到了能够打动它的雄心壮志，以及实现这一抱负的手段，这个人就会卓然出众，被奉若神明。舆论会像维护诸神一样赋予他威严。受到时代信赖的许多君主都属于这种情况，他们即使没有被敬奉为神，至少也被视

---

[1] 郑也夫：《文明是副产品》，中信出版集团，2015 年，第 126 页。

[2] 武裁军、周一渤、姚天新：《祈年殿解读》，载自《中华遗产》，2008 年第 1 期，第 74—85 页。

为神的直接代表。显然，唯有社会是这类各色神化的始作俑者，因为它往往不惜把那些只有自己的功德却没有权利获此殊荣的人也神化了。人们所抱有的这种赋有高度社会功能的非常朴素的敬重，和宗教尊崇并没有本质的不同。[1]

唯有社会是各色神化的始作俑者，这句断言被布尔迪厄紧紧抓住。他认为，教育，确切说精英学校，就是神化特定人群的社会机构：

> 所谓精英学校，就是负责对那些被召唤进入权力场域的人（其中大多数都出身这个场域）进行培养，并且对他们加以神化的机构。[2]

但学业神化并未让所有入选者都功德圆满，布尔迪厄以法国最顶尖的精英大学巴黎高师为例，说要想遇见一位巴黎高师的校友，在任何一所中学都比在某某大使馆、《新法兰西评论》（NRF）的鸡尾酒会或者巴黎综合理工学院的舞会上要容易得多。但神化体制倾向于将所有人的渴望都引向人们最热切而又最难企及的轨道，尽管多数人最终从事的是平凡职业。神化体制少不了这多数人的投入，"因为只有他们的投入才能够使杰出者的轨道变得合理，

---

1 [法]涂尔干：《宗教生活的基本形式》，第283页。
2 [法]皮埃尔·布尔迪厄：《国家精英：名牌大学与群体精神》，第116页。

才能够使那些用显赫的称谓命名的人生轨道，如哲学家或作家的轨道，以及另外一个场域中的大使、高级公务员或共和国总统的轨道具有存在的合理性"[1]。制度不仅造神，还让被神化的人群因以获致的精英地位正当化。

社会自带神性

社会最大的造神动作无非创造了上帝。但关于上帝的全部说辞，在德国哲学家路德维希·费尔巴哈（Ludwig Andreas Feuerbach）看来全都来自人，"人是怎样想的，有怎样的心思，他的上帝就是怎样的；人的价值有多大，他的上帝的价值就有多大，一点也不更大些。上帝的意识就是人的自我意识，上帝的认识就是人的自我认识。你从人的上帝认识人，反过来又从人认识他的上帝；这两者是一回事。人认为是上帝的，就是人的精神、人的灵魂；是人的精神、人的灵魂、人的心情的，就是人的上帝；上帝就是人的显示出来的内心、宣示出来的自我；宗教是人的隐匿的宝藏的庄严的揭露，是人的内心深处的思想的自白，是人的爱的秘密的公开自承"[2]。费尔巴哈的潜台词是，崇拜上帝，不如崇拜人，因为人是上帝一切肯定性品质的终极来源。

涂尔干接过费尔巴哈的宗教批判，但把费尔巴哈的人本主义

---

[1] [法]皮埃尔·布尔迪厄：《国家精英：名牌大学与群体精神》，第197页。
[2] 转引自北京大学哲学系外国哲学史教研室编译《西方哲学原著选读》（下卷），商务印书馆，1982年，第476页。

改为社会学主义，提出宗教的本质是对集体力量和社会的崇拜，这是用另一种方式，阐释神圣的根源不在天国，而在人间，在通常被认为是经验的世俗的社会。涂尔干此论点，可称为社会自带神性。他断言："社会只要凭借着它凌驾于人们之上的那种权力，就必然会在人们心中激起神圣的感觉，这是不成问题的；因为社会之于社会成员，就如同神之于它的崇拜者。"[1] 三个理由让涂尔干相信社会自带神性。第一，社会对个人是超验的，也就是说，个人未出生前，社会已经存在；个人死后，社会依然存在。如此，社会具有任何神性实在具有的超验性，即对个体的超验性。第二，社会不仅比个人长久，更比个人丰富和伟大，社会保存了一代代人创造的文明，"个人从社会那里得到了他身上最好的东西，一切使他成为有个性的及在其他生物中由于他的知识的与道德的教养而占有一个特殊地位的东西"[2]。"如果从人身上剔去来自社会的那一部分，剩下的只是一个只有感觉、与动物不大有区别的生灵。"[3] 社会近乎全知全能，这又是神性的标配表现。第三，在诸如宗教节日和集体仪式的群象活动中，"社会比其凡俗时期要更为有力，更加主动，也更趋真实"。这是一个社会与个人双向赋能的过程。一方面，"人们感觉到有某种外在于他们的东西再次获得了新生，有某种力量又被赋予了生机，有某种生命又被重新唤醒了"。这是社会之神性涌现。另一方面，"因为每个人内心所激起的社会存在的火

---

1 [法] 涂尔干：《宗教生活的基本形式》，第 276—277 页。

2 Emile Durkheim, *The Elementary Forms of the Religious Life*, Allen & Unwin, 1976, p.347.

3 转引自 [法] 雷蒙·阿隆《社会学主要思潮》，葛智强、胡秉诚等译，上海译文出版社，1988 年，第 420 页。

壹　社会实在篇

花,都必然会参与到这种集体更新的过程中来。个体灵魂再次融入它的生命源泉之中,因此也获得了再生"[1]。这是个人之神性涌现。

如何评价涂尔干的社会自带神性说?

首先,社会对于个人的超验性,可以视为社会如同自然万物一般亘古如斯,这一点并非理所当然,因为战乱、灾祸、革命,甚至人生变故,都可能使人对社会的超验性发生怀疑。第二次世界大战结束后,欧洲享受了近八十年的繁荣,未来是否亦将和平如斯不可知。几十年中遭遇社会动乱,生活颠沛流离,无论在过去历史中,还是在当今世界里,这样的人生经历皆非罕见。生不逢时者,不仅难以产生对社会的崇敬心,也难产生对现实的实在感。即便在日常和平的生活中,社会的超验性实在也不那么牢靠。人或在一场噩梦中失去一切社会身份和定位感。即使在梦醒那一刻,个人生存和世界存在的现实也像是光怪陆离的梦境,似乎刹那间就会消失得无影无踪,或变得面目全非。伯格借噩梦发挥了他的现实观:"这个'现实'是非常不牢靠的。姓名、地址、职业和妻子都可能消失。一切计划安排都可能寂灭。一切住房最终都会空空荡荡。即使终身都没有在身份和行为方面遭遇到痛苦的突发事件,我们最终还是必然要回到噩梦那一刻,在那一刻,我们感觉自己被剥夺了一切名字、一切身份。"[2] 这种被剥夺感在灾难中就是实实在在的感受。

其次,涂尔干关于社会自带神性的第二条理由比第一条强,

---

1 [法]涂尔干:《宗教生活的基本形式》,第457页。
2 [美]彼得·L.伯格:《与社会学同游:人文主义的视角》,第166页。

但也是一般而论。个人固然从社会获得文明和教养,机会却非人人均等。下层阶级在社会中遭遇的更多的是黑暗、残忍、麻木、偏狭、愚昧,他们很难从苦日子中感受到文明的光芒和崇高,他们甚至会嘲笑读书人。底层人普遍认为动手比知识更重要。在本书《社会建构篇》之《自甘如此的子承父业》章中,工人阶级轻视书本文化的一个例子是,一个工人从火柴盒背面抄来一句话,写成标语贴在车间里:"一盎司的敏锐自觉可以媲美整座图书馆的学位证书。"虚构纯理论知识陈腐不堪的故事充斥于车间,在此文化氛围中长大的工人阶级男孩天然就有一种对"书呆子"的不屑。与文明的隔膜,令底层人的苦难和卑下地位,通常一代接一代地复制。与涂尔干说人从社会中获得最好的东西相反,下层人群得到的或是社会中最不堪最坏的东西。要让所有人感受社会的神性,首先要让多数人感受社会正义和平等。只有个人境遇不成为宿命,代代累积的文明才能在个人身上不仅引出敬仰,更能成为改变其命运的力量。

最后,涂尔干关于社会自带神性的第三点,表明社会的神性并不只是一个既定概念,更是一个生成概念。在集体活动如宗教仪式、政治集会、赛事现场、歌星演唱会等中,个人不仅获得了自己融入群体的心醉神迷的体验,同时也让被俗世生活消磨了精神的社会得以更新和重生。换言之,这是一个社会神性和个人神性的同时创造。其心理根源,在神话研究专家凯伦·阿姆斯特朗(Karen Amstrong)看来,在于人类的超验能力。人类是经验动物,但超验渴望是人类经验的一部分,"我们渴望刹那的心醉神迷,我们感到内心深处被触动,并在瞬间获得了灵魂飞升的欢欣。此时此刻，我们的生命强度超越了平庸，从每一个层面燃烧出激情，并占据我们的全部人性"[1]。但人的超验升华并非随时随地，更非无缘无故。孤立状态下的个人更可能是低沉的、压抑的、沮丧的和惰性的。人群聚集而上演的集体仪式多是强化和提高个人生气的契机。人们聚集在一起自然最有利于发生互动，但柯林斯认为这只是平庸之见，聚集更强的含义是，社会高于一切具体活动，"当人们聚在同一地点时，具有身体的协调一致性：涌动的感觉、谨慎或利益感、可察觉的气氛的变化。人们之间相互关注，不管一开始是否对其有明显的意识。这种人身的相互注意是接下来要发生的一切的起点"[2]。涂尔干论社会自带神性的第三点卓越不凡。

"戈友"：民间自力创立的精英群

在中国已经举办了十九次的戈壁挑战赛，提供了一个不同于上述宗教造神、统治者造神和教育造神的案例：一个民间人士自力造神的案例，这可被视为社会造神的非制度性案例。

戈壁挑战赛的造神，首先拉了高僧玄奘的大旗，并在玄奘前往印度取经路上，遭遇追杀、背弃、迷路、彷徨、生死等险境的"八百里流沙"处设置赛程，取名为"玄奘之路戈壁挑战赛"（简称"戈赛"），其命名和选址已经不同凡响。赛事造神，就要创造"会当凌绝顶，

---

[1] ［英］凯伦·阿姆斯特朗：《神话简史》，第15页。
[2] ［美］兰德尔·柯林斯：《互动仪式链》，林聚任、王鹏等译，商务印书馆，2009年，第69—70页。

一览众山小"的难度,参赛者必须徒步穿越 112 千米的无人戈壁,这是把赛事做成如信徒历经千难万险朝圣圣地的圣事;赛事全名为"玄奘之路国际商学院戈壁挑战赛",摆明了是要为商业精英群体创造另一种精英身份:戈友群。获得戈友身份,必须花钱却非花钱就能买到;必须投入时间训练但不能保证兑现;必须风餐露宿却不一定能跻身戈友圈子。分众传媒的一位高管 Q 女士,分享了她参加戈赛成为戈友的体会和认知。

首先,戈赛的报名资格就限定为商学院的学员,入读商学院就是一个门槛。"读 EMBA 是要求 10 年以上的高层管理经验,一二把手的学员为数不少。学费从四十万到五十万不等。两年时间。这才是真正的门槛。如果你是高管,却没有时间,你就不可能去读 EMBA;如果你的老板不肯出这一百万,你也不可能读。"[1]研究者以为重要的戈赛开销问题,Q 女士一句"商学院的队员是不会去想这些花费问题的"就若无其事地化解了。戈赛就是一个为商业精英设计的游戏,他们被戈赛俱乐部召唤,以便通过戈赛的奇迹,证明戈友群的神奇。戈赛一如布尔迪厄对精英学校下的断语:就是负责对那些被召唤进入权力场域的人进行培养,并且对他们加以神化的机构。

其次,商学院学员的身份只是参加戈赛的报名资格,体能的标准才是最关键的标准。所有参赛者已经证明自己是商场上的成功者,现在则要证明自己一样能成为赛场上的成功者。这事跟参赛者的身价无关,跟参赛者是否为上市公司的高管无关,参赛者

---

[1] Q 女士访谈,2014 年。以下凡引 Q 女士的话同左,不另注。

必须靠自己的体力、毅力和努力来证明。Q女士说:"比赛的四天,拼的是体能和意志,跟你投入多少时间精力、下多大的决心去干这件事,这个起点是一致的。你脱去了你所有外在的东西,无论你多风光,一呼百应,或者你是一个多少有点辛苦的技术人员,都没有关系。在这个赛场上,大家是平等的。这是这件事最大的意义。当你走在戈壁上的时候,这112公里,每一厘米每一分钟,都不是钱可以替代的,也不是你过往的经验和你任何外在的东西可以替代的。"若参赛者凭着百来斤的躯壳走出戈壁,则很容易被人们视为精英中的精英。

再次,戈赛之所以被Q女士们追捧,还在于参加记录成绩的竞赛性项目A队的机会一生仅有一次。把挑战的机会设计成高度稀缺,便会激发报名者最强烈的征服欲和最大的荣誉感。用Q女士的话来说,"一生只有一次,才会拼尽全力,冒着生命危险去完成",如此,"可以看到自己有能力做到别人想象不到且自己想象不到的事情"。如果说戈赛是精英们的自力造神,那么精英们的确也在此种将不可能变成可能的奋斗中创造出最为"硬汉"形象的自我来。

最后,戈赛的造神,固然要求每个队员付出卓绝的努力,但只取十名队员中排名第六的成绩作为全队的最终成绩,这是一个团队之间的竞赛,而非个人英雄主义的表演。唯有团队的成绩,才能让个人在戈友群中获得认可。这也是 个个人和集体双向赋能的实例:团队封神,则队员也成戈赛达人。"A队成员不只是挑战自己,更是为一个团队的荣誉。"Q女士断言这是她参加戈赛最重要的动机。

参加戈赛A队的队员自然成为戈友,并以戈赛的届数命名组织,如戈九(或九A会)、戈十等。戈友几期,是否如黄埔几期一样闻名遐迩,为人所敬重,或还未可知,但戈友们已经将此名号当作互相辨认和欣赏的符号,则确定无疑。Q女士坦承:"戈友本身就是符号。身份象征,这是正面的感受,也是超越等级的友谊。"成为戈友,做事就变得容易。第九届戈赛后,由戈友们自发成立的九A会集合了三十多所商学院的两百多人,九A会发起一项公司股东招募,一周内就有一百多人响应。这让我们想起"牛桥人"(毕业于牛津剑桥者的俗称)做事不难的原因:我们一辈子都会互相照顾。精英生产,创造的不只是社会重要性,还有生活机会。

无神世界中社会生活的神性可能

古典社会学的兴起,核心议题是面对近代西方宗教影响的式微,基于价值共识的秩序如何可能。无论韦伯还是涂尔干,他们的回应全都聚焦于社会的神圣性问题。在韦伯眼里,理性主义的秩序正在取代神明主宰的世界。曾经助力资本主义产生的西方基督教,其宗教之根正慢慢枯死,而让位于世俗的功利主义。世界趋于理性化的过程,也是昔日神圣的价值被祛除魅力的过程,此即韦伯著名的"世界的祛魅"概念。今天的人们注定要生活在一个不知有神也不见先知的时代,"当韦伯断言人类在将来极有可能会陷入自己制造的铁笼之中时,有一点变得清楚:他关于世界历史的理性化进程的观点,与其说是乐观主义的,不如说是悲观主义的"[1]。韦伯没有回答未来社会是否还有众神的位置(此即所谓"世界的返魅"),更无从回答未来社会将有怎样的神圣的问题。

涂尔干相信他的宗教科学能回答问题并揭示解决问题的方向。他的宗教社会学已将宗教视为社会之产物,宗教的本质是对社会的崇拜。既然宗教是社会力量的自我神化,那么宗教的式微并不等于社会的式微。社会学发现了所有宗教的奥秘,它虽不能再创造一种宗教,但可寄希望于社会,相信社会有能力在未来创造自己所需要的众神。但涂尔干无意追随圣西门(Saint-Simon)和奥古斯特·孔德(Auguste Comte)去试图建立一种新的人道宗教,而是致力于去发现"宗教概念的理性替代物"。这个理性替代物不是别的,就是集体道德。不仅道德是一社会事实,社会本身就是一道德事实。总之,不论是宗教还是道德,都蕴含着激发崇敬、畏惧和服从的"神圣性"。

韦伯"祛魅"的现代世界,真的放逐了神,不见了神?香港学者陈海文的回答是否定的,旧神祇被非人化后,"转化为冲突真理、意识形态、文化想象等支配个人社会生活的价值中枢,使生活世界仍旧不能免于神圣争斗的络绎冲击"[2]。

即便宗教神祇在世界理性化进程中退隐,神圣因素也从未从现代社会真正退却。日常生活仍然要过得有价值和有意义,"即使平凡不过的日常生活进程,如假日、节令、工作、余暇及文娱等,固然已是约定俗成的社会面向,但对这些具体活动可有的兴趣、

---

[1] 于海:《西方社会思想史》(第四版),第193页。
[2] 陈海文:《启蒙论:社会学与中国文化启蒙》,香港牛津大学出版社,2002年,第522页。

选择及投入，最终仍须建基于个人的价值序列与选择，源于个人对不同价值层次与理想的追求。即使是已大率规律化平淡化的生活环节，仍可溯源于深藏的价值意蕴"[1]。只是宗教已经不能完全提供价值和意义的根据。涂尔干要在无神的世界找寻往昔宗教的替代物，从公民道德、职业道德阐发社会的神圣性，看来比韦伯更能契合当代人的世俗生活对于神圣因素的追求。但只从道德生活中发现宗教的理性替代物，或多或少弄窄了社会自我神化议题。

足球文化在西方的兴起，提供了扩展涂尔干论说的空间。当研究者从足球赛事中看到其具有宗教意义时，早就有人或开玩笑或当真地将足球和宗教秩序联系在一起。球迷被称为"狂热信徒"，足球场上的草地被称为"神圣草皮"，足球场则被称为"圣地"。明星球员被球迷视为"年轻的神"而被"顶礼膜拜"。看台上球迷们为自己的球队放声高歌，听起来像是唱诗班男孩在吟诵赞歌，有一些还真的是直接从教堂歌本上搬来的赞歌。欧洲足球最成功的教练若泽·穆里尼奥（José Mourinho）有理由断言足球是这个星球上最流行的体育项目，"有人视其为宗教，有人称之为美丽的运动，或者一种世界通用语言，还有人称它为部落"[2]。

上述穆里尼奥的话，就是为《为什么是足球？》一书写的推荐序中的话，该书的作者是写了博得大名的《裸猿》的英国人类学家德斯蒙德·莫里斯（Desmond Morris）。莫里斯断言，足球赛事

---

1 陈海文：《启蒙论：社会学与中国文化启蒙》，第522—523页。
2 [英] 德斯蒙德·莫里斯：《为什么是足球？》，北京联合出版公司，2018年，穆里尼奥推荐序。

已经真切地取代了昔日的教堂礼拜和节日，成为现代人的宗教仪式，这一变化是由若干原因合力造成的。第一，生活需要大型集会，以满足人们的社交归属和精神交流需要。原本由教堂礼拜提供的集会，其规模随着宗教信仰的淡漠日渐式微。人们较少在教堂相聚，人们也更少在传统的公共空间里见面，原因是在数字化时代，娱乐变得越来越不需要诸如电影院、歌舞厅、游乐场之类的场所，而容易在手机和互联网上实现，数码便利加深了人们之间的隔离，也令人们对物理世界相聚的需要更为迫切。"都市居民越来越渴望大型的社区集会，渴望能在集会上被视作当地人口的一部分。不知怎的，足球比赛倒是在这些变化之中存活了下来，如今还发挥着一个更加重要的作用：人们得以借机展示自己对当地社区的忠诚。"[1]

第二，和宗教集会一样，足球比赛不仅将众人聚在一起，满足了人愿意看到人也愿意被人看到的社交需要，"还通过一种人们共有的、强烈的信念将他们联系了起来：不再是对神的信仰，而是对一支球队的信赖……对于他们而言，比赛是一种心理上的巅峰体验，他们获得了一个独特的机会，可以通过颜色与标志、歌唱与欢呼，展现他们在社区中的存在感以及他们对一个共同目标的共同信念。这个目标只不过是当地球队的成功，而非某种更崇高、更宏伟的政治抱负或宗教理想，但这丝毫不会影响此类场合在精神层面上的重要意义"[2]。

莫里斯准确定义了足球赛事的准宗教性质：它具有宗教的仪

---

[1] ［英］德斯蒙德·莫里斯：《为什么是足球？》，第37页。
[2] 同上，第40页。

式感，并给人带来类似宗教信念的心醉神迷，但它不再是宗教信仰，不再以尘世的努力来寻求来世的救赎，而是在当下环境中，通过寻求团队和社群的归属和荣耀，来赋予凡俗生活以超凡的意义和价值。这可勉强称为集体的即凡而圣，但这里的"圣"字不再具有道德含义。

费尔巴哈说膜拜上帝的人空无一物，因为人把一切力量和价值给了上帝。宗教的批判是把原本属于人的本质归还给人。神话学家说，人类之所以创造了比此世存在更丰富、强大和持久的神话世界，是出于对此世的不完美和人类自身有限性的深刻不满。人类编造神话，不是要把人赋予神的力量收回来，"而是为了让凡间男女得以模仿强大的神，并亲身体验神性本身"[1]。更加本质的是，宗教、科学、艺术、哲学和今天的人工智能，都是人类创造的神话，确切说是广义的神话。人类正是通过参与自己创造的神话世界和神圣生活，"必死的、脆弱的人类才能实现潜在的可能性"[2]。至此我们知道，社会的神性，归根到底是具有神性或渴望神性的人类力量的投射，无论这神性是用来成圣成德，或为了合法化统治和获得特权地位，还是为了把智人提升到智神的高度（尤瓦尔·赫拉利语）。社会自我神化的秘密在人，这是从费尔巴哈到涂尔干一以贯之的伟大洞见。

---

[1] ［英］凯伦·阿姆斯特朗：《神话简史》，第13页。
[2] 同上。

贰

———

社会结构篇

社会学两大派，一派盯着人，人的有意义互动如何创造了人的世界；一派盯着人所在的位置，这些位置如何规定了人的行为及命运。后面一派被称为结构论。研究人的社会位置，向来是社会学的看家本领和经典议题。社会位置可由异质性和不平等两大范畴来表征：黑白种族、男女性别、城乡身份等表达异质性；收入差别、教育年限、权力大小则为不平等。异质性可以平等或不平等，不平等则必定将人置于不同社会层级，影响各自的生活机会、预期寿命、社交范围和幸福程度。分层图景是社会结构的外显表现，分层机制则是决定人群命运的核心制度。家庭、出生地、教育、职业、消费等都是分层机制。马克思讲阶级，生产关系决定人的社会位置。韦伯举出阶级、权力和声望三种分层力量。布尔迪厄坚持马克思的阶级路线，又整合韦伯多元思想，在经济分层外，又发展出文化分层、消费分层和象征分层。寒门能否出贵子，向来见仁见智，但蒂芙尼注定并非向所有人开放，即便有钱，若社会地位卑微，戴上蒂芙尼，得到的评价或就是"你也配戴"！社会分层理论不仅告诉你何以获得现在的位置，还会向你解释，为什么不如你卖力、脑子也未必好于你的人，却占着更好的位置挣更多的薪水。毕业于牛津剑桥的人做事不难，多少让人心绪难平，但这里确实隐含社会分层的秘密。不妨做个比较观察，看看北大清华复旦人，走出校门后是不是比同龄非985学子更顺风顺水？

人以群分

何以分群？教育

严复把社会学译为"群学"，十分精当。群学研究的就是"人以群分"。人不仅分群，还分出群的高下和等级。研究人何以分群，何以分出高下，就构成社会学的核心内容——社会分层。

"人以群分"的概念是，人只能和特定人群发生最频繁的互动。有了互联网，国人跟冰岛人都可以瞬间取得联系，但和所有人想联系就能联系，那只是理论上说说而已。你实际能联系的人一定有限，这不仅因为时间的限制，更因为群的限制。你多半是跟你所属的人群互动。现代都市人与人结群的机缘大大多于前现代村社人，但互动也分频次和深浅。事实上，无论是真实的社会结群，还是社交媒体结群，人们跟高于自己和低于自己的群的互动一定稀少。

微信群在某种程度上将我们的多重身份与不同教育层次、不同工作和不同地域的人结成了特定的互动群。在社会学看来，一身而多入的群是既相通又分隔的。以一个有年资的大学教授为例，他既有小学同学（以工人和退休工人为主）的群，也有大学和研究生同学（以知识分子为主）的群，还有同事（以教授为主）群。他可以跟各个不同群的成员互动，但他分属的不同群之间很少互动，这种分隔不仅是教育层次的，也是价值观的。按社会学的观点，圈子不仅划出了范围，也划出了等级。

人何以分群？上述微信群的例子就透露了一个线索：教育就是一种分法。按教育程度联系的群，实质也是教育的社会分层。当大学教授能在从小学同学到研究生同学的不同群里穿梭往来时，他体会到的教育水准实在地反映在各个群的话题的意义、信息的价值、议论的品质等差异上，而所有知识、观点和理念上的差异，也实在地对应各自的职业层次。教育分层，关涉知识水平和社会地位的综合结果。

教育向来是中国社会中帮助人们实现地位上升的机制。在古代，通过苦读圣贤书参加科举考试，若金榜题名，则"一人得道，鸡犬升天"。在今天，换成小镇做题家的故事。"小镇做题家的本质，就是进城，通过考试进入大城市坐着办公、住楼房。"论者甚至类比《红与黑》的主题，主人公于连是外省青年，德、智、体全面发展，尤其是语文能考满分，"放今天，妥妥一位小镇做题家"。[1]

小镇做题家的故事，说的不只是教育的贡献，也是家庭的作用。出身小镇的青年，改变命运的手段，就是比大城市的青年做更多的题并做得更快。家庭的支持，就是让小镇青年全力以赴而心无旁骛。而大城市的青年，不跟小镇青年拼蛮力。他们的家庭能给

---

[1] 参秦轩《小镇做题家是城市化的史诗，也是代价》，载于《金融时报》中文网，2022年7月26日。

他们更多的资源和经历,他们会有更广泛的阅读和旅行,因此他们的抱负不会像小镇青年那样,仅仅停留在大城市当白领。以素质教育为号召的大学招生,实际上不利于小镇青年而有利于都市青年。素质很大程度上就是家庭资本砸出来的。要有素质,就要见多识广、多读书,这不靠金钱、精力和关注的投入吗?事实上,教育的地位获得功能,从来是跟家庭结合而发生作用的。为什么早熟的孩子出自优势家庭的居多?布尔迪厄说早熟主要并非个人禀赋,而是文化特权,即生活在一个文化资本丰厚的环境所得到的特殊滋养和栽培。当大学教育开始普及,更多普通家庭的孩子获得上大学的机会时,我们要看的,不仅是高等教育给普通人带来怎样的积极变化,还要看谁能上最好的大学,谁得到了最好的职业发展。布尔迪厄的研究表明,是教育机构的等级化(即名牌大学与普通大学的二元划分)导致社会地位最高者的子女独揽了最高学府。例如,巴黎高等师范学院和巴黎综合理工学院里出身上层社会的学生比例最高,分别占两所高校学生总数的57%和51%。[1] 而完成于1989年的《国家精英:名牌大学与群体精神》提供了更新但同样的机会画面,法国国家行政学院、巴黎政治学院、巴黎高等商学院中出身支配阶层的学生占这些学校学生总数的60%以上。[2] 最后,学业资本的等级化导致的生活机会和职业发展的不平等:巴黎综合理工学院的毕业生和巴黎政治学院的毕业

---

[1] 参[法]皮埃尔·布尔迪厄、J.-C.帕斯隆《继承人:大学生与文化》,邢克超译,商务印书馆,2002年,第8页。

[2] 参[法]皮埃尔·布尔迪厄《国家精英:名牌大学与群体精神》,第248页。

生几乎平分了法国25家最大公司的所有席位；而大多数普通工程师学校、商校或普通大学法学院的毕业生，只能在最小（相对来说）的公司里供职。[1] 布尔迪厄的结论是法国的高等教育固化了人以群分的不平等。因此，我们在理解教育提升地位的作用时，要留意教育对不同阶层的家庭并非一视同仁。教育促进社会流动的同时，也在再生产原有秩序。

何以分群？原籍出生地

何以分群？讲的是根据。凭什么你的地位高，我的地位低？凭文凭，是一种依据；凭资格，也是一种根据。印度人的种姓制度，各高低等级不可流动不能逾越，凭的是血缘，血缘是天然特权或天然权利。富二代和农民工二代，他们本人的境况并不完全由他们的自身努力造成，但他们必须承受家庭带来的混合影响，或积极或消极。富二代或比农民工二代更有抱负，这也并非天生如此，原因是他们输得起，所以不怕有新奇想法，不怕将想法投入实验，输了不会破产。这样的敢作敢为，农民工二代多半不及，这也是代际资源短缺带来的影响。

韦伯将马克思的一元经济分层论，改写为经济、权力和文化的多元分层论。这三项全是社会机制。上面提到的出生地、血缘等，则是先天因素。但能成为分层机制的，即便源于先天因素，也一定是社会建构的。

---

[1] 参 [法] 皮埃尔·布尔迪厄《国家精英：名牌大学与群体精神》，第541页。

出生地是先天因素，无论哪里，都可能成为人们结群的地缘理由。上海开埠，来大上海谋发展的各方移民中，许多人落脚上海，最初就是投亲靠友。上海是中国最大的城市，也是第一大移民城市，江南、广东和苏北三大移民总数，远超上海本地居民人数，地缘是上海人口爆炸性增长的主因之一。

地缘结群，并非只有"老乡见老乡，两眼泪汪汪"的温情故事，还有一群老乡对另一群老乡的优越感从而引出的社会歧视。江南江北，本来只是地理区分，但在上海特有的居民鄙视链的作用下，籍贯终被建构为族群，"江北人"一词在相当长的历史中是贬义词，进而，苏北人成为上海这个移民城市中最易受伤害的人群。

上海苏北人之所以被歧视，籍贯是起始因素。苏北移民多为难民，来到上海多成为苦力，比起做商业和银行业的江南人和广东人，自是低人一等。苏北人的住处集中在棚户区。20世纪20年代围绕棚户区的去留展开的苏北人和市政当局的斗争，被韩起澜认为是苏北人身份建构的重要过程。此过程涉及洋人、江南人和苏北人三方。拆除棚屋的企图并非江南精英与苏北移民之间的冲突，受外国支配的工部局一直是力主拆除的强势一方，这说明外国人在上海的存在促进了苏北人这个类别的建构。对外国人来说，占着上海风景线的棚户区的扩散，给现代城市形象抹了黑，"至于究竟谁住在这些棚屋里则多半是无关紧要的"。但对于观察和参与棚户区斗争的江南精英来说，籍贯就变得至关重要。韩起澜把江南精英对原籍的咬定视为身份建构的策略："把棚户区归结为苏北人并冠以江北棚户区的称号，这样他们就可以把他们自己同如此冒犯外国精英的一种中国现象分离开来。于是，棚户区就成为苏北人这个类别被建构并充实以象征性含义的中心舞台。"[1]

棚户区建构人群身份,也建构社会地位。这反映的是社会分层的空间机制。我们尽可以说社会分层决定空间分层,如富人区首先是用钱堆起来的。但同样可以说没有空间的分层,社会分层就缺了一个重要的向度,甚至不能解释社会不平等。仍以苏北人和棚户区为例,中华人民共和国成立后,从政治地位上看,棚户区的苏北人中不乏现代产业工人,且绝大多数是新政权依靠的劳动者,在政治分层上居于优势地位,但他们多数仍然居住在棚户区,其外部环境和公用设施虽有改善,但住宅本身并无实质改善,棚户区空间的社会定位没有改变,棚户区的名称没有改变,对棚户区的社会歧视自然延续下来,成为棚户区居民社会地位的重要依据和棚户区居民的社会符号。他们也无法通过自由迁移而扔掉他们头上的棚户区标签,如此,他们处在空间结构中底层的地位固化了他们在社会评价中的低层地位。这就是1949年以后对苏北人的歧视并没有随着苏北人政治和经济地位的上升而消失的主要原因。

20世纪80年代后,房地产市场开放,居民获得居住地的选择权,苏北人被固定在棚户区不得迁居他处的状况逐渐被改变直到完全消失,延续近一个半世纪的苏北人歧视也随之消失。今天来自苏北的移民仍源源不断,但分层意义上的上海苏北人族群已不复存在。

---

1 [美]韩起澜:《苏北人在上海(1850—1980)》,第47页。

何以分群？消费

在何种意义上，我们能讨论消费分层论？梳理社会学经典，可提出两点：第一，消费是否区分人群，形成由消费风格塑造的等级人群；第二，消费是否具有地位或权力获得的分层效应。

按照马克思的观点，生产决定地位，也决定消费。消费只是反映阶级地位，而不生产地位。在此意义上，马克思并无消费分层论。

消费分层的思想出现在韦伯的"身份群体"中，他把身份群体定义为"根据它们消费产品的原则（表现为特定的'生活方式'）而得到分层的"[1]群体。对比马克思，在韦伯这里，消费不再只是阶级关系的结果，已是生成群体差异的结构力量。

经济学家索尔斯坦·凡勃伦（Thorstein Veblen）的"炫耀消费论"是第一个经典的消费分层论。消费不只是物质意义上消费性的，更是社会意义上生产性的、炫耀性消费的象征意义，其作用不仅在于产生优越的社会地位感，也通过消费而区分人群和人群的高下等级。如此，凡勃伦是明确断言消费关系具有权力关系性质的学者。

布尔迪厄是综合者。他同意马克思，生产关系在终极意义上决定消费关系，即生存条件的等级决定生活风格的等级。但一个阶级既由它在生产关系中的位置确定，也由消费确定，即便生产

---

[1] 韦伯论阶级、地位和政党，转引自[美]戴维·格伦斯基编《社会分层》（第2版），华夏出版社，2005年，第117页。

的确支配消费。[1] 由生产分层的阶级状况并不会自动地成为一种可经验的阶级生存状况,而是由确定的人群的实践,包括从艺术到运动和饮食在内的一切消费实践,才将潜在的阶级差异或阶级生存条件表现为生活风格迥异且高下有别的等级人群。[2]

布尔迪厄同意韦伯,由消费形成的身份群体,如同生产形成的阶级一样,都是分层机制的产物。但按多元分层论,阶级和身份群体可被视为两个不同的等级人群。布尔迪厄则认为阶级和生活风格群体(即韦伯认为的由共同的生活方式形成的身份群体)不是两造,而是一体,因为生活风格无非阶级习性或阶级趣味所生成的各种消费实践的系统产物;[3] 如此,"生活风格是阶级关系符号方面的实际表达"[4],这可说是一种趣味分层论。但关键是,这种阶级关系的符号表达,是趣味的社会学批判向我们揭示的,实际的情况是,阶级区分的符号表达,只被当作或高雅的或平庸的不同的风格表现,其背后真实的阶级差异就被掩盖了。

布尔迪厄同意凡勃伦,象征消费制造人群等级,并借以获得优越地位。但消费的分化并不只是趣味的分化,而是阶级斗争的象征化表现,这是凡勃伦的"炫耀消费论"所没有的。

---

[1] 参[法]皮埃尔·布尔迪厄《区分:判断力的社会批判》(下册),刘晖译,商务印书馆,2015年,第765页。
[2] 参[法]皮埃尔·布尔迪厄《区分:判断力的社会批判》(上册),刘晖译,商务印书馆,2015年,第274页。
[3] 同上,第271页。
[4] [美]戴维·斯沃茨:《文化与权力:布尔迪厄的社会学》,陶东风译,上海译文出版社,2006年,第186页。

布尔迪厄从马克思出发的地位消费论,不是消费对于生产的附属论,而是消费和生产都对阶级差异具有生成力。但布尔迪厄从未将这两者等量齐观,生产支配消费,因为生产属于社会世界的初始的存在条件,而消费则属于存在之被如此感知而生成的行为和表象的实践。布尔迪厄的贡献在于,他认为,阶级的存在,不只是通过职业、收入和教育的水平而被辨认而已,还要依据对阶级存在的这些条件的感知和利用,经由包括饮食、衣着、娱乐、运动和文化等各种实践活动呈现出来,也就是说,人们不是依据(阶级)存在而活成一个阶级的,而是依据对(阶级)存在条件的感知而活成一个生活风格人群的,即韦伯意义上的身份群体的。"一个阶级既由它的被感知的存在也由它的存在确定",这种"被感知"的存在,即"个人和群体通过其实践和属性不可避免地显露的表象,是其社会现实的不可分割的一部分"[1]。正因为(阶级)地位不仅是由其存在也是由其被表象的存在确定,从被感知的存在(消费)入手,当然能发现其客观的存在(地位)。

正如本篇的《"牛桥人"为何做事不难》一章中所说,英国统治阶级的存在,正是通过"牛桥人"这样可辨认的符号被感知被表征的。牛桥人不只拥有文凭可互相认同,还会因在牛津剑桥校园文化熏陶教化出来的生活风格、举止样貌而惺惺相惜。牛桥人之所以做事不难,因为他们是一伙的,终生都在互相照顾。

设想你非某个阶层中的 员,却想通过消费把自己表现为属于那个阶层的样子,你能成功地让人高看一眼吗?美国城市学者

---

[1] [法]皮埃尔·布尔迪厄:《区分:判断力的社会批判》(下册),第765页。

莎朗·佐京（Sharon Zukin）写的《购买点：购物如何改变美国文化》一书中，拉美裔青年阿特米奥去纽约蒂芙尼旗舰店为女友购买礼品的经历，回答了这个问题。

阿特米奥知道进蒂芙尼这样昂贵的商店是有着装要求的，他却穿着一套都市青年的运动服装，这样做是想满足驱动一个购物者的民主幻想，"我有满满一袋钱"。

但他走进蒂芙尼店后，他遇到的所有人，从黑人保安到柜台白人售货员，看他的眼神都满是怀疑。当他到达正确的楼层后，看到所有人都穿着套装，所有人都是白人，他突然开始担心了。这是一个种族问题吗？这是他的社会地位问题吗？还是因为他缺乏西装的伪装？尽管他有满满一口袋钱，但在这家店没有人注意到他，更确切地说，人们是因为看到他棕色的脸和"都市"打扮而注意到他。他看上去就像一个不属于蒂芙尼的工人阶层的拉美小伙子。

可怜的阿特米奥，他并不可疑，却处处摆脱不了被怀疑。他最糟糕的担心被证实了，尽管最终他在蒂芙尼买到了东西，但购物梦想背叛了他，他永远都不会属于这儿。

佐京对阿特米奥在蒂芙尼的遭遇做的结论是："即使你口袋里有钱，但如果你来自都市、贫穷并且棕色皮肤，你还是不能通过购物获得地位。"[1] 用布尔迪厄的话来说，消费把本有的地位实现出来，而不能无中生有地生产地位。这本质上属于马克思的阶级分析。

---

[1] [美] 莎朗·佐京：《购买点：购物如何改变美国文化》，梁文敏译，上海书店出版社，2011年，第191页。

贰 社会结构篇

社会分层：从计划经济到市场经济

讲社会分层是社会学的看家本事。用社会分层来分析中国社会，就构成本地"人以群分"的故事。不讲本地分层故事，很难说能把社会看明白。与我们命运攸关的，是中国社会的分层，特别是七十多年来中国社会分层制度的演变。

计划经济时代的社会分层

中华人民共和国成立，是一个改变中国历史的伟大革命事件。革命并不只是改朝换代，更指向改变生产关系的经济、社会革命。在农村实行农业生产集体化；在城市，将个体和资本主义的工商业改造成公私合营，终成国营或集体所有的公有经济。城乡生产关系的社会主义改造，带来的直接结果是，国家把六亿人都管起来了。

把六亿人都管起来，其实质是全社会的计划经济和行政化管理，如此才能实在地把国人的衣食住行、生老病死都管起来。而其前提是国家掌握一切生产资源和服务资源，并由国家和各级地方国家组织来主持生活资料和民生服务的分配。这种国家垄断生产和生活资源的体制决定了计划经济时代的社会分层制度。以市场作对比，市场依据人的市场能力分配资源，参与交易的人是农民还是工人无关紧要。但由国家主导的分配，或曰再分配体制，依据的主要是人的集体属性，如出生地类别、单位级别、城市大小等，而非个人特质和能力。取消了分配报酬的市场机制，资源分配必然主要依靠国家划分的群体身份来确定。分异的人群，在社会主义计划经济时代是以多重身份制建构起来并区分开来的。

这是一个规定了城乡身份、政治身份、干群身份和所有制身份的全面的分层制度。

第一是由出生地划分的城乡身份，进而分出了城里人和农村人。由再分配资源保障的公家饭碗和福利，如医疗、教育、住房、退休生活保障等，只管城里人，不管农村人。农民自己种地，交了公粮，留下种子和口粮。实际情况是，农民长期吃不饱饭，也缺医少药，教育条件简陋。与之对比，城里人有更好的福利，在社会上也有一体面地位。农村人盼进城当市民，这叫"农转非"，此即跳龙门，意味着人生命运的改变，或曰进步的社会流动。但户籍分层，既然是控制生活机会获得多少的机制，通过"农转非"实现向上流动的机会自然严格受限。城乡分层由此在二元户籍上体现，因为户籍不只是出生地的登录信息，更联结了城乡不同的福利待遇。

第二是由革命意识形态划分的政治身份。这种区分首先来自革命斗争的实践，如革命战争的阵营对垒、土地改革的阶级成分、历次运动的立场差异等。其次来自所继承的家庭出身，若家庭是三代贫农，出身便过硬可靠；反之，家庭成分为四类分子的，则会在入党、升学、参军、招工等追求政治进步和争取生活机会上遇到诸多障碍。

第三是由管理关系划分的干部和工人身份。干部就是国家与社会的各级管理者。工人编制是指党政机构、事业单位和工厂企业中不负领导责任的普通成员。笔者年轻时以工人入职，因为会一点笔墨，不时被抽调到办公室，名为"以工代干"，但始终没有成为真正的"干"。按照正式规定，提干途径，在和平时代大概只有两条：一是参军并当上军官，一旦转业便成干部；二是读大学，毕业后自动定为干部。1982年笔者从北京一所大学毕业，被分配到上海一所大学任教，填的第一张表是组织部的干部信息表。当时感慨："终于成为干部了。"从工人到干部，代表的就是社会地位的向上提升。

第四是由生产资料占有和支配权划分的所有制身份。与前面三项一样，对于个人来说，单位的所有制地位也是一种分享的集体身份。经过农业集体化和城市工商业的社会主义改造后，企业和机构的所有制只有全民公有制和集体公有制。所有制的分别，是实在的收入和各种福利待遇的差异。为什么计划经济时代努力进一个好单位变得如此重要，甚至比让自己更有本事的努力更重要？关键在于，个人待遇和地位首先是由单位的所有制性质和级别决定的。中央企业级别最高，也是那个时代年轻人挤破头想进的首选；省属企业次之；连集体单位都分大集体和小集体，无非待遇水平的区别。单位所有制的区别，不仅关系福利，也关系社会地位。说自己是一个集体单位的职工，多半没有底气。而央企工人或大单位人的自豪，只有经历过那段生活的人才有真切体会。笔者研究生毕业留校任教，第二年就从学校福利分房中分得一居室，如此顺当，笔者相信这多半是学校的国家重点大学地位使然。

这就是计划经济时代的社会分层图景。致力于社会平等的革命者所设计和建立的制度，在各自的人群如工人内部、干部内部、同一所有制员工内部，尽力实现平等，或更确切地说尽力实现大致平等，却不能免除不同人群及不同所有制之间、城乡之间、不同政治身份之间的不平等和难以逾越的壁垒。制度化的身份如同宿命，个人努力多半无济于事。以出生地分群，农村人就成为宿命；以阶级成分分群，家庭出身就成为宿命；以编制分群，体制外就成为宿命；以单位的行政级别分群，级别就成为自下而上难以跃迁的壁垒。

这是一套区别化的分层系统，个体的身份及其获得再分配的待遇，以户口、编制和工作单位所有制为依据。这是一个四层的结构。第一层是出生地决定的城乡户口的身份区别，城市人优于农村人。第二层是体制决定的城市人的身份区别，体制内优于体制外。[1] 第三层是所有制决定的体制内人的身份区别，全民所有制优于集体所有制。第四层是全民所有制内的干部与工人的身份区别，干部无疑优于工人，干部犯错下放车间是贬，而工人以工代干哪怕不能转正也是荣耀。

这套计划体制方案创造的等级身份制，对个人命运的影响是巨大的。但这并非说当时个人的努力完全无济于事。怎样的人是那个高歌猛进时代的适者？又红又专的人！跟"专"相比，"红"

---

[1] 计划经济下，体制外人员包括临时工、外包工、合同工、小商贩、个体户和其他不在正式工作单位的人员，他们享受不到体制内的大部分福利。即便在职业市场化的今天，人们仍对获得体制内的编制趋之若鹜。

更重要,"红"的表现优异者可脱颖而出,这是革命时代向上流动的路径。

在社会主义工业化时代,工人阶级,特别是大型国有企业的劳动模范成了一个新的社会精英集团。国家明确为工人阶级服务,为工人阶级造房,上海造的工人新村,就是分配给工人,尤其是工人中的劳动模范的。第一批上海的劳动模范都住进了最早建成的工人新村曹杨一村。笔者访问过曹杨一村的一位居民,他是三四岁时跟着父母从棚户区搬来一村的,已经住了六十多年。说起对共产党的感激,他是发自内心的。笔者在《上海纪事:社会空间的视角》中,这样说明工人新村的社会分层含义:"在八十平方公里建成区的外缘新起的工人住区,既是当代上海的一个空间事件,也是社会主义上海的一个社会事件;工人新村的居民不是从市场走入新村的,而是在模范员工的竞争中由代表国家意志的单位选拔出来,成为新村居民的,一场体现新社会政治和道德标准的社会分层,与表征国家主人公身份的空间地位,通过工人新村结合起来。在上海人的记忆中,第一个工人新村——上海曹杨一村,就是优越住宅和优越社会地位合一的同义词。"[1]

改革开放时代的社会分层

人以群分,是社会分层议题,也是社会流动议题。人群不平等在任何社会都是常态,区别在于,一是不平等的程度,二是阶

---

[1] 于海:《上海纪事:社会空间的视角》,总序。

层固化的程度，三是改变阶层实现地位改善的机会多寡。这三者都跟社会流动有关。计划经济时代，通过户口、编制和所有制建构的等级身份系统，其最大问题在于社会流动的严重受限。所以，将户口、编制、所有制划定的身份视为某种宿命，反映的正是人们因缺少流动管道而无力改变自我的处境。以出身农村为例，除非参军转业、上学和招工进城而获得城市户口，以实现社会身份的第一重跃迁，不然几无可能"农转非"，因为管控城乡户口流动的政策十分严格。而上述向上流动的机会又极其稀少，远不能成为农村多数人往高处走的正常管道。通过参军提干和上学转干，也是城市工人能够当上干部的主要途径，但机会一样稀少。考试入学改变命运的机会，在"文化大革命"十年间也被取消。

1978年，中国实行改革开放国策，从计划经济向社会主义市场经济的社会转型，给社会分层带来怎样的变化？最重要也最积极的变化体现为生活机会和社会流动的开放。

最大的流动是农村人口向城市的流动。曾被束缚在土地上的几亿农村人，被允许向城市自由迁徙和自由就业，这是过去四十多年农村人口获得的最重要的改善生活的机会，并造就令中国崛起为世界工厂所依靠的最强大的制造业生产力。乡下人移民上海，成为摩登上海人，从来是上海传奇。20世纪90年代后，上海历史上的第二次移民潮再现上海开埠后的移民盛况。去上海打工谋发展，"正是依着这份向往和想象，小C们才会不论遭遇多少对'外地人无商量'的不公，依然坚持着自己落户也要让家人落户、更让他们的下一代像上海人一样地读书的奋斗愿景"[1]。引文中的小C，从来上海学理发的扬州徒弟，到笔者主持田野调研时已成为两家理发店的店主。来城市打工的其他农村"小C们"不会都像小C那样发达，但打开城乡流动大门的改革给亿万农村人带去改善生活的可能和机会，的确是无可置疑的。

当邓小平将经济发展确定为党和国家的中心工作，原先意识形态化的分层就失去了重要性和决定性。在那个特殊的年代，被打入另册的年轻人，不仅自己的进步受累于家庭出身，还被要求与有"政治污点"的家人划清界限，也在感情上受累于家庭亲情的撕裂。拨乱反正的摘帽政策，让数千万人摆脱了政治贱民的厄运。社会生活恢复了常识和经验品格，这是中国社会政治文明的伟大进步。

当邓小平宣布知识分子是工人阶级的一部分时，知识分子从此不仅不再被歧视，更因科教兴国的国策，登上既受人尊敬也为人所向往的地位。邓小平的这一宣布，何止代表国家对知识分子的善意，更代表知识分子地位的上升。读书改变命运，本是中国式励志故事，古今皆然。不说"朝为田舍郎，暮登天子堂"的科举制，就是在计划经济严格的身份制度下，读书获得文凭也是提干的不多然而可靠的途径。但传统对读书人的尊重和革命意识形态对知识分子的异见形成张力，既限制了知识分子发挥所长，也贬低了他们的社会地位。只有在尊重知识、尊重人才的原则被写入发展路线后，知识分子地位才迎来真正的改观。笔者从工厂走出，

---

[1] 于海：《上海纪事：社会空间的视角》，第116页。

走进大学教书，改变生涯的起点还是四十多年前的那场高考。积极的改变，无论大小，实实在在发生在千百万年轻人身上。

经济的市场化转型，影响分层机制变化的，首先，开放非公有制经济，私人资本得到保护、鼓励并获得地位，民营企业家也成为社会精英人群。其次，市场选择将更大的利益和更多的权力给予直接生产者，无论涉及的是何种所有制，从而部分取代了指令经济中再分配官员的管理作用。后者的权力虽一直延续，但不再是经济整合的唯一力量，这意味着市场机制不仅开始发挥资源配置作用，也在发挥社会分层作用。最后，所有制的分层作用依然存在，但已经被大大削弱，在原先全民和集体两种所有制之外，已经出现多种所有制形式，不同所有制之间的流动也无刚性的壁垒。如今，不只国企、央企依然吃香，上市公司、外资企业、合资企业等也被人们视为体面的企业。

让我们给改革开放后的社会分层制度变化做个小结。首先，以意识形态化的家庭出身划线分群的政治分层基本被废除。政治表现仍然影响人的地位获得，但这取决于个人"表现"，而非家庭"出身"，这意味着政治性歧视的消除，也意味着地位获得机制从某种先赋向自致的转变，这代表更公平的流动机制。其次，体制壁垒仍在，编制仍被看重，但不再森严。体制内外的相互流动已趋寻常。体制内干部下海，如柳传志创业联想的成就，让他在体制内再获认可。而无数代表先进生产力发展要求的民营企业家，或入党，或进人大进政协，实际上是以体制外身份获得体制内地位。这体现的不只是野无遗贤的政治智慧，更是构成"三个代表"之重要思想的政治实践，充实了党的执政基础。

最后，城乡户籍制度虽未被全面废除，北京、上海、深圳等一线大都市的户籍门槛仍然高企，但城乡人员流动的空间限制已不复存在。生产力中最活跃的人的要素的自由流动，带来过去四十多年中国经济的奇迹，也改善了几亿普通劳动者的生活境遇。允许城乡流动，实际上是为了最终废除出生地分层原则。多年来各地都在不同程度地软化城乡户口的区别，一些地方甚至都不再刻意做什么，因为当地农村户口值钱了，"农转非"的动力自然减弱。出生地分层的户籍制度，起源是福利歧视，进而产生身份歧视。福利歧视的起始原因是以当时中国的经济实力，无力将社会福利做成不分城乡的平等国民待遇。几十年过去，区别性城乡户籍从极为严格到逐步放松，最终将回归出生地登记制度，这表明，国民权利的平等，不仅取决于治理制度创新，也取决于全社会财富的充盈和城乡发展的平衡。

"牛桥人"为何做事不难？

西蒙·库柏（Simon Kuper）是英国《金融时报》的专栏作家。欧美主流媒体的专栏作家，几乎是清一色的白人男性，多半也是名校出身，在英国，不是剑桥，就是牛津。白人、男性、名校这三样加在一起，足以让一个人跻身英美社会的中上层，社会学的工具箱里似有足够的概念来说明库柏他们社会地位的获得机制。但普通人不会只满足于抽象的社会分析，他们更想听听成功人士的现身说法。但若库柏出来说他们今天获得的地位，既非来自头悬梁、锥刺股的吃苦，也非因为才高八斗的本事，而主要是得益于"牛桥人"（毕业于牛津剑桥者的俗称）的身份及互相的照应，他们做的事换了别人也一样能做。对于这番自白，我们会怎样反应？是钦佩库柏爆出真相的诚实，还是不满于他得了便宜还卖乖的矫情？这篇《"牛桥"白人男性的自白》，发表在库柏供职的《金融时报》上，为本篇的社会分层理论提供了一个内部人的视角。我们看看库柏怎样描绘他们自己，我们又能给出怎样的评说。

库柏自白的第一条说，拥有现在的地位并非自己当初非常努力，要成为英国统治阶层的一员不必苦学，只有考期临近的几个月除外。库柏说这是一种幸运。为什么如此轻松？库柏给出的理由是："我们进入'牛桥'的竞争压力，基本限于中上阶层白人男性之间。"我们认为地位都是通过竞争得到的，但能竞争什么本身就是一种资格。在库柏竞争"牛桥"位置时，候选的多是中上阶层白人男性，这并非正式的入围条件，而是实际能够入围的概率。确切说，人们是在不同的层次上竞争，最令人向往的地位只是少数人竞争游戏的对象。竞争不是挑出最能干的人，而是在自己人圈子里做末位淘汰。

库柏没有说为什么跟同阶层的子弟竞争不必下死力气，答案还是在阶层优势——经济和文化的优势。库柏的父母来自南非，他在荷兰长大，母语是荷兰语，从小跟着父母周游世界，能熟练运用英语、法语和德语，还粗通意大利语。语言反映的岂止是语言能力？家境好的孩子，即使是读书，多半凭借综合能力而非拼蛮力。库柏的父亲毕业于剑桥，库柏的例子可谓牛桥生出自牛桥人。库柏的牛津同学自然并不都是牛桥二代，但出自同样优渥的家庭。他们会早早熟悉代表英国精英文化的牛津剑桥话语，这就是文化资本的代际传递以及对精英文化的阶层亲和性。布尔迪厄评论学业表现上的早熟学生，看似是个人天赋，"实际上是文化继承的一种表现"[1]。库柏他们没有"吃得苦中苦"，也做上了"人上人"，因为他们从家庭中继承了远比普通家庭更丰厚的文化资源。

库柏自白的第二条说牛桥人毕业后就开始互相照应，用中国人的话来说牛桥人彼此都是贵人。硬核的照应就是互相聘用。库柏回忆道："20年前当我申请英国《金融时报》的工作时，面试我的人都是'牛桥'毕业的白人男性。"牛桥人面试牛桥人，下意识

---

[1] ［法］皮埃尔·布尔迪厄：《国家精英：名牌大学与群体精神》，第34页。

会有照应心，更别说主动的善意。库柏没说的一点是，牛桥人获得机会和职位之所以不比其他竞争者更费力，也是因为这些职位需要的知识和文化教养正是牛桥人更为熟悉和了解的。

　　阶层的优势不只助库柏他们进入名校，也助他们在职业发展上顺风顺水。官方数据表明，59%的英国内阁成员、3/4的高级法官以及半数的外交官都是"牛桥"的毕业生。牛桥人占据要津当然不限于政府，商业数据公司Qlik称，典型的首席执行官都上过"牛桥"或哈佛。即使是统治阶级内打理较低级别事务的人，往往也是"牛桥"毕业的男性。库柏说找工作没费大力气，并非躺平就一切顺遂了，而是因为"朝里"多有牛桥人，自然容易获得好职位和好机会。库柏甚至说"我们这类'牛桥'男，一辈子都会相互照应"。因为确实存在一个以"牛桥人"为标志的白人男性群体。库柏曾去一个遥远的地方拜访一位英国大使，对方竟然也是从"牛桥"毕业的白人男性！他们一见如故。最后大使在自家的游泳池边接受了库柏的采访。库柏说"我们'牛桥'男是阶级团结的模范"。说得通俗点，阶级团结就是圈子文化。精英圈子多少是自我生产的。

　　库柏自白的第三条说他仍然没有什么成就感，虽然在旁人看来，在一家主流媒体干着一份体面工作的他无疑是很成功的人士了。事实是库柏成就不小，他被同行视为欧洲最好的足球记者之一。但库柏清楚他的身份所带来的出身优势："我父亲上的是剑桥。我生来就应该当一个统治阶级内的芝麻小官。"他明白他和其他的"牛桥"男能走到今天这个位置并非全靠个人才华。也因跟着父母早早见过世面，库柏没有把《金融时报》专栏作家的工作看成多大的成就，这跟复旦大学的老师并不认为自己的孩子考上复旦是多大的成就一样。但若农村孩子考上复旦，那将是怎样的成就？库柏的同事凯特琳·莫兰称自己是专栏作家中唯一一个来自工薪阶层的英国人，她半开玩笑地说："我一个人占掉了全部配额。"莫兰的话可算是自嘲，但工薪阶层跻身大媒体的专栏作家行列，确也是可以自夸的成就。富有反省意识的库柏不时自嘲，这倒也不是矫情，而是他看破了牛桥子弟的成功另有出身因素加持的真相。就在库柏参加工作的同时，他的一位黑人朋友也开始在另一家报纸求职。该报纸的新闻编辑对库柏的朋友没有什么信心，后者最终未能得到那份他期待的工作。库柏想："也许我现在的工作本应该属于他。"库柏的意思是他未必比他的黑人朋友做得更多更好，但是是他而非后者得到了工作机会，他知道决定性的因素是什么。有人略带酸味说，身为一个名校毕业的白人异性恋男性，库柏好像在玩一个叫作"人生"的电脑游戏，而游戏难度设定的是"简单"。是的，"简单"两字，正是库柏对自己的成就表现低调的原因。这个"简单"若换成"容易"对库柏来说或许更加贴切。问题是对库柏们来说容易的事，对其他很多人来说不会容易，这就是分层机制的奥秘。

　　自白的最后，库柏表达了他对现存制度的信心，毕竟这个制度是由他这样的人管理着。尽管他知道牛桥人并非完全因为个人本事得到位子；尽管他相信其他人也应拥有统治权，但他更愿意待在现在的位子上；或许正如英国人常说的，火鸡不会投票支持圣诞节。牛桥人不会发动革命，但不等于说不想改善社会。库柏列举了同情弱势群体、抨击各种不平等、扩大自己的阶级圈等努力，并且已有改变发生，如现在会招募一些非白人（最好是"牛桥"男），甚至已经开始接纳"牛桥"女。有人阴暗地预言牛桥人不会永远当权,但库柏认为"我们还会继续当权一段时间的",因为他相信,社会的精英就是这样生产并循环往复的。

看完牛桥人的自白,我们可有三点讨论。第一,进牛津、剑桥、哈佛等名校或许是世上最难的事之一,但牛桥人的故事告诉我们,对能进牛桥的大部分人来说或许并非最难的事,他们不怎么用功就能金榜题名,不是牛桥的门槛不高,而是他们中的大部分人在未进牛桥之前,已经对牛桥文化熟门熟路。分层理论只是告诉我们,牛桥在塔尖,高不可攀;而老话告诫年轻人:吃得苦中苦,方为人上人。牛桥人的故事证明,这话或许是忽悠大多数人的。常人中或有"苦其心志,劳其筋骨",努力奋斗而脱颖而出的少数佼佼者,但多数人即便再用功,也难以鲤鱼跳龙门。名校不仅代表着社会的上层等级,而且其实就是为该等级的在位人群所创造、所熟悉的文化,这就是踏入牛桥名校的大门对于一群未来的牛桥人来说并非常识上的难事的奥秘。

第二,进牛桥"不难",出了牛桥,牛桥人的职业生涯也不难,要获得公认的好位置,至少不比非牛桥人难。库柏的故事告诉我们,牛桥人终生都在互相照应,这是牛桥人做事不难的另一个奥秘。中国人很容易把这看成关系学,区别在于,关系学走的是"任人唯亲"的路,而牛桥人的互相照应,是基于"任人唯贤"而走的"任人唯亲"。牛桥人身份就是此亲和关系的基础,这是教育身份,而非血缘身份。牛桥人的故事证明社会身份的重要,名校身份就是社会辨认、评价和肯定其能力和信誉的保证书。牛桥人彼此更多一分校友的亲情,这成为获取生活机会的优势资本,这在任何社会都是通则。

第三，牛桥人占据社会要津，改善社会，推动进步，不只是出于他们的知识、教养和信念，也源自其作为社会组织者和管理者的职责。但即使清醒如库柏，知道自己并非凭多大的本事占着今天的位置，也不会主动让贤下台，因为牛桥人的身份和地位给他们带来的一切便利和好处，只会让他们更加努力地保住其地位。社会地位再生产的秘密，不仅存在于马克思揭示的生产关系再生产的客观机制中，也存在于牛桥人社会关系再生产的主观照应中。因此，牛桥人促进社会改善的努力不仅是为诸如妇女、少数族裔等弱势群体的利益，也是为广义牛桥人优势群体的利益。改善他人和维持自身的努力，构成社会再生产的双重动力。

社会分层的空间化：读《住在武康大楼》

《住在武康大楼》[1]的作者，不是专业社会学家，但他们做的口述史，是地道社会学家的工作。书中选了十三个住户的口述，这提供了一个有点体量的社会志文本；住户的叙述从20世纪50年代的单位分房，到21世纪从房屋中介买房，看似是武康大楼（曾用名诺曼底公寓[2]）的产权简史，实际是大楼住户的变迁史。《住在武康大楼》的关键词暗藏在书名里，它就是"住在"一词的主语——居民。居民是讲故事的人，更是创造故事的人，用口述者之一的王勇的话来说，"住在这里的都有故事"（《住在武康大楼》，第241页，以下所引只注页码）。而吸引笔者的，是故事里的社会学，核心词是社会分层，更确切地说，是社会分层的空间故事。

诺曼底公寓的空间分层：西侨与华人的居住严防

走过武康大楼，路人看到的只是大楼，看不到住在楼里的人，多少会产生好奇心，若是从里弄走到这里，好奇心或许会更强烈些。

---

[1] 陈保平、陈丹燕：《住在武康大楼》，同济大学出版社，2020年。
[2] 1953年，诺曼底公寓被上海市人民政府接管并更名为武康大楼。

上海历来有上只角与下只角之分，洋房公寓是上只角的代表住宅。拿笔者自己的经历为例，从家住的马当路到思南路，不过几百米距离，便从没篱笆的弄堂走到为篱笆包围的街区，这对一个对街景敏感的少年来说总是充满了好奇，还带着几分向往：什么人住在这篱笆里面？他们过着怎样的生活？给人印象最深的是这里的安静，不同于我生活的街区的喧闹，似乎对我更有吸引力。少年的我不懂社会分层的复杂道理，后来明白，对体面生活的想象多半是与优雅静谧的环境联系在一起的，而对思南路这类洋房社区的向往也是不分阶层的。今天，对武康大楼或许还有向往，但更大的兴趣在于住在里面的人。打开《住在武康大楼》，打开的是另一个世界的篱笆。我们不必再隔着篱笆来窥探里面人的生活，作者让住在里面的居民，无论是从 20 世纪五六十年代入住的，还是新千年后入住的居民，面对面地讲述个人和家人的生命史。本书作者也是访谈人的陈保平说，个人的口述或详或略，但仍能通过他们的叙述，"看到大历史在这幢楼里留下的印记：孔祥熙的财产、蒋经国的'打老虎'、宋庆龄的来客、周恩来与大楼内文艺界人士的呼应、江青突然造访郑君里家……还有像沈仲章这样冒着生命危险偷运'居延汉简'，为中国文化作出过重大贡献的人，曾长期住在这里"（第 37 页）。至于说在楼道里看到赵丹，去孙道临家串门，与大导演郑君里的儿子一起玩耍，在别处道来多半像八卦，在这里真是日常生活的情节。20 世纪五六十年代生人，大多看过国产经典战争片《南征北战》，多半对项堃饰演的国民党军的张军长留有印象。而本书的口述人林江鸿，起劲谈论的只是"李军长"，因为扮演者阳华就是他在大楼里多次见过的老居民。林江鸿自己就是一个有故事的人，他跟秦怡的女儿是同学，跟郑君里的儿子在同一届的圈子里，上面提到的那些故事，多半出自他。

比起这些故事，更令社会学家关注的，是大楼住户的人群特征。房子是给人住的，但人是分群的，人不会随随便便住到一个地方和一类房子里，或因身份或因职业或因金钱聚集在一起，而在地位、类别或做派上容易被人区分和辨别出来。在租界地域耸立起的一幢上等欧式公寓，一百年来，人的进进出出，看似是个人的选择和遭遇，其实更是社会的决定机制使然。

从居民的角度来说，这个问题就是我们是谁，我们是怎么进来的。书中的口述者，20世纪40年代生人、60年代后期入住的秦忠明说："武康大楼第一代人，是外国人，都走掉了，第二代人基本过世了，我们属于第三代人。"（第221页）秦忠明的概括，把几件不同的事，如国籍、生死、身份认同等放在一起说了，但他对第一代住户的说法大体接近事实。陈保平转述研究者的说法，说武康大楼1936年以前完全排斥华人入住，在法租界地盘，由法商投资的诺曼底公寓，最初入住的多为法侨，或法租界官员、外国富商。洋行印行的"上海街道指南"栏目里记录的诺曼底公寓的63户户主名单中，有美亚保险公司上海办事处经理、西门子公司经理、洋行和火油公司的高管等，均为在沪的西侨（第343页）。从地理上说，租界之于华界，是中心对边缘；而从族群地位上说，当时西人之于华人，从来高人一等，他们只给其官员和高管准备的公寓将华人拒之门外，在他们看来理所当然，而非专门针对华人的故意不善。诺曼底公寓的公寓资格，是职位等级，也是种族等级。直到第二次世界大战结束后收回租界，西侨与华人在此类上等公寓的居住严防才被破除。

武康大楼的空间分层：精英与平民的平等交往

一场以平等为目标的革命，改变了武康大楼的产权归属，但没有改变居民不是随随便便入住的这一条分层的铁律，只是这一次的风水转向了为革命作出贡献的人或为革命事业所需要的人。20世纪50年代，是《住在武康大楼》一书中被访者最早的入住年代，也是大楼居民世代的分水岭。以20世纪50年代为界，自此，武康大楼的居民差不多都是新时代的居民了。他们是怎么住进大楼里的？陈保平说主要是政府分配入住的，对象是"南下军队干部、文化界人士和一些企事业单位的行政人员"（第343页）。他们是新中国的精英，政治的、文化的和行政的精英。此外，也有少数1949年前的资本家家属延续下来，若20世纪50年代后不再有先前居民的话，"延续"一词就深具中国现代革命史的意味。在新民主主义的纲领下，工商界的资方仍被新政权视为需要团结的经济精英，但又不同于上述的精英阶层，两类不同精英的混合，既反映了1949年新政协制定的《共同纲领》的治国路线，也透露了武康大楼仍然延续精英聚集的空间路线。

问题是，《住在武康大楼》书里的被访者，并不都是上述的精英人士。黄淑芳家是受过高等教育的，但她和丈夫住进武康大楼时还是年轻人，并非资深专业人士。大都市百废待兴，工程师是急需人才，黄淑芳丈夫的一纸住房申请被幸运地送抵陈毅手上，陈毅特批，把一对青年送进了最初只有高级西侨才能入住的公寓。

此案固然是特例,如此资历的技术人才,还未跨入行业精英队列,故在大楼的住户中也属凤毛麟角,但这也并非新政权福利政策的反例。就在黄淑芳夫妇入住武康大楼同一年的1952年,新中国的第一个工人新村在上海建成,能住进工人新村的几乎都是层层选拔出来的工人模范。入住工人新村,既体现为新社会政治和道德标准的社会分层,也是表征国家主人公身份的空间地位,"在上海人的记忆中,第一个工人新村——上海曹杨一村,就是优越住宅和优越社会地位合一的同义词"[1]。住进武康大楼的黄淑芳夫妇,其身份自然符合社会地位优越的定义。

倒是书中两位居住地址为武康路的口述者,他们虽也在《住在武康大楼》中现身,其实是住在大楼的辅楼里,即由原来的汽车间改造的住房里。无论是被访者还是访问者,都不认为汽车间里的住户和大楼的住户住在同一个大楼里,"有时你会觉得武康大楼主楼宽敞的走道,对住在这里的100多人来说,是否过于奢侈了?他们许多人或一辈子也没走过那条明亮、宽敞的长廊"(第181页)。这段感慨,是访问者写在辅楼居民访谈的后记里的。由这段感慨不难引出更多的感慨或议论,譬如,住在武康大楼的居民原本是有车库标配的,取消私家车,多少包含消除消费特权的平等意识,但并没有取消进入高级公寓的遴选门槛,只是门槛的尺度不一样而已;再如,普通工人虽没有从棚户区或简易房搬进武康大楼的电梯公寓,但住进由汽车间改造的大楼辅楼,住房已得到改善,这只有在"住房为社会主义工业化,住房为工人阶级"的新制度

---

[1] 于海:《上海纪事:社会空间的视角》,总序。

下才有可能。

　　是住在大楼还是住在汽车间，其中的分别，对于"50后"的一辈人来说，是清清楚楚的，这倒不是明白了多少社会分层的道理，而是日常生活的经历。去汽车间的同学家，是无须爬楼的，且因为房间太小，同学多半是在户外说话或玩耍；而班上住在大楼的同学本来就少，找大楼同学玩的经历必定既少又不同寻常。王勇曾回忆，他小学的同班同学最羡慕的是到武康大楼来坐电梯，那时的大楼还不大允许外人随便进入，"只有跟着我们进来"（第239页）。住在大楼的同学为什么很少？直到很晚我才知道其中的原委。The Endless City 一书中的数据显示，到1980年，上海八层以上的建筑总共才121座。[1] 如此，大楼对"50后"少年的特殊吸引力，看来既是社会学的，也是建筑学的。

　　汽车间和大楼，是实在的空间分异，即使把汽车间叫辅楼也是如此。空间分异，容易走向社会分异，最严重的结果就是居住隔离，各种不平等，如医疗、教育、商业和其他服务的差异就会在隔离的空间中聚集起来。但若社会的主流价值是以平等为导向的，再若城市的普通劳动者在政治上有地位，从而在社会上有尊严，汽车间的孩子和大楼的孩子彼此间是不会有社会距离的。汽车间的居民邱锦云说，两边的孩子一直在一起玩，这边的孩子去主楼，而主楼的孩子"就喜欢到我们汽车间来，因为我们外面地方很大"，"大家都连在一起的，所以大家都一起玩的"。邱锦云不觉得住在汽车间低人一等，"以前没觉得洋房和汽车间怎么样，都觉得汽车

---

[1] Ricky Burdett & Deyan Sudjic, *The Endless City*, p.110, Phaidon Press, 2010.

间也蛮好的"（第53页）。如果汽车间和大楼彼此没有隔阂，那大楼里的居民之间就不会因职位、职业或其他理由而彼此有隔阂。林江鸿说："我们小时候没有这个阶层意识，没有什么你高我低的，现在人好像动不动就来这个，或者是你爹怎么样了，你家多少钱，过去没人搞这个，就是觉得好交，就可以在一块玩。"（第93页）邱锦云和林江鸿的分别回忆相互印证，20世纪50年代的平等主义的社会氛围，是许多过来人津津乐道的。但也是林江鸿，把大楼住户历来的出出入入，明确说成是由两项因素决定的楼层洗牌："说白一点就一个钱一个权，或者兼而有之。过去靠权，对嘛，一下给你分进来了。改革开放后，靠钱啊。我一下两千万买一套，不是吗？"（第87页）回忆少年经历，林江鸿说没有阶层意识，今天，他知道自己一家当年能住进武康大楼，靠的是"权"。作为南下军队干部的后代，他现在的认知完全像是一个自觉的社会学家的看法。

社会分层的空间化

是的，20世纪50年代的社会风尚，是不会让同学少年有嫌贫爱富的阶层意识的，但这不等于没有资源拥有的阶层差异。别的不说，住在武康大楼的，多用保姆。1969年一出生就住在大楼的王勇，自小家里就有保姆并跟家人一起住，且一直工作到1974年或1975年。王勇现在还记得，用保姆"在那个时候可能是一件很奢侈的事情，也是不能跟人说的事情。因为那个时候用保姆是多么的资产阶级啊"（第250页）。而日日共处一室，如何消除这种很奢侈的阶层意识呢？下面的故事，跟空间的设计有关。

按政治正确，保姆与主人人格平等，但社会地位不在一个平面上。在一个尺度有限的起居空间里，保姆的日常劳作，如厨房的活动，若都一览无余地暴露在主人和来客的视线内，而彼此都视若不见，或心安理得，多少不合人情。有地位的一方或因教养而于心不安；而另一方则因地位弱势而敏感，易生自卑心。从王勇为我们描绘的房间结构里，笔者看到的是消除日常互动地位性尴尬的用心。餐厅与客厅相连，厨房则在餐厅的一侧，故坐在客厅里休憩或会客，是看不到厨房情况的。"君子远庖厨"在这里的功用，是创造了某种物理距离而能心安。更有"心计"的是，厨房和餐厅不仅有门相连，保姆进出可随时关门，以保持工作世界和生活世界的微妙隔离；更有一扇专为从厨房向餐厅传递菜肴碗筷的小窗，如此，忙碌的保姆甚至不用跑进跑出。笔者从这样的设计中，不只是看到了社会分层的空间表达，还看到了为维护双方的体面尤其是保姆自尊的小心和善意。后一点或许只是笔者的猜想，但笔者乐意相信，因为这发生在武康大楼里多半是可能的。

从一开始，我们的目光就聚焦于武康大楼里的人，而人是分群的，这是社会学的看家问题：社会分层。上海人喜欢说的上只角与下只角之分，就是分层的本地话。住在武康大楼的人，算是正宗上只角的人。上只角在《住在武康大楼》的叙事中，不仅指建筑和地段，更指家境和家教。王勇说，"我父亲是老师，我外公也是老师，他们都在音乐学院教课，经常会有学生到家里来"，因为很多课是在家里完成的，"所以对我来说，从出生开始就能听到每天家里有人拉琴"（第254页）。王勇要玩起音乐来，平常人家的孩子有几人能玩过他？他也果然成了上海音乐学院的教授。王勇有别于为唱片和音乐会训练教化的音乐人,类似于出身艺术品世家的人有别于很晚才在博物馆几近学校教育的氛围中发现绘画之美并喜爱上绘画的人,前者是"出生在一个被艺术品萦绕的空间的人","艺术品作为家庭的和熟悉的财产是世世代代积累下来的,是他们的财富和他们的良好趣味的具体证明"[1]。上面的话是布尔迪厄说的。何止是音乐、绘画等世家积累能为后代带来成就上的优势,一切资本的积累优势,无论是经济资本还是文化资本,都能转化为后代在学业上的优势。林江鸿讲武康大楼的住户资格要有"权"或"钱",这是一个简明但稍显简单的断言。赵丹、黄宗英、郑君里、吴茵、阳华等人的入住资格是什么?凭的是文化资本,文化资本跟经济资本(钱)一样能被传承,它是在朝夕相处的生活中、耳提面命的教化中被传承的,它成就了后代的本领,更变化和形塑了后代的气质,而这一切,多在特定的居住空间里发生。王勇的故事,让人更有理由相信,"住房终究不止于居住:它还代表着社会地位、就业机会、教育和其他服务"。《住在武康大楼》通过一个个有故事的人,生动诠释了社会分层空间化的道理。

---

[1] [法]皮埃尔·布尔迪厄:《区分:判断力的社会批判》(上册),第127页。

叁

社会游戏篇

演戏是戏，游戏是戏，戏法还是戏，社会戏剧论是三戏合一，包含着互动的秘密、操控的秘密和社会再生产的秘密。社会是舞台，人人是演员，这是老生常谈，却是人文主义社会学的精要。除非你把社会分层体系的本质看成一场化装舞会，否则你就不可能懂得社会分层。而当我们知道社会本就是一个大游戏场，游戏规则早已为在我们之上的他们所制定，后上场的我们就要小心：除非游戏规则能保护活生生的人，除非游戏规则培育真正的人的价值，否则你就要拒绝认真对待这些规则。赫伊津哈将人定义为游戏的人，原本包含对人的自由本性的高度推崇。而社会之为游戏的认知，也是自由的条件，改变旧游戏创造新游戏，同样也是游戏论的题中应有之义。社会戏法并非暗箱操作的作弊，而是近水楼台先得月的游戏。看似所有人面对的是同一份学业作业，实际上精英家庭的子弟早早便熟悉了生产学业内容和标准的文化，因而比平民家庭子弟对学业更能驾轻就熟，从而胜出。学业评价依据学业表现的优劣，根子上却是出身的差异。这样的选拔过程，人人认可，人人参与，却一再把原有的等级和秩序生产出来。看清社会的戏份和戏法，做一个怎样的玩家，我们多少可以自觉选择。

会变戏法的社会

"社会戏法"一词借用了"戏法"这个概念。戏法把不可能的事变成可能,而变戏法者对戏法秘而不宣。这两点也是社会戏法的特点。不同的是,社会戏法不会让人从一开始就认为是假的;社会戏法也非普通戏法的独角戏。在社会戏法中,没有变戏法和看戏法的分别,所有人都参与社会戏法,才让社会戏法不被看穿而一直演下去。我们都是社会戏法中人。

社会戏法表达的是社会机制概念。它把某些人群神化,也把某些人群矮化甚至妖魔化,如此而创造出社会的等级,这是社会层级的生产机制。若它让优势人群保持其优势,让劣势人群无从改善,这就成为社会的再生产机制。当这一切被无论是得势者还是失势者都认为是理所当然时,社会戏法就表现出魔幻性。所谓魔幻性,正是透露社会机制不是一眼能看穿的。在此意义上,社会戏法的社会学分析,就是要揭穿社会的西洋镜。

社会说法与社会戏法

自然没有戏法,只有人有戏法。人之所以有戏法,是人对自己、对他人都有一套套说法,如种族优劣说、男尊女卑说、欧洲中心说等。所有这些说法，若被人们相信，就会神化一些人，妖魔化另一些人。当把白肤色视为人类进化的完美类型时，欧洲白人就成为代表最高文明的优秀人种，而其他有色人种皆等而下之。当黑人被说成是"黑鬼"，或犹太人被说成是"犹太猪"，并且被社会多数人接受时，他们真的会变成处处受人歧视甚至被虐待的异类，种族歧视在此意义上就是把人变成非人的社会戏法。

在传统中国，读书人地位高，所谓"万般皆下品，唯有读书高"，读书人是高贵者。但在那个特殊的年代，"新"的说法是"高贵者最愚蠢，卑贱者最聪明"，于是读书人就被视为"臭老九"，并且也就真的成了"臭老九"，看到谁都要夹起尾巴做人。这种观念具有颠覆性，让读书人的地位一落千丈，原本自视甚高的读书人或许欲求一个"卑贱者"的身份也不可得。

1978年以后，新的说法是"知识分子是工人阶级的一部分"。开放时代，无论是先进生产力还是先进文化，最能贡献者和代表者当为读书人。知识经济时代，知识人的地位更见重要。向来的劳资关系也在最前沿的科技领域发生逆转，从资本雇佣劳动，转向劳动（知识分子）雇佣资本。纵观历史，中国读书人从秀才到"臭老九"再到先进者，改变命运的不是个人努力，而是给读书人地位贴标签的社会说法。

一套说法的背后是什么？是规则。规则何为？为了分配权力、地位、利益和声望。规则就是分配好东西的说法。为什么需要分配？因为人人欲求的好东西多为稀缺物，对稀缺物的分配，如果人不想陷入混战，就一定要有一套如何分配的说法。这个分配的规则，就是中国古人说的"礼"。礼是怎么起源的？荀子说："人生而有欲，欲而不得，则不能无求。求而无度量分界，则不能不争；争则乱，乱则穷。先王恶其乱也，故制礼义以分之，以养人之欲，给人之求。"（《荀子·礼论》）在这礼制中，男尊女卑、上下尊卑、亲疏远近都是说法。亲疏远近为何？此即宗法社会的地位区分，就是根据血缘来分配好处。皇位的继承要根据血缘，财产的继承也要根据血缘。所有这些说法，都是关于分配好东西的正当性话语。这就是说法的本质。当这些礼制规章被接受了，它所成就的秩序就是合法秩序。所以，在男尊女卑被认为天经地义的社会里，女人被教导要恪守三从四德，被规训为贤妻良母。只有成为这样的女人，社会才接受你，才有你的位置。这就是社会说法、社会规则和社会戏法之间的关系。

自然界弱肉强食，不需要说法。老虎、狮子面对猎物时不需要说法，只要做法。但在社会世界，弱肉强食或高人一等不仅是做法，也要说法。殖民时代欧洲白人试图统治非白人社会时曾给出一个种族优越论的说法。这个说法在近代分类学和体质人类学中被发展为"科学种族论"，程度不同的种族主义就在科学名义下大行其道。科学种族论不仅创造了优越的白人种族，也创造了低于白人的各式有色人种，其中，"成为黄种人"而非生为黄种人，就是科学种族论变的戏法。

成为黄种人

世上有黑人、白人或棕色人群，这是人一眼可以看出并区分的。但世上有黄种人吗？或所谓黄种人能被人一眼看出吗？从一开始这就是一个问题。在欧洲的大航海时代开始时,东亚人都被描述为白色人种,而不会被描述为黄种人。那时的文献中充满了关于白色的中国人和白色的日本人的记录,这些记录大部分是商人和后来的传教士进入亚洲后留下的。凭观察并不容易看出东亚人是黄种人,但说东亚人是白人也非仅凭肉眼就能看出的。在瑞典人卡尔·林奈(Carl Linnaeus)的人种分类出现之前,对东亚人是白人的认定,并非一种人种意义上的指认,也不全是对肤色的描述,而是西方人对东亚人的财富、力量以及较高的文明等级所形成的附加印象。人种学研究者奇迈可(Michael Keevak)的判断是,"白色与其说是一种描述性词汇,不如说是一种代表了价值的词汇,其他颜色用语也是如此"[1]。在传教士眼里,日本人甚至比中国人更白,原因是他们开始信奉欧洲的基督教,这表明他们具有变得真正"文明"的认知能力。

如果说东亚人为白人的理由是价值陈述多于肤色陈述的话,那么从林奈开始把亚洲人划为黄种人的理由,看似是科学人种论,实际还是预设文明等级的种族论。要而言之,世上本无黄种人,黄种人是被以科学分类名义的戏法变出来的。

今天人们公认的近代动植物分类学是由林奈的《自然系统》开创并发展过来的,但他的人类种群分类与其说是科学,不如说更像夹带种族偏见的戏法。他将人类分为四"种",每一种都按某一地理单元以及从白到黑的肤色划分:欧洲白种人、美洲红种人、

---

[1] [美]奇迈可:《成为黄种人:亚洲种族思维简史》,方笑天译,浙江人民出版社,2016年,第43页。

亚洲黄种人和非洲黑人。但黑白不只是肤色的两极，也象征文明阶梯的两极，而用来指称亚洲人黄色的 luridus 一词，并非一个中性的颜色名词，它可译为淡黄、蜡黄、苍白、死一般的颜色等。奇迈可注意到，林奈没有选择更中性的像黄色（flavus, fulvus）或是淡黄色（gilvus）（还有其他许多）一类的词汇；在古典拉丁语中，luridus 常常含有轻蔑意味，通常暗示了恐怖、丑陋和苍白，就像英语词汇 lurid（可怕的）一样。[1] 林奈其实选取了一个暗示病态和不健康的词来指称亚洲人。他对每个人种的描述都明确地充斥着同一时期最流行的种族学说的标准说法。他更发挥了自己擅长的医学和植物学想象：植物呈现 luridus 颜色就意味着悲伤和可疑。林奈的命名，被认为是黄种人的真正起源。

科学种族学的戏法是在德国人约翰·弗里德里希·布鲁门巴赫（Johann Friedrich Blumenbach）的手里完成的。他不用肤色而用体质特别是头骨形态划分人类种群。他批评肤色分类的不精确，但他还是将流行的肤色分类搭配到他的头骨分类中，这样就有了五大种群的划分：白色高加索人种、黑色埃塞俄比亚人种、红色美洲人种、黑褐色马来人种和黄色蒙古人种。从此，东亚人种就有了蒙古体质与黄色皮肤的双重标签。下面我们将看到这两个标签都不是价值中立的。

在奇迈可看来，布鲁门巴赫在东亚人种分类上最重要的贡献并非从诸多颜色中选中了黄色，更具标志性意义的是，"他在讨论黄种人的同时创造了一个新的种族——蒙古人种——这个种族完

---

[1] [美] 奇迈可：《成为黄种人：亚洲种族思维简史》，第87—88页。

全是幻想出来的,并且与他创造的更广受关注的词汇'高加索人种'一样影响深远"[1]。布鲁门巴赫为什么用"蒙古人种"来命名东亚人?这并非一个方便选择,如"马来人种",是他认为依靠语言建立起来的人种;也非因为蒙古人的头骨最典型、最有代表性;而是因为蒙古人曾是最让西方惊恐的东方人,"匈人王、成吉思汗、帖木儿的征伐如同洪水、暴雨、飓风一样,席卷了一切"[2],这是蒙古人留给西方的历史记忆。布鲁门巴赫之前,无论中国还是日本,从来没有用"蒙古人种"描述过自己的文化特征。布鲁门巴赫之后,体质人类学家们还在为如何精确描绘东亚人肤色的问题继续争论不休,但他们似乎一致认为蒙古人种是真实存在的。

布鲁门巴赫创立的体质人类学标榜其人种学的科学性,体质人类学家自然会以科学的严谨和精细,百折不挠地投身于人种肤色的测定工作。之所以说他们百折不挠,是因为他们虽然设计了各种办法,发明了各种仪器,积累了有关蒙古人种的肤色属性的各种数据,但他们的数据的确很难跟常人的视觉经验相容。他们会把人们凭肉眼不容易看出蒙古人种的黄皮肤解释为"黄色隐藏在表象之下,只有科学测量、科学实验和科学计算才能还原黄色的真相"[3]。这够执拗的了。但与其说是科学态度,毋宁说是刻板观念。因为他们研究伊始就已深信蒙古人种的黄皮肤是一个不容置疑的事实。他们并没有摆脱林奈定义黄种人的种族偏见。

---

[1] [美]奇迈可:《成为黄种人:亚洲种族思维简史》,第108页。
[2] 同上,第135页。
[3] 同上,序言第7页。

何独林奈然？布鲁门巴赫亦然。他创立的人类五种群说是有层级的，高加索人种处于中心位置，蒙古人种与埃塞俄比亚人种被一起放到了离近乎完美的欧洲人最远的地方。为什么用"高加索"命名欧洲人？因为高加索是人类的发源地，而高加索人处于最漂亮的欧洲人的顶点："首先，那个血统展现了……最漂亮的头骨形状，而其他血统则通过最简单的分级与之分离开来，就像与一个平均的、原始的模型分离开来一样……此外，它的颜色是白的，我们可以合理地假定，它是人类的原始肤色，因为……它退化成褐色很容易，但从深色变成白色就相当困难了。"[1] 同发明"蒙古人种"一样，"高加索人种"也是布鲁门巴赫主观想象的产物。奇迈可对人种分类的戏法有这样的评论：

> 人种不再被视为气候或文化实践暂时影响的结果，而被认为是更为永久的、由生物学上的因素决定的。布鲁门巴赫痴迷于对头骨的观察，认为这是不同人群的标志，而同样探究头骨的形状与智力水平之间联系的19世纪上半期的新科学——生理学、颅相学、人种学以及人类学——则认为更具"动物性的"形式是智力低下的标志。[2]

时至今日，谁若再以肤色论高低，或以颅相学论贵贱，妥妥

---

[1] 转引自[美]斯蒂芬·杰伊·古尔德《人类的误测：智商歧视的科学史》，柳文文译，重庆大学出版社，2017年，第405页。

[2] [美]奇迈可：《成为黄种人：亚洲种族思维简史》，第120页。

一个种族主义者。人类体质的差异，如大脑容量的差异，反映的是人类基因的多样性，这种多样性主要存在于个体之间，而地域和族群间的差异反倒无关紧要。也就是说，"以'种族'（race）这一类的标签把人类划分为不同集团与亚集团的传统分类法，开始越来越失去其生物学的根据"[1]。蒙古人种、黄色人种等说法，如今在知识界基本鲜有所闻。这是"政治正确"，也是"知识正确"。但发源于种族等级论的优越感或自卑感，在特定场合总会不经意地表现出来。2019年，美国国务院的一位官员把美国与中国之间的较量视为"文明与种族的较量"，并把中国定义为"我们第一次面临一个非白人的强大竞争对手"[2]。说话者并非白人，但她的立场提醒我们，种族主义的幽灵附身是不分肤色的。

社会再生产与社会戏法

社会再生产指的是社会在时空向度上得到有序安排的社会过程，如同自然界能自我再生的物种一样，社会具有循环往复的特征；通过人的社会实践，社会关系和社会秩序被一再创造出来。社会再生产关心的虽然不是个别行动者的境遇，但若几乎所有的个体都程度不同地复制父辈的社会地位，那么，此种个体的集体命运不仅触及社会再生产的秘密，而且也更像是掩饰社会再生产秘密的戏法。

---

[1] ［美］奇迈可：《成为黄种人：亚洲种族思维简史》，序言第10页。
[2] 2019年5月7日，《观察者网》，https://www.guancha.cn/internation/2019_05_07_500606_1.shtml。

看清社会再生产西洋镜的佳例是教育选拔和学业评价。社会学看教育，从来不只是"传道、授业、解惑"，更是社会地位的再生产。但教育选拔，并非按社会出身取舍，"以出身定终身"，是被现代教育早就摒弃的世袭特权，而是按公开、中立和专业的学业标准评判优劣，这是为全社会所接受的人才筛选制度。这如何是戏法？下面由自主招生带来的故事，有三点揭秘：第一，教育选拔，看似是选学业，其实是选出身；第二，学业表现，看似是个人成就，其实是阶层优势；第三，学业评价，看似是中立术语，其实是价值定性。

自主招生，仍然是以学业标准衡量的教育选拔，但招生权下放的目的是突破唯应试教育的樊篱，而将学生的综合素质能力也纳入学业评判，这包括考查学生的口头表达能力、阅读能力、想象力、批判思维和社会知识等。素质能力与应试能力并非截然对立，但前者的能力要求显然比后者全面。以全面素质选人的学业评判有错吗？大体没错。但为什么我们还要把自主招生看成一场变戏法的游戏？

说自主招生是戏法，并非说其程序和过程有任何隐秘的设计或机关，也非指任何可能的幕后交易使素质选拔成为表面文章。社会对任何以非学业标准论成败的选拔深恶痛绝，以全面素质取人的自主招生并未改变以学业论高下的社会期望，诸如广泛的阅读、敏捷的思维、丰富的想象、独立的判断、批判的精神等，也都是为社会所公认的好学生应有的能力和品质。若程序、宗旨和方法都没有错，问题出在哪里？关键是，全面的素质能力与其说是学生从学校教育中获得的，毋宁说更多是家庭教育培养出来的，与之关系最大者是家庭的资源条件和出身的教养。

也就是说,被公认的优秀能力并不全是学生的天分和纯粹个人努力所致,而是需要培养和训练的。培养和训练需要什么?需要资本的投入、时间的投入、关注的投入和专业的指导。资本、时间、关注和专业指导看什么?当然要看家庭的资源条件,经济的和文化的资本。经济是基础,但布尔迪厄告诫我们教育投资不只是经济的,也是文化的。所谓出身的教养,主要是一个文化传承的故事,它意味着一个人很早就进入一个由有教养的人、实践和物构成的世界中。以音乐实践为例,他(她)置身于一个不仅听音乐,而且演奏音乐的家庭,甚至很早就演奏一种"高贵的"乐器,如钢琴,他(她)的艺术教养多半高于只是从唱片或音乐会中熟悉音乐的人,显然也更容易得到老师的欣赏,从而在素质选拔赛中胜人一筹。布尔迪厄批评经济学家把学业投资仅仅视为经济资本的量化策略,从未考虑把教育投资与社会再生产机制联系起来。而他发现,"教育投资中最隐秘,同时也是社会关系上最重要的内容,是文化资本的家族传递"[1]。必须认识到,"学习'能力'或者'天赋'也是时间和文化资本投资的产品"[2]。

孩子从家庭继承的资本叫代际资本,代际资本不仅包括家庭内的资本,还包括孩子能遇到的朋辈及朋辈的父辈等家庭外的资本。如果父母是拉板车的,那孩子接触的多为板车师傅;如果父母是教授,孩子接触教授的机会就多。两种环境下长大的孩子,

---

[1] [法]皮埃尔·布尔迪厄:《国家精英:名牌大学与群体精神》,第476页。
[2] 同上。

其眼界和抱负肯定不同。下面概括的四点都跟家庭有关：家庭的经济投入和资本、家庭培养的抱负、家庭的艺术氛围和文化资本以及家庭的人脉关系和社会资本。自主招生在程序上是素质择优，本质上是出身择优，归根到底，这两个选项是一回事，并且基本上是出身决定素质。出身的教养已经转化为招生现场的素质优势，转化过程则不可见，这正是素质选拔戏法秘而不宣的东西。

出身优势并非一家一户的个例，而是由优势家庭构成的阶层优势。阶层优势的基础是习性优势。学业表现差异，反映的是学生的习性差异，但习性并非与生俱来，而是社会地位内在化的产物。习性作为行动者的心智结构和偏好结构，它与塑造习性的社会位置结构具有高度的对应性。从家庭继承资本尤其是文化资本多的学生，多数偏好戏剧、音乐、写作等，如此的偏爱习性自然容易在推崇文化素质的教育选拔中胜出。出身的教养转化为学业的优势的秘密，正在于这种习性优势和地位优势的一致关系中。布尔迪厄更是把习性结构、教育结构、社会位置结构联系到权力场域的基本结构，如此才能看清教学场域中最重大、最隐秘的戏法效应。[1]原来，优势家庭的孩子之所以能在各种学业活动中游刃有余，不只是他们在成长中获得的教养优势使他们拥有更多的文化资本，还在于学业评价标准是由优势阶层的文化精英设计和提供的"公平的"、"严格的"和"科学的"测试技术来决定的。不仅优势阶层"总是趋向于将他们自己熟练掌握的能力强行规定为必要的合

---

1 [法]皮埃尔·布尔迪厄：《国家精英：名牌大学与群体精神》，第241—242页。

法能力，并且将他们自己擅长的实践活动纳入杰出的定义中"[1]；而且也只有出自精英学校并接受这套关于何为学业杰出定义的人们，才会成为学生学业的指导者和评判者。当所有学生面对同一张试卷同一套测试题目时，他们对试卷的熟悉程度并不一样。出身优势家庭的学生，多半熟悉由他们的父辈或父辈的朋辈设计的试卷，因为他们就是在这种优势文化的环境中长大的，出身的优势让他们与主流学术有先在的亲和性；而指导和评判学生的教师们，只要他们是合法地占据学业裁判的位置，他们的选择必定既合于教育机构场域的要求，又多半青睐出身优势的学生，即便他们打分写评价时完全不知道被评价学生的社会出身。教育选拔的结构力量，让最终结果出现学业表现、社会出身和教学评价的三重耦合。看似是个人成就的学业，实则体现了阶层优势的合力。

用专业化的语言评价学生的作业和试卷，构成学业分类之戏法的中立化假象。学业分类学看似中立，实际上是社会品行评价，布尔迪厄看到，"通常属于被支配者（即'民众'）的品行是卑屈、粗俗、笨拙、迟钝、平庸等，属于中间阶层（即'小资产阶级'）的是小气、狭隘、平凡、规矩、认真等，而优越阶层的品行则是真诚、广博、丰富、自如、善于解决问题、优雅、创造性、敏锐、聪明、有教养之类。作为实践状态下的关注原则和划分原则体系，学业分类学的基础在于对杰出品行的含糊定义——它将社会关系上霸权者所具有的社会品行当作杰出的品行，并且神化他们的存在方

---

[1] [法]皮埃尔·布尔迪厄：《国家精英：名牌大学与群体精神》，第207页。

式和他们的身份"[1]。只有当上述学术评语与社会品性的对应关系仍然处于隐匿状态，而且所有一对一的形容词在学业分类学的所有对立面（杰出／平庸，灵巧／笨拙，等等）中处于社会关系上的最中立的状态时，或者当这些对立面的婉转化形式在社会关系上处于最中立的状态时，学术分类学才能获得最大的合法性。一位教师若不满学生的作业，直接批评学生遣词造句粗俗，不仅难以让学生接受，也会引起其他教师的质疑。同样的评价，如果教师以学术场域特有的中性化的评价语言表达出来，如"正确，仅此而已""毫无意义的作业""文笔平淡乏味"等，那么评价就变得可以接受并且被接受。看似严格的学业评判，掩盖了骨子里的社会评判。

在我们讨论的戏法中，没有预谋，只有同谋，但这不是有意识的自觉的同谋。"每当客观结构遇见了与之相适应的心智结构，人们所默认的这种制约必然得以实施。正是在客观结构与作为其产物的认知结构之间的原始同谋关系的基础上，绝对的、即时的服从才得以建立，这种服从就是人们出生所在的人群的教条经验中的服从。"[2]

回到自主招生。素质选人的结果，是一些城市孩子留下了，多数农村孩子被淘汰了。没有谁在有意变戏法。因为城市优势家庭的孩子所能获得的教养、教育、训练让他们更为契合自主招生所要求的素质标准，而农村来的孩子很少或从来没有从家庭中得

---

1 [法]皮埃尔·布尔迪厄:《国家精英：名牌大学与群体精神》，第62—63页。
2 同上，序言第7页。

到提升素质的支持，他们就被这场仍由资本总量决定的学业分类过滤掉了。

为什么我们看不穿社会戏法？因为我们只看到了同一张卷子、同一个标准，却看不到熟悉卷子和标准的条件不是平等分配的。实际上，学生不在同一条起跑线上。在衡量全面素质的考场上，优势家庭的孩子如鱼得水，过往他们跟家长的旅游经历和艺术鉴赏经验，都成为他们容易获得老师高看的加分因素。但对于多数号称"小镇做题家"的学生来说，他们在应试场上练就的一身功夫在这种场合基本上无用。

我们所有人都是社会游戏的参与者，而且都认为自己是诚实的、自主的参与者。学生自行选择，老师自行判断。诚实就在于我们都认可这个游戏的规则和标准，输赢好像都基于自己当下的表现，而看不到有的人早就熟悉了这个游戏，有的人却很不熟悉。除非你不认可这套玩法，否则，戏法就会一直变下去，每个人也都真的就这样玩下去。不识庐山真面目，只缘身在此山中。大家都认为自主招生就应该选拔思维活跃、阅读广泛、富有表达力和想象力的学生。选出来一看，大多是大学教授、公务员的子女，很少有农民的孩子。自主招生在程序设置上事先不会看出身，但是被选拔出来的孩子或先人一步熟悉了这套玩法，他们最容易在这场跟别人较劲素质能力的游戏中脱颖而出。最干净的一场自主招生，可以没有一个人作弊，最后的结果依然是，看似是素质择优，根子里是出身择优。这就是让所有人都无法指责的社会戏法。

人为什么演戏

"人生如戏",是老生常谈。最为人所熟悉者,为莎士比亚(William Shakespeare)的名言:世界是一个舞台,人人都是演员。以戏喻人生,中外皆然。但说此人擅长演戏,多有贬义,亦中外皆然。若不带褒贬地将日常互动全视为演戏,这是把人生如戏说从一个修辞比喻变成了一种理论,一种解释人类互动的社会理论。对此贡献最大者是戈夫曼。他写了许多书,但最常被人提到的,还是那本以"拟剧论"闻名于世的《日常生活中的自我呈现》。"呈现"两字大可读为表演,而日常生活就是剧场。在戈夫曼看来,日常交往和专业戏剧面临共同的舞台演出问题:"对举止呈现方式的关注、有理无理的羞愧感、对自己和观众的矛盾心理,这些都是人类情境中的戏剧成分。"[1] 让常人上台表演接近真实生活的场景并非难事,因为生活本身就是世界的戏剧性展现。这样说,并非整个世界都是一个大舞台。戈夫曼看得清楚:"关键在于,要想具体指出世界在哪些方面不是舞台,却也并非易事。"[2] 自然,人也并非在

---

[1] [美]欧文·戈夫曼:《日常生活中的自我呈现》,冯钢译,北京大学出版社,2008年,第58页。

[2] 同上。

任何时候都像演员那样表演，问题就变成：人在哪些场合为了什么做怎样的表演？

角色表达

人为什么表演？在多数交往场合，最直接的理由是角色论或角色表达论。每个人在社会上都至少有一个或一组角色。成为一个角色意味着一系列为社会所期望且能辨认的表现和行为。但跟角色相连的身份、地位、社会声誉这些东西并不是可以拥有而后还可以将之展示出来的实体性事物。它们是恰当的行为模式，具有内在的一致性，不断地被人加以修饰润色，并且具有很强的连贯性。人必须展现和表达一些东西，让他人感知与其角色相符的行为模式和风格，这就是表演了。表演就是呈现自己为谁，而"不管人们的表演是轻松自如还是笨拙不堪，是有意识的还是无意识的，是狡诈的还是真诚的"[1]。

下面的案例，是哲学家让-保罗·萨特（Jean-Paul Sartre）笔下的一位咖啡馆侍者，他以灵巧的身体动作向人展现他是谁：

> 他有灵活的和过分的，过分准确、过分敏捷的姿态，他以过分灵活的步子来到顾客身边，他过分殷勤的鞠躬，他的嗓音，他的眼睛，表示出对顾客的要求过分关心，最后，他返回来，他试图在他的行动中模仿只会被认作

---

[1] [美]欧文·戈夫曼：《日常生活中的自我呈现》，第61页。

是某种自动机的准确严格,他像走钢丝演员那样以惊险的动作托举着他的盘子,使盘子处于永远不稳定、不断被破坏的,但又被他总是用手臂的轻巧运动重新建立起来的平衡之中。……

他表演,他自娱。但是那时他演什么呢?无须很长时间的观测,我们就可了解到他扮演的是咖啡馆侍者。这没有什么使我们吃惊的:游戏是一种测定和调查。孩子在做身体游戏时是为了探索身体,是为了认清身体的各器官;咖啡馆的侍者用他的身份表演为的是实现这身份。这种义务同强加给所有商人的义务没有区别。他们的身份完全是一套礼仪,公众舆论要求他们把它作为礼仪来实现,食品杂货店主、缝纫店主、拍卖估价人都有自己的舞蹈,通过舞蹈,他们努力想说服顾客们把他们只看成一个食品杂货店主、缝纫店主、拍卖估价人,而不是其他什么人。[1]

注意萨特描述咖啡馆侍者的身体舞蹈时多次用"过分的"这个形容词。也就是说,这种实现身份的表演,通常用力过猛,以呈现一种理想化的自我,即便他的行为并不全部具备理想化的品质。说理想化是某种伪装也无妨。社会学家查尔斯·霍顿·库利(Charles Horton Cooley)甚至认为每一个人甚至在某种程度上都是

---

1 [法]让-保罗·萨特:《存在与虚无》,陈宣良等译,生活·读书·新知三联书店,1987年,第97—98页。

一个伪装者，因为我们都想给他人留下好印象，我们多少就有点故作姿态。"但如果我们从未试过更好地表现我们自己，我们又怎能由表及里地改善自己？向世界展现我们自己更好的或理想的一面的那种普遍冲动，在各种职业和阶层中都有固定的表现形式……神学和慈善中有，法律、医学、教育，甚至科学中都有。"[1]

已故法国总统夏尔·戴高乐（Charles de Gaulle）可谓理想化表演的高手。戴高乐善于安排自己所有公开露面的场合，他一年两次的记者招待会更像是朝觐大典而不像一般的会见。整个招待会，从讲话到回答问题，他都是事先写好稿子，问题则是他的新闻官事先同某些记者一起编好的，戴高乐更是事先背好了对问题的答复。尽管一切都是排演好的，"它却有一种几乎令人陶醉的效果"。跟戴高乐私交不错的理查德·尼克松（Richard Nixon）写道："戴高乐讲完以后，那位老讲这个法国总统坏话的波伦[2]摇着头感叹：'一场多么精彩的表演！'"[3]

给他人留下印象的身份表演，不必都是展现自己更好的或理想的一面，也可能是展现自己笨拙的或无能的一面。一些女生故意在约会男生面前降低自己的智力、技能和自觉性，由此来显现一种颇为深沉的自律。女生为什么故意装笨？或是迎合男生的虚荣，或是认可"女子无才便是德"的古训，无论如何，都在表

---

[1] [美]查尔斯·霍顿·库利:《人类本性与社会秩序》，包凡一、王湲译，华夏出版社，1999年，第250页。译文有修改。

[2] 查尔斯·波伦（Charles Bohlen），时任美国驻法国大使。

[3] [美]理查德·尼克松:《领袖们》，施燕华、洪雪因、王湲译，海南出版社，2012年，第65页。

现对社会公认的文化价值的接受。这就是为什么美国社会学家威廉·富特·怀特（William Foote Whyte）将这种有意无意露丑的表演与社会结构的影响联系起来。

怀特研究的一个波士顿意大利人贫民区的街角青年帮热衷保龄球、棒球等运动。让怀特一直不解的是他们中球技最高的弗兰克，无论在哪个球队都是最佳队员，但他与整日厮混的本帮的人打球时，总没有优秀表现。当怀特发现队员的得分跟这个帮的结构正相关时，常识告诉他，假定头头们生来就是比别人更出色的运动员的说法是不成立的。社会学的洞见是，像弗兰克这样参加群体活动的开支都需要他人支持的青年，平时已经习惯于低人一头，玩球时，用弗兰克自己的话来说："当我和我认识的人——像那帮小子——打球的时候，我好像就不会打了。"弗兰克的糟糕表现，不论是有意还是无意，怀特相信是社会结构作用的结果：

> 社会地位与保龄球成绩之间有十分密切的关系。这种联系的形成是由于打保龄球成为这个群体最主要的社会活动。它变成一个人借以保持、获得或失去威望的主要工具。[1]

若高分都凭球技拿了，头头在帮里还有威信吗？反之，一个人能拿高分却不尽力拿高分的表现，亦是其身份的表达：贫民区

---

[1] ［美］威廉·富特·怀特：《街角社会：一个意大利人贫民区的社会结构》，黄育馥译，商务印书馆，1994年，第38页。

青年帮结构中处于中下层的身份表达。

印象控制（或管理）

人为什么表演的第二个理由是，表演者是在控制（或管理）给别人的印象，控制印象的目的在于控制他人的行为，尤其是他们应对他的方式。按戈夫曼的说法，"这种控制主要是通过影响他人正在形成的情境定义而达到的。他能通过表达自己来影响这种定义，给他人留下这样一种印象，这种印象将引导他们自愿按照他自己的计划行事"[1]。这种控制给别人的印象的能力是一种重要的武器，可以给表演者带来地位、权力和自由。

比如说，医生要给病人留下自己很有信心的印象。医生不会在病人面前唉声叹气，他要在病人面前体现权威，让病人觉得一切尽在其掌控中。很可能医生一回到办公室就告诉同事，这家伙没救了。但在病人面前，医生必须是一副信心满满的样子，这既传递安慰，也表现力量。

又比如，人们在消费上的攀比，并非只是满足生理需要，也有追求被人尊崇的心理需要。仅有财富或权力并不足以获得尊崇，还必须能给出证明，财富或权力容易通过消费风格和消费方式得到证明，从而也令消费行为有了荣誉性。"人们争取提高消费水准的动机是在于满足竞赛心理和'歧视性对比'的要求，其目的不

---

[1] [美]欧文·戈夫曼：《日常生活中的自我呈现》，第3页。

过是要在荣誉方面符合高人一等的生活习惯"[1]；凡勃伦将这种追求歧视性对比的消费称为炫耀性消费。消费的炫耀性展示，不仅旨在向社会表现其财富或权力，以获得他人的羡慕和尊崇，也在将其生活方式建构为社会中博得荣誉的准则。"遵守这些标准，力求在若干程度上接近这些标准，就成了等级较低的一切阶级的义务。"[2]

就刻意控制给他人的印象以便最有效地控制他人的策略而言，尼科洛·马基雅维利（Niccolò Machiavelli）给君主的策论更像是拟剧论。君王当然需要被人爱戴，为此，君王"要显得慈悲为怀、笃守信义、合乎人道"。马基雅维利同时代的一位君王，"除了和平与信义之外，从来不宣扬其他事情，但是他对这两者的任何一者都是极端仇视的"。仅靠美德治国，君王恐难自保，国家亦恐不存。马基雅维利确信，比起被人爱戴，君王更需被人畏惧，因为"冒犯一个自己爱戴的人比冒犯一个自己畏惧的人较少顾忌"。君王须以半人半兽为师，半人即代表君王的仁慈和信义，以博得臣民爱戴；而以野兽为师，君王应当同时效法狐狸和狮子。由于狮子不能防止自己落入陷阱，而狐狸则不能抵御豺狼，"因此，君主必须是一头狐狸以便认识陷阱，同时又必须是一头狮子，以便使豺狼惊骇"。总之，当遵守仁慈和信义对君王自己不利时，君王要有为非作恶的准备并随时背信弃义。但要注意使那些看到君王和听到君王谈话的人都觉得君王是位慈悲为怀、笃守信义、讲究人道、清廉正

---

1 [美]索尔斯坦·凡勃伦：《有闲阶级论》，蔡受百译，商务印书馆，1997年，《评凡勃伦的经济学说》，XI。

2 同上，第64页。

直、虔敬信神的人。"一位君主应当十分注意，千万不要从自己的口中溜出一言半语不是洋溢着上述五种美德的说话。"对于如此表演一套实际一套的效果，马基雅维利的判断是基于对人性的了解："人们进行判断，一般依靠眼睛更甚于依靠双手，因为每一个人都能看到你，但是很少人能够接触你；每一个人都看到你的外表是怎样的，但很少人摸透你是怎样一个人。"[1]

保持距离，示人以孤傲、神秘从而创造威信，戴高乐精通此道。戴高乐相信一个领袖必须具备"神秘、高贵和威风"三种气质，最重要的是，"没有神秘就不可能有威信，因为对于一个人太熟悉了就会产生轻蔑之感。一切宗教都有神龛，而任何人在他贴身仆人的眼中都不是一个英雄"[2]。早在青年时期，戴高乐就和他的同辈人保持着距离。一位法国教授说，戴高乐具有"流放中的国王的姿态"。他的家人开玩笑说，他的个性这样冷漠孤高，一定是在婴儿时期被关进过冰箱。除了冷漠之外，神秘还需要少言寡语和少摆姿势，戴高乐说出体会："没有比沉默更能显示出权威的了。"但是沉默这个"强者的最重要品德"，只有在他显得蕴藏着意志与决心时才会产生效果，"好比一个演员，既能竭力控制自己，又能把感情表现出来，这样才能产生最显著的效果"[3]。为了保持孤傲，戴高乐甚至觉得他必须躲避同事们的友情。戴高乐绝不会为强调一件事而拍拍某人的背，抓住别人的胳膊或者同他的选民或同僚

---

[1] ［意］尼科洛·马基雅维利：《君主论》，潘汉典译，商务印书馆，1985年，第80—86页。
[2] 转引自［美］理查德·尼克松《领袖们》，第61页。
[3] ［美］理查德·尼克松：《领袖们》，第63页。

搞称兄道弟那一套。戴高乐不会反对别人这样做，但对他自己来说这有失体统。

戴高乐真的相信存在一个活着的传奇人物"戴高乐将军"，一个使肉身的夏尔·戴高乐相形见绌的伟人形象。他甚至说："这个戴高乐将军，我几乎成了他的俘虏。"戴高乐努力保证，他的一举一动，不论是微小细节，还是雄伟姿态，"都要合乎戴高乐将军的身份"。"戴高乐将军"的确是个以精心策划和象征表演的门面装扮起来的人物，但这正是戴高乐想要展现给法国人的领袖形象。当穿上将军制服出场时，"戴高乐就拨动了深深地藏在所有的法国人心中的感情之弦，激发了他们之间的团结一致的精神"[1]。尼克松说戴高乐是善于演戏的大师，对此名头戴高乐不会拒绝，他不讳言政治就是演戏，他之所以能贯彻他的政治主张，部分原因便在于他擅长打动人心的政治戏剧。

逢场作戏

逢场作戏，或是人为什么表演的最常见的理由。这里的"场"指互动场景，而任何场景中发生的遭遇和交往都必须符合特定的场景定义。譬如，到朋友家吃饭，不论主人厨艺如何，都要拣好话说；夫妇吵架正酣，突遇朋友来访，多半立马停战，在朋友面前装得若无其事。以上两例，都有虚饰成分。但若照实说出自己对饭菜的不满，善意安排的饭局可能会不欢而散；朋友来了照吵

---

1 [美]理查德·尼克松：《领袖们》，第67页。

不误,上门的朋友多半也会被吵架的场面弄得不知所措。若不逢场作戏,俗话说就可能砸场,用社会学术语叫互动崩塌。

逢场作戏,在多数场合是要求当事人对自己的真实感想有所遏制,只对场景表达那些他感到至少暂时能被其他人接受的看法,此即上海人说的"捣捣糨糊"。我们之所以不大能在相逢的"场"上率性而为,是因为这是个社会场,有其场上规则,或曰情境定义。成功的互动必须维持一致的情境定义,不论是真实的还是虚饰的一致,这就要求每个参与者都要把自己的欲望藏匿于他维护情境定义的表述之下,而在场的其他人都感到不得不对场面上冠冕堂皇的表述给予赞赏。

逢场作戏,意味着人在不同的"场合",与不同的人相遇,占据不同的戏份,扮演不同的角色,呈现不同的自我。库利说:"我们羞于在一个坦率的人面前显得躲躲闪闪,在一个勇敢的人面前表现出胆怯,在一个优雅的人眼里显得粗鲁。"[1]我们丰富的自我,并非与生俱来,而是来自人互动的全部场景。

若作戏者不再相信场景定义,互动就难以为继。宗教改革家马丁·路德第一次罗马之行,他跟意大利神父的交往,让他行前的种种幻想很快破灭。在做弥撒时,路德还在念第一遍经书时,意大利神父已经完成了六七遍。还有神父在圣礼进行时轻蔑地说:"这是饼,并且永远是饼;这是酒,并且永远是酒。"圣礼仪式的例行化或许让这些神父变得玩世不恭,但这对青年教士路德来说,直接削弱了他在仪式中体验到的神圣意义。路德后来回忆他

---

[1] [美]查尔斯·霍顿·库利:《人类本性与社会秩序》,第132页。

的这次罗马之行:"原来抱着的是满心的盼望,但结果只落得感喟虚空。"[1]

逢场作戏是一个脑力活,也是一个心力活。我们之所以活得太累,是因为我们进入的各类戏场都有各自的规矩,在观众面前表演,我们必须保持稳定的态度,努力维持一致的戏场定义,这是我们社会化自我的要求。但作为人或人性化自我,我们也许只是为反复无常的情绪和变幻莫测的精力所驱使的动物,稍一任性,就可能砸场。戈夫曼为角色扮演者作的画像可谓传神:

> 不管正在扮演的角色是严肃的还是轻松的,是高贵的还是低下的,人们都会发现角色的扮演者都是一个为他的演出而忧心忡忡、备受煎熬的孤独的表演者。在许多面具和各种角色背后,每个表演者往往都是一种孤寂的神情,一种柔弱的未经社会化的神情,一种全神贯注、独自肩负着艰难而又险恶使命的神情。[2]

表演者之所以战战兢兢,是害怕把戏演砸。如果逢场作戏并非偶一为之,而是如戈夫曼设想的人际互动的一般性框架,避免表演砸场,就比表演有几多真诚几多人为似更为紧迫。砸场的因素很多,如学生未经预约闯入教师办公室,无意间听到教师对学

---

[1] [美]罗伦·培登:《这是我的立场:改教先导马丁·路德传记》,陆中石、古乐人译,译林出版社,1993年,第26—27页。
[2] [美]欧文·戈夫曼:《日常生活中的自我呈现》,第199页。

生品行的私下议论，冒失的学生让平时辛苦建立的师道尊严多少受损；再如举举手走走过场的会场，突然有投票人对待表决的人选或事项当场表达异议，事先安排好的议程就此挂掉。《皇帝的新装》中小男孩说的那句大实话，则是经典的砸场。所有人似乎都相信这出戏，唯有他不想跟着大人们犯傻。逢场作戏，会有真正入戏的，也有纯粹做戏的，如果一丝不挂"盛装游行"的皇帝算是入戏的，那么那两个裁缝就是十足做戏的。戈夫曼分出了两个极端，入戏很深且不知道自己入戏的真诚表演者，和知道自己演戏且或敷衍或作假的玩世不恭表演者，这中间自然可区分不同程度的入戏者和做戏者。确切说，日常生活的戏份，入戏和做戏很难严格区分，多半混合。牧师勉力布道，是为拯救信众还是跻身上层？都有。若牧师总标榜自己因神的召唤而从事神职工作，这往往掩饰了他们以此进入上层社会的从业动机。表演建立的外表（为神工作）因为与事实（向上流动）之间的差异或许会招人诟病，但被社会接受的冠冕堂皇的理由让一些人成为牧师。若求职者公开表明自己是为进入上层社会而谋求神职的，反倒不容易成为牧师。这不是鼓励人做戏更胜于真诚吗？此处引出的问题已经涉及社会戏剧实在性的本体论问题，正是在这里，戈夫曼的观点不仅惊世骇俗，更具革命性。

第一，互动表演中最重要的是什么？不是表演的真诚或不真诚，而是表演是让人信服，还是让人怀疑，"无论是诚实的表演者想传达某种真相，或是不诚实的表演者想要制造某种假象，两者都必须用恰如其分的表达来使他们的表演栩栩如生，必须在他们的表演过程中排除一切有可能推翻表演印象的表达形式，小心谨慎以免观众对表演者无意中表露的含义产生曲解"[1]。所谓"恰如其分"、"栩栩如生"、避免曲解等,就是为了维持一个单一的情境定义,"这种定义必须表达,而且是在不顾大量可能的崩溃危险的情况下,来维持这种表达的"。而这表达并维持一致情境定义的互动戏剧,就是"社会生活中那些只要人们彼此直接接触就会产生的实体结构"[2]的关键情节。

第二,实现令人信服的表演,最重要的因素是什么?以演员和骗子为例,舞台上演员表演的角色不是真实的,而骗子用来包装自己的故事和身份也是虚假的。但演员要让观众入戏,骗子要行骗成功,即要成功地扮演这两种虚假人物中的任何一种,"都必须使用真实的技术——就是人们每天都用以维持他们真实的社会情境的那些技术"[3]。如果说生活如戏,不是生活向舞台剧学习,而是所有表演都在向生活学习术语和技术。如果假意逢迎、冠冕堂皇、虚张声势、礼贤下士、善解人意等表达成功地让人信服,其关键并不在于其表达是真诚的还是虚假的,而在于它们正是让人际互动运转起来的真实技术。

第三,真诚的表演,在此社会互动戏中是怎样的作用和地位?它跟客观现实的关系又是怎样的?一个表演者若不能让观众相信他的表演是真诚的,其表演很难成功。但真诚既不是成功表演的充分条件,也不等于客观世界的真实表达。例如,全家人合演一

---

1 [美]欧文·戈夫曼:《日常生活中的自我呈现》,第54页。
2 同上,第217页。
3 同上。

出戏，瞒着病人把病情往轻里说，这表达了真诚的善意，却并未表达真实的信息；再如，深受家长制影响的父母，都真诚地认为自己强加于子女的一切手段都是为子女好，不论这样的真诚是否为孩子所信服，未被说穿的事实却是亲情暴政及对子女控制的满足。戈夫曼对"真诚的表演"之所以并不特别以为然，是因为他相信，"'诚实的''真诚的''认真的'表演与客观世界的关系，也许要比人们通常想象的更加脆弱"。2022年卡塔尔世界杯，摩洛哥队进入小组赛F组第2轮比赛，一球迷高喊："摩洛哥队不怕任何强队，让西班牙队来，让德国队来，让巴西队来，摩洛哥队全拿下。"这个被胜利冲昏头脑的球迷不真诚吗？他的伙伴会不相信他的真诚吗？反之，他若冷静分析摩洛哥队根本无法胜过巴西队，伙伴们反倒要嘘他了。因为冷静也更合乎实际的分析，完全不符合当时的情境要求而不会被人待见。

第四，客观事实，如一个胆小的人，是不是比他将自己装扮成一个勇敢的人的表演现实（fostered reality）更具真实性？例子是我的，问题是戈夫曼提出的。跟表演建立起的印象（fostered impression）有差异的事实（facts，如胆小），是一种不一样的现实（discrepant reality），但它并非一个与互动表演完全无关的事实，它不过是过去的互动建立起的某人给人的印象，而非一个坚不可摧的客观事实，它同样容易被持续的日常互动改变，甚至被破坏。这样来看，被认为是事实的现实和表演建立的现实之间的差异，并不代表真正的现实（real reality）与表演建立起来的现实之间存在根本不同的差异。过去的印象，可以成为今日的事实；而今日的印象，多半成为未来的事实。

至此，人为什么演戏的问题，已经从角色论、关系论和互动论变为实在论，人是在与他人的对手戏中或参与戏班的集体戏剧中创造社会实在，并成为自我的。社会与自我这两个关键词，皆非既定概念。社会不是现成在那里，等着行动者投入其中发生互动。人们只要相遇就必然存在的社会结构，并非一个既定构造，而是靠行动者表演式的互动才涌现和创造出来的。拟剧论的社会构造注定是不稳定的，伯格把社会现实比作栖息在许多个体的演员合作的横梁上，其基础摇摇晃晃。他还有一个更妙的比喻："社会现实似乎是许多杂技演员做高难度的平衡，他们尽力保持社会摇晃的结构的平衡。"[1] 通过伯格的比喻，我们多少理解了戈夫曼的维持社会化角色的自我为什么会如履薄冰、如临深渊而心力交瘁。

自我也非与生俱来的，它是社会的产物。按拟剧论，自我的获得可归结于两个剧班及其表演场景："一个由多人组成的剧班，他们在舞台上的表演连同可以利用的道具，构成了一种场景，这种场景产生出了表演出来的自我；还有另一个剧班，即观众，他们的解释活动是自我的必不可少的条件。自我是所有这些安排的产物，在它的每一个部分上，都带有这种起源的印记。"[2] 自我并非其躯体的所有物，躯体被戈夫曼比喻为只是一个挂衣架，某种合作生产的产品只是暂时挂在它之上。"产生和维持自我的手段并不存在于这种挂衣架的内部，事实上，这些手段经常是局限在社会

---

1 [美]彼得·L.伯格：《与社会学同游：人文主义的视角》，第153页。
2 [美]欧文·戈夫曼：《日常生活中的自我呈现》，第215页。

机构内的。"[1] 戈夫曼的挂衣架比喻，跟薛定谔的画布比喻、侯世达的怪圈比喻等，都是绝妙的天才比喻，它们丰富和深化了人类对自我的思考。

对人为什么表演的创世论（实在论），柯林斯有一段精彩的评价，抄录如下，作为本章的结束：

> 社会现实并不是"在那边的"、固定的，只需要被描述和记录的，它是由个人在应对无限的可能性中构建出来的，这些可能性在不同的时间、不同的地点可能以相互矛盾的方式被实现。这种复数的、上演式的社会现实观是拟剧论革命性突破的本质。[2]

---

1 [美]欧文·戈夫曼：《日常生活中的自我呈现》，第215页。
2 [美]兰德尔·柯林斯、[美]迈克尔·马科夫斯基：《发现社会：西方社会学思想述评》（第八版），第388页。

看清人生荒诞，仍要认真演戏

人类的荒诞感揭示，最早或许是来自古希腊的西西弗神话。西西弗冒犯众神而招致永恒惩罚：他必须把一块巨石推上山，当石头到达山顶时，将再次滚回山下。西西弗日复一日重复此徒劳努力。当他意识到其任务的无意义和命运的确定性时，他也意识到自身处境的荒诞。

无意义永恒循环的神话故事，被美国生物学家爱德华·O. 威尔逊（Edward O. Wilson）用生物学语言重新说了一遍：

> 善于思考的人都知道，他的生命存在于不可理解的方式之中，被生物个体发生学决定，表现为一系列被大致规定了的阶段。他会意识到，怀着人类特有的所有内驱力、才智、爱、自豪感、愤怒、希望，以及焦虑，最终确信不疑的只有一点：他参与帮助着同一循环的永恒延续。[1]

---

1 [美]爱德华·O. 威尔逊：《论人的天性》，林和生、谢显宁等译，贵州人民出版社，1987年，第3页。

萨特说"人是无用的激情",明知无用仍充满激情,如飞蛾扑火,至死方休。人类存在的荒诞命运由此而来。

以上都是形而上的大话,点到为止,算是本章的引子,后面随文再叙。现在转入经验面向,看看被人的激情投入的生活怎么会随处生出荒诞感。

人生中的荒诞时刻

我们都相信,幸福生活跟有意义的生活是分不开的,没有人会认为做无意义的事是幸福的。而意义是做事的人赋予事情的,当我们对所做的事情抱着严肃的态度并投入认真的努力时,事情因此而获得了某种意义。问题是意义能不能被质疑?如果质疑我们加给事情的意义,并发现我们原先所看重者实际上没那么重要,没那么大意义,最终意识到我们先前一本正经做的事没有多少价值甚至没有价值,随之而来的就是一种荒诞感。

以母爱为例。不少中国母亲把自己的一生都奉献给孩子的养育和培养,我们把这样的母爱称为伟大的母爱。把抚养孩子不仅成人而且出人头地当作自己生命的全部意义和价值,对中国母亲来说或无可非议。但若孩子长大后成就平平(多数人如此),更糟的若是孩子长成浪子、逆子,做母亲的会不会怀疑自己的人生毫无意义?如果人生能重来一次,母亲还会不会把自己人生的全部意义都投在孩子身上?

基督教教堂的礼拜仪式用面饼和红葡萄酒作为基督肉体的化身,基督徒一直被教导相信这套说法。马丁·路德讲述他第一次去罗马所发生的事,他满怀着对圣徒的罗马的敬意,但意大利神父的无知轻浮让他惊讶不已。进行圣礼时神父轻蔑地说:"这是饼,并且永远是饼;这是酒,并且永远是酒。"这对于一个虔诚的信徒来说,无疑是晴天霹雳。而路德内心真正的不安,是对圣事效力的怀疑。"假若爬上基督曾经站立过的阶梯,念遍所有规定的祷文,却不能带来什么益处的话,那么另一个所谓指望的根源,原来也不过是虚幻而已。"[1] 路德最终并未走向虚无主义,甚至还成为改教的领袖,这段不堪的罗马之行在青年路德心中引起的幻灭感却是事实。

"戊戌变法"失败后,变法六君子被清廷杀害。菜市口刑场满是围观群众。六君子人头落地时,百姓没有悲伤,而是欢呼、拍掌,往台上扔烂菜叶。若看到他们为之献身的民众如此冷漠和愚昧,六君子会对自己奋斗的事业作何感想?明知可以随康有为避祸日本而免一死的谭嗣同直白心志:"各国变法,无不从流血而成,今中国未闻有因变法而流血者,此国之不昌者。有之,请从嗣同始。"这种义无反顾的精神,自然不曾有半点虚无主义,但今天旁观菜市口旁观者种种作为的我们,难免生出西西弗式的荒诞感。

以上案例的主角,全都抱着严肃的态度,为了他们认为有意义的目标,奉献自己的心血、信仰甚至生命。但最后他们为之奋斗的价值或目标,或遭遇质疑,或为他人所轻视,不由得让人产生人类特有的荒诞感。只有人才有荒诞感,快乐的小猪不会有,痛苦的苏格拉底(Socrates)会有。他为了雅典人的福祉而探求真理,

---

[1] [美]罗伦·培登:《这是我的立场:改教先导马丁·路德传记》,第26—27页。

却被人控告毒害青年，最后被判处死刑。苏格拉底亦有免死的可能，法庭给出的条件是不再从事哲学活动。苏格拉底申辩："只要我还有口气，还能动弹，我绝不会放弃哲学，绝不停止对你们劝告，停止给我遇到的你们任何人指出真理。""把我释放也好，不放也好，无论如何，我是不会改变我的行径的：我行我素，虽百死而不悔！"[1] 苏格拉底感受到的荒诞感是他劝告的许多雅典人业已丧失的。

向死而生的荒诞感

死了死了，一死百了。一切挣扎、努力、梦想、成就、声望、爱情、财富等，其意义和价值全被死亡清零，即陆游哀叹的"死去元知万事空"。这种失去意义的空洞，是人生荒诞感的又一心理根源。

潇洒飘逸、行云流水般的《兰亭集序》书法，不能掩盖死亡思考带给王羲之的沉重幻灭感："向之所欣，俯仰之间，已为陈迹，犹不能不以之兴怀，况修短随化，终期于尽！""死生亦大矣，岂不痛哉！"

念及死亡，金圣叹由感慨一己之无奈联想到无以计数的古人之无奈："细思我今日之如是无奈，彼古之人独不曾先我而如是无奈哉！我今日所坐之地，古之人其先坐之；我今日所立之地，古之人之立之者，不可以数计矣。夫古之人之坐于斯，立于斯，必犹如我之今日也。而今日已徒见有我，不见古人。彼古人之在时，

---

[1] [古希腊]柏拉图：《柏拉图对话集》，王太庆译，商务印书馆，2004年，第40—41页。

岂不默然知之？然而又自知其无奈，故遂不复言之也。此真不得不致憾于天地也，何其甚不仁也！"继而金圣叹愤愤不平，责怪不仁的天地："既已生我，便应永在；脱不能尔，便应勿生。如之何本无有我……无端而忽然生我；无端而忽然生者，又正是我；无端而忽然生一正是之我，又不容之少住……"无端生我又无端灭我，天地何止是不仁？岂非大荒诞？

列夫·托尔斯泰（Leo Tolstoy）的小说《伊凡·伊里奇之死》写了一个小官吏在不经意走向死亡的过程中发现过往生命的无价值。

伊凡·伊里奇家道殷实，一切似乎都令人满意。某日得病，最初未觉多严重，看医生多次，病情并未改善，反而加重，忽才意识到这场病可能夺去他的生命。死亡第一次站到这个小官吏面前。

小说刻画了伊里奇面对死亡所产生的种种心理：恐惧、不甘乃至绝望。滑向死亡，把伊凡·伊里奇从工作和社交中驱逐，回归绝对孤独的自我。死亡启示伊凡·伊里奇，他过往的生活方式没有意义，"他仰天躺着，重新回顾自己的一生。早晨他看到仆人，后来看到妻子，后来看到女儿，后来看到医生，他们的一举一动、一言一语，都证实他夜间所发现的可怕真理。他从他们身上看到了自己，看到了他赖以生活的一切，明白这一切都不对头，这一切都是掩盖着生死问题的可怕的大骗局"[1]。虽然这一迟到的启示对一个垂死之人来说已经不能改变什么了。

伊凡·伊里奇是虚构的人物，但这篇小说是中年托尔斯泰精

---

1 [俄] 列夫·托尔斯泰：《列夫·托尔斯泰中短篇小说选》，草婴译，人民文学出版社，2020年，第514页。

神危机的真实写照。托尔斯泰在盛年时想到自己死亡的前景，他说，"我的全部生命停顿了"，"我似乎是在经历了漫长的生活道路之后，走到了深渊的边上，并且清楚地看到，前面除了死亡以外，什么也没有。欲停不能停，欲退不能退，闭眼不看也不行，因为不能不看到，前面除了生命和幸福的幻象，真正的痛苦和死亡——彻底灭亡以外，什么也没有"。尽管托尔斯泰自认自己的精神和体力在同龄人中少有匹敌者，但不用多久，他意识到：

> 疾病和死亡就会落到（也已经落到）心爱的人和自己身上，除了尸臭和蛆虫以外，什么也不会留下来。我的事业，无论是怎样的事业，会被统统忘掉——或迟或早，连我本身都不会存在。那么又何必忙碌呢？一个人怎能对此视而不见，并且活下去——真令人吃惊！只有陶醉于生命的时候才能够活下去，而头脑一清醒，就不能不看到，这一切都是幻觉，而且是荒唐的幻觉！[1]

意识到死亡令生命的一切努力徒劳，托尔斯泰说他无法再像过去那样活下去，而想到用自杀来结束生命。

托尔斯泰从灵魂深处发出的困惑，我们从法国作家阿尔贝·加缪（Albert Camus）这里听到了呼应："真正的哲学问题只有一个，那便是自杀。判断人生值不值得活，等于回答哲学的根本问题。"[2]

---

1 [俄]列夫·托尔斯泰：《忏悔录》，冯增义译，译林出版社，2014年，第24页。
2 [法]阿尔贝·加缪：《西西弗神话》，沈志明译，上海译文出版社，2013年，第4页。

至深的荒诞感，源自"人生值不值得活"的困惑。

由严肃生活和哲学质疑产生的荒诞感

生活中充满了荒诞情节，死亡让做作和严肃地生活更显荒诞，即便先前做的每一件事都有充足的理由，但辩护之链从人必有一死的终极背景来反观，似乎全都失去了意义。这一从个体生死立场阐发的荒诞观，通不过美国哲学家托马斯·内格尔（Thomas Nagel）的质疑。他反问，如果我们长生不死，那么持续几十年的荒诞人生岂非演变成无穷无尽的荒诞？而永生的假设恰恰使得有限人生中的种种努力和较真都失去意义。荷马史诗中的英雄看得明白："既然迟早要死，我们为何不拼死一战，反把荣誉让给别人？"内格尔论证，我们做的每一件事，并非由无穷之链辩护，而是由其所指向的直接目标来辩护，"整个过程是否能得到辩护，与这些目标的终极性无关。因为头痛服用阿司匹林，参观某位受人崇拜的画家的作品展，阻止一个小孩把手放在炽热的火炉上，全都合情合理，无须作进一步的辩护。无须联系更大的背景或进一步的目标来防止这些行为成为无意义的行为"[1]。

该如何解释我们的荒诞感？内格尔说，我们的荒诞感是一种哲学的荒诞感，它一定产生于对某种普遍的东西的知觉，而使我们大家都感到普遍要求与现实之间不可避免的冲突。冲突是由于，一方面我们对生活持严肃的态度，另一方面，又始终可能把一切

---

[1] [美] 托马斯·内格尔:《人的问题》，万以译，上海译文出版社，2000年，第12—13页。

我们认为严肃的东西,都当作是任意的和可以怀疑的。如果你不能怀疑,当然不会产生荒诞感,认为这一切都是正当的和意义重大的,为什么还要怀疑?我们做事情的时候不需要什么理由,就想去做那些事情。"从外部来看,我们所有的目标和追求的偶然性与特殊性就变得一目了然。但是当我们以这样的眼光去看,并承认我们的行为是任意的时候,它并不使我们脱离自己的生活,我们的荒诞性就在这里:荒诞并不在于可以不让我们有这种外部的眼光,而是在于事实上我们自己能够采取这种眼光,同时仍然是对自己的终极关怀抱有冷静思考的人。"[1]

严肃生活的理由在于,过人的社会生活是一项专职工作,每个人都为之事事关切几十年,"他们在细节上花费了无数的精力,冒了无数风险,做了无数盘算",若不这样严肃生活,人们或将给自己、给他人带来更多麻烦。但除非完全被生活淹没,否则他们会后退一步观察他们自己以及他们投身其中的生活,这时,"他们所用的目光是他们注视着一个蚂蚁奋力向沙滩上爬时所用的那种超然的目光"[2]。虽然他们并不幻想能够马上逃离他们特定的境地,但他们也容易想到,他们现在的职业和生活,并非唯一可能的职业和生活,进而他们或还会想到他们走到今天的种种偶然、机缘和任意。

把一种活法当作天经地义,从未想到另一种活法可能的人,大抵不会产生荒诞感。若能退后一步超然看自己、看世界,则多

---

[1] [美]托马斯·内格尔:《人的问题》,第16页。
[2] 同上,第15—16页。

半会意识到人生原本不止一种活法，世界原本也不止一种图景。两千五百年前古希腊的色诺芬尼（Xenophanes）就已经断言，如果马和牛有手，并能像人那样作画，它们便能画出马形或牛形的神像来。所谓人形的神像不过是人的想象，而非神的唯一图景。当你能发现别处的人的别样生活时，被自己当作天经地义的生活至少就没有那么严肃、那么唯一了，多少是任意的和偶然的。

因为后退和质疑，发现了自己往昔的可笑，而看到他人继续煞有介事地干着在你看来已为可笑的事情，你会油然而生荒诞感。人们爱说，你这人好装啊！装是什么？装就是一本正经地干着不那么正经的事，或明知没有那么正经却仍很正经地端着架势。装的人，多半缺少幽默感，也不大能从自己的装腔作势中看出荒诞来。若我们换一种活法，最后或会发现新活法一样不是天经地义的，新鲜过后仍然会落入叔本华所说的"厌倦"，随厌倦而来的不多不少就是荒诞感了。问题来了，我们能逃避荒诞吗？看穿了生活就是严肃地干着终究可以被怀疑甚至被嘲笑的事，我们还要严肃地生活吗？或还要活出意义吗？或不如改为玩世不恭地活，朝生暮死地活，今日有酒今日醉地活？不，看出生命的荒诞，仍要正经生活。

无论怎样的事业，都不能免于哲学的怀疑

如果说荒诞感产生于我们严肃地投身于生活中的渺小目标或一己一家之安逸，设想当我们转向比自身更大的事业，为社会服务，为国家服务，为历史进步服务时，是否就可以不再对我们投身的事业有所怀疑，从而就能消除荒诞感？

问题是内格尔假设的，也由他来回答："在个体生活的有限目标上引起不可避免的怀疑的东西，在使人们感到生活富有意义的更大的目标上同样会引起不可避免的怀疑。一旦这种根本的怀疑产生出来，它就不可能被消除。"[1] 这种根本的怀疑，是一种哲学的怀疑。它既不是经济学的，也不是社会学的或者其他学科的怀疑和评判。

何为哲学的怀疑？内格尔说："（是）把生活的要求，与一个更大的、其中不可能发现任何一种标准的背景相对照，而不是与一个可以适用其他压倒一切的标准的背景相对照。"[2] 也就是说，当怀疑是哲学的时候，不再有压倒一切的标准与之对抗。任何压倒一切的标准，归根到底也是一个有限标准，照样可以用哲学来怀疑。哲学的怀疑是不把任何标准看成理所当然的公理；哲学总可以后退一步，把先前设为标准的前提看成可以质疑的对象。如果你认为世界上有一个压倒一切的标准，自以为是而不自知，那就无涉哲学的怀疑。福柯在《何为启蒙》一文中说了与内格尔相同的话，所谓哲学的怀疑，"是为了永久地激活某种态度，激活哲学的'气质'，这种'气质'具有对我们的历史存在作永久批判的特征"[3]。

为了消除无意义的荒诞，获得最后的确定感，我们能不能放弃我们的质疑能力，回到前反思的生活，不再做苏格拉底？苏格拉底到处质疑，所以才痛苦。若我们不自寻烦恼，无忧无虑也无

---

1 ［美］托马斯·内格尔：《人的问题》，第 18 页。
2 同上，第 19 页。
3 ［法］米歇尔·福柯：《福柯集》，杜小真译，上海远东出版社，1998 年，第 536 页。

疑问，这样的生活是否就不再有荒诞感了？

不可能！如果我们想拒绝怀疑，拒绝超越，首先要意识到我们有超越能力。当我们说"我不想超越了"，正说明我们有超越能力。因为超越给我们带来痛苦，我们才会想到放弃超越。除非我们完全忘却自己有超越能力，或从来没有这样的能力，但这靠我们的意志是做不到的。

这种超越的能力，也是反省的能力，个体之间是有差异的。不是所有的人都会有荒诞感。有的人就是一根筋地活着，很少去质疑，很少想想自己做的事情是不是有价值，是否值得花那么大的力气、那么严肃地去做。在他们看来，人生就是一种活法，而且理由十足。他们的生活多半是不加思考的，严肃有余，玩世不足。或者他们也想过，只是想不明白。更多的人是被生活限制，想不出还有别的出路和活法。想想又回到例行生活中来，这是一类人。

另一类人，骨子里对人生悲观，看什么、做什么都心存怀疑，能看出一本正经中的可笑。他们即便比别人做得好，也会比别人更看轻自己做的事情，很少有东西能满足他们对最终意义的探求。他们这样悲观，这样消极，会不会有世间严肃的积极成就？人们自然会想到弘一法师。"弘一"是他出家后的法号，人生的上半场他叫李叔同，活得精彩纷呈，到了人生的下半场，则活得非常的沉潜、非常的深邃。他本来生命能量旺盛，所以活得超出常人的精彩，对生命也有深刻的悲悯。他能够看出一切活法无非人生游戏。他是太明白、太有反思能力，才有如此纷繁、如此深厚的人生。

看透严肃生活的荒诞，仍要严肃生活

相信生活有意义、有价值，被哲学家称为人的自然信念。即便哪天看清了自然信念并非那般的绝对和理所当然，但还是不能没有自然信念。看透严肃生活的某种可笑和荒诞，你能不生活吗？确切说你能完全不严肃地生活吗？即使知道学生选课多半是为了混学分，但老师能不严肃地备课和上课吗？即使知道没有多少人观看电视节目，但受访者能随意对待专访，对着直播镜头信口开河吗？明知自己写的书没有几人能一字一句地读完，但作家还是相信"文章千古事，得失寸心知"，会绞尽脑汁，字斟句酌，万分的不洒脱。每个人尽可以降低对自己能力、影响力的评估，甚至不断地部分消解自己的严肃，但这种自我解构不也是自己严肃认可的人生观？

本书经常引用布尔迪厄的观点，布尔迪厄已经奋斗到了学术的顶尖位置。站在这个位置上，他完全可以心安理得地接受台下人们的欢呼和膜拜；也可以利用人们对他的崇拜，传播自己的严肃学问。对此，他不必故作矫情。但他反而利用自己的有利地位，来揭穿把人神化的戏法。在他看来，学术地位的获取过程也是一个体制将特定的人神化的过程。看似庄严崇高，一旦褪去其华美外衣，就暴露出内里的魔法机制。问题是，布尔迪厄是这个魔法机制的受益者，他不去掩饰和维护它，反而要揭穿它。揭示庄严制度的荒诞性，需要的还是一种严肃的态度吧？

内格尔相信，当我们对严肃的事情抱着一种怀疑的态度时，实际上我们就是用理性去看待我们所做的一切。内格尔实际继承

的还是康德理性批判的传统。在理性的法庭上，没有什么东西是可以免去批判质疑的。经过质疑，人们会发现原来庄严的东西变得不再庄严，原来严肃的东西或变得反讽，这就是理性特有的消解既定意义或价值的作用。

但是回到生活中，内格尔相信，支持着我们的信念和行动的，是某种比理性更根本的东西。

> 因为在确信理性无能为力之后，我们还是继续要以原来的方式行事。如果我们试图完全依赖理性，给它沉重的压力，我们的生活和信仰就会崩溃。如果以理所当然的态度看待世界和生活的那种惯性力量多少丧失了，就会出现某种形式的精神失常。如果我们放走了那个惯性力，理性不会把它还给我们。[1]

林语堂在《生活的艺术》中引用学者刘达生给朋友的信，对比了戏子和官员的真假人生：

> 世间极认真事曰"做官"，极虚幻事曰"做戏"，而弟曰愚甚。每于场上遇见歌哭笑骂，打诨插科，便确认为真实。不在所打扮古人，而在此扮古人之戏子。一一俱有父母妻儿，一一俱要养活父母妻儿，一一俱靠歌哭笑骂，打诨插科去养父母活妻儿，此戏子乃真古人也。

---

1 [美]托马斯·内格尔:《人的问题》，第22页。

又每至于顶冠束带，装模作样之际，俨然自道一真官，天下亦无一人疑我为戏子者。正不知打恭看坐，欢颜笑口；与夫作色正容，凛莫敢犯之官人，实即此养父母活妻儿，歌哭笑骂打诨插科，假扮之戏子耳！[1]

需极认真的官事不过是做戏，而极虚幻的演戏却有真意。林语堂转引的这段话，是既要我们看清世间真相，也要我们严肃做人做事。

回到加缪，他把判断人生值不值得活，视为哲学的根本问题。但他拒斥自杀，提倡反抗或嘲弄，即便世界对我们的呼吁听而不闻。如此抗争生活，也能挽救我们的尊严。内格尔的评论很善意："这样做不会使我们的生活变得不荒诞，但会使它们变得高尚些。"内格尔不赞成用英雄主义的或绝望的态度对待我们荒诞的生活，因为他相信："荒诞性是有关我们的最人性的事情之一，因为它表明我们最高级最有趣的特征。像认识论的怀疑论一样，它之所以成为可能，只是因为我们具有某种卓识，具有在思想上超越我们自己的能力。"[2]

---

1 林语堂：《生活的艺术》，湖南文艺出版社，2016年，第45页。
2 [美]托马斯·内格尔：《人的问题》，第24—25页。

游戏的世界

希腊人的游戏精神

自然不游戏，社会世界是游戏的世界。把人的世界的游戏发展为社会与文化理论，德国人齐美尔和荷兰人约翰·赫伊津哈（Johan Huizinga）贡献最大。下面会介绍两人的游戏理论的要点。需要补充的是，这并不代表关于人类活动的游戏性质的思想只是现代观念。古希腊人是古代世界游戏的大玩家。今天地球上亿万人热衷的体育竞技、戏剧表演、节日狂欢等，全都源于希腊城邦生活。即使被认为是一切学问之王的哲学活动，在希腊哲人眼里亦无非智力游戏。让我们先用少许篇幅讲讲希腊人的游戏精神。

体育赛会无疑是希腊人的第一大游戏，这跟希腊人追求卓越（arete）的人生理想密切相关。竞赛既是一种对神的有价值的供奉，也是一种激发和展示人类"arete"的手段。在一个大赛中赢得胜利的人，他的同胞会把他当作英雄来看待，他也几乎真就是一个英雄。希腊人相信荷马诗句"始终做最好的，胜过别人"的观念。"为了表现卓越，人们必须证明他的优秀；为了当之无愧地接受褒奖，必须证明出自己的优点。竞赛就是用来给出优越性的证明。"[1]亚里士多德（Aristotle）把荣誉称作品行的奖章，但他不把荣誉视为品行的目标或基础，而视为它的自然尺度。德行、荣誉、贵族气质和荣耀正是从竞争的领域中开始的，这就是游戏的领域。

对希腊人来说，竞争荣誉的领域，当然不止体育赛会，举凡城邦生活的一切领域都能表现卓越，获取不朽声名。《奥德赛》的主人公奥德修斯就被荷马刻画为一个在所有方面均有卓越表现的人："（他）既是一个伟大的战士，又是一个足智多谋的策划者，同时还是一个机敏的演说家，他勇气十足，充满智慧……他既会造船又会驾船，犁地的功夫不输于任何人，在掷铁饼比赛中击败过一个自吹自擂的年轻人，与费阿刻斯的年轻人较量过拳击、摔跤或赛跑；他会将一头牛剥皮、剁碎、煮熟，也会为一首歌感动得落泪。事实上他是一个杰出的全能者；他的卓越（arete）无与伦比。"[2]

哲学家尼采（Friedrich Wilhelm Nietzsche）说，赫拉克利特（Herakleitos）"把希腊个人和希腊国家所拥有的从竞技场和体育场、艺术比赛以及政治派别和城邦间的较量中得来的竞赛思想，转化为一种最普遍的思想"，一种永恒的生存与消逝、建设与破坏，"只有在这样的世界中，才有艺术家和孩童的游戏。因此，就像孩童与艺术家在做游戏一样，永恒的活火也在做着游戏，时而建设，

---

[1] ［荷］约翰·赫伊津哈：《游戏的人》，中国美术学院出版社，1996年，第68页。
[2] ［英］基托：《希腊人》，徐卫翔、黄韬译，上海世纪出版集团，1998年，第222页。

时而破坏，纯洁无邪——无限的时间以这种游戏自娱自乐。"[1]

有了以上的段落，《赫拉克利特著作残篇》中，"他将所有的人类意见称作儿童的游戏"的话，当有超越字面的含义。《法律篇》第七卷中柏拉图（Platon）的一段话，可视为对赫氏观点的精当阐释。柏拉图讲了两层意思。第一，尽管人类事务并不值得严肃对待，但仍有必要严肃对之，"一个人须对严肃的事物持有严肃，而不是相反，只有神才与最高的严肃性相配，而人是为神设的玩具，对人而言，这已是极佳之事。这样，每个男女都应依此生活，进行最高尚的游戏，达到有别于他们当前的另一种心灵状态"。第二，游戏是生活之正道，"生活应当如同游戏，玩确定的游戏，献祭、歌唱、舞蹈，这样一个人将能慰藉众神，确立自身，反对敌人，在竞赛中获胜"。[2]

希腊人的生活和希腊人的生活哲学，都让我们相信游戏的世界古已有之。

HOMO LUDENS（游戏的人）

把游戏发展为社会理论和文化理论的，是齐美尔和赫伊津哈。齐美尔的游戏理论发表在论文《社交社会学》中，赫伊津哈则写了本《游戏的人》。概括起来，作为社会与文化理论的游戏理论有

---

[1] ［德］尼采：《希腊悲剧时代的哲学》，李超杰译，商务印书馆，2020年，第32、38页。
[2] ［古希腊］柏拉图：《法律篇》，张智仁、何勤华译，商务印书馆，2016年，第220页。此段两处引文摘自［荷］约翰·赫伊津哈《游戏的人》，第236页。

以下几个要点。

第一,游戏是一种非功利活动,是摆脱物质噪音(齐美尔)或与物质利益无关的(赫伊津哈)自由活动;在为生存所必须从事的工作的意义上,游戏是"不严肃"的,因而也是独立于日常生活之外的。

齐美尔在社交性世界中发现了卸下一切重负,以人类本来的面目进入与他人纯粹意义上的自由互动,"在这个社会中,个体快乐总是依他人的快乐而定;也就是说,没有人能以使他人经受缺失为代价来获得自我满足"[1]。

社交中的卖弄风情,是齐美尔所举的游戏例子。原本恋爱以获取异性为目的,驱使它追求异性的动机是性欲。但若一旦进入社交圈,这个终极目的就要被杜绝,"男女间心理上的相互吸引与周旋得以独立开来,并被喜闻乐见。性欲变为展露风情,社交场上反复上演的是一出出的诱惑与拒绝、仰慕与谦恭、魅力四射与谨慎得体的社交演技。比起不解风情的诚实,优雅的谎言更受尊重;比起真情的倾吐,机敏的口才更被称赞。这样一来,恋爱关系就从两个异性间的封闭关系中被解放出来,以一种温润艳丽的情调洋溢在整个社交界"[2]。结论是,在社交性的社会学标志下,"卖弄风情只是一场游戏或是讽刺剧。与其相随的是性欲冲动从其物质的、个人化的内容中提炼出互动的纯粹本质"[3]。

---

1 [德]齐奥尔格·西夫尔(即格奥尔格·齐美尔):《时尚的哲学》,费勇译,文化艺术出版社,2001年,第20页。

2 [日]山崎正和:《社交的人》,第31页。

3 [德]齐奥尔格·西美尔:《时尚的哲学》,第23页。

第二，游戏是一种"装扮"活动或一种"装假"意识，仪式的主持者、舞台上的演员、广告模特等，都是装扮者。所有的象征角色，如代表团体、机构、抽象原则或超验界的象征角色，都是装扮者。牧师宣称他们是天国和人间的中介和信使，没有比这更夸张的海口了，在场的信众多半也假装相信牧师的装扮，这就是宗教游戏。若有人扫兴，来戳穿这一假装的游戏，像马丁·路德第一次罗马教会之行所遇到的自砸场子的教士，这游戏就没法玩下去了。游戏的假装性是所有当事人都要努力维持的。

游戏的假装性，是因为"游戏不是'平常的'或'真实的'生活。毋宁说它走出'真实'生活而进入一个暂时的别具一格的活动领域。每个小孩都明白他'只是在装假'，或说这'只是玩玩'"[1]。齐美尔说得更直白："在游戏过程中，每个人都假装与别人平等，每个人都假装尊重所有其他人。这场游戏与谎言的距离，与戏剧或艺术与现实之间的距离是一致的。"[2]

正是装扮，让游戏非同寻常的本性暴露无遗，"化妆和蒙面的某人'扮演'（play）另一个人、另一个存在。他是别人"。这不正是戏剧的功能性特征？戏剧扮演行动（playing）因此而永远保持着与游戏的联系。赫伊津哈说："这种难分难解的联系在语言自身中就能体现出来，特别是拉丁语以及由拉丁语派生出来的语言。""'戏剧'（drama）被称为'play'，戏剧表演被称为'playing'。"[3]

---

1 [荷]约翰·赫伊津哈：《游戏的人》，第9页。
2 [德]齐奥尔格·西美尔：《时尚的哲学》，第21页。
3 [荷]约翰·赫伊津哈：《游戏的人》，第160页。

虽说游戏只是一种装假的意识,让游戏有自低一等的感觉,但无论怎样都不妨碍它拓展或表现严肃性。不妨以电影《楚门的世界》为例。故事发生的海景镇,其实是一个人为布置的电视真人秀摄影大棚,除了主角楚门外,楚门在生活中遇到的所有人都是配合他生活、工作、娱乐的演员。楚门最后才醒悟自己三十年来一直生活在一个被人精心编织的装假世界中。编剧将世界和人际缺少真实性的困境戏剧化,痛切表达了我们对实在的追求和困惑:我们生活的世界还有真情、真相吗?剧终时,对想要走出秀场走向真实世界的楚门,真人秀导演说了一段耐人寻味的话:"外面的世界并不比我为你虚构的世界更真实,同样充满谎言,同样虚伪。"这番捅破窗户纸的话,怎么听都不像是戏言。但为什么还要另外人造一个虚假和虚伪的世界?是为了楚门在这个一切皆被操控的世界里不害怕(导演语)?或为了创造可控的世外桃源?或为了实验在真实世界里无法实现的别的什么?这些开放的问题正是一部剧中剧引出的,也是此虚构的严肃性。

更严肃的思考是,围绕表演展开的戏剧,并不只是对真实生活的简单模仿和装扮,而是对理想生活的想象性创造,并将观众的情感提升到一个新的状态。卡西尔对比了生活的悲剧和表演的悲剧分别对人的情感的不同影响,"那些在现实生活中必须经历我们在欣赏索福克勒斯或莎士比亚的悲剧所感受到的那些情感的人,将不仅被这些情感的力量压迫,而且被这些情感压倒和毁掉。但是在艺术中,我们就不会面临这些危险。我们在这里感到的是没有物质内容的纯粹的情感生活。我们激情的重担从肩上放下来,留下的是内部情感,是没有重力、压力和重量的激情的起伏波动……在艺术中，激情像突然被改变了性质，变为主动状态。它不仅是一种情感状态，同时含着一种观照活动。艺术不是用语词或图像的幻象来欺骗我们，而是请我们进入它的世界——纯粹形式的世界来陶醉我们。用这种特殊的媒介，艺术家重构了世界"[1]。还有比这更严肃的虚构吗？

第三，人类的神圣活动和人的心醉神迷的状态，都跟游戏难解难分，"从形式上来说，标举出一个空间用于神圣意图和用于纯游戏意图并无区别。赛马场、网球场、棋盘和跳房子在形式上与庙宇和巫术法场难以区分。全球各地的神圣仪式之强烈相似，表明这样的习俗肯定植根于人类心灵中一块基本的原始之地"。人心中深藏着关于事物神圣秩序的意识，在游戏中找到了它最初的、最高的也是最辉煌的表达。"渐渐地，神圣活动的意义渗透到游戏近里，典仪嫁接于其上，但那原初的东西仍然是游戏。"[2] 儿童游戏近于忘我状态，我们甚至可说近于神圣状态，但他们玩，并且知道是玩。运动员以全部狂热投身于赛事，但他明白他是在游戏。舞台上演员表演戏中角色，譬如《哈姆雷特》中的奥菲利娅，她入戏之深，甚至达到了萧伯纳（George Bernard Shaw）对于演戏本质的定义：观众不再把她当作奥菲利娅，而是认为奥菲利娅就是她，但她总会意识到她在戏中。小提琴手演奏时，其精神可以高飞到超迈俗世的王国，但他能一直看见眼前的观众。

反过来说，游戏中人也最容易进入忘却身心的状态。尼采将

---

[1] ［德］恩斯特·卡西尔：《语言与神话》，第144页。
[2] ［荷］约翰·赫伊津哈：《游戏的人》，第19—20页。

这视为仿佛接触了酒神的魔力，如同一阵狂飙席卷走一切衰亡、腐朽、残破、凋零的东西，"看到仿佛从金光灿烂的沉没处升起了什么，这样繁茂青翠，这样生机盎然"[1]。游戏人的兴致不只卷入紧张，也进入高昂，"浮兴和神迷（frivolity and ecstasy）是游戏运作的一对支柱。"[2] 人在游戏中感觉被强力、创造力和命运的启示俘获，故为之震撼，陷入狂喜。

第四，游戏是成为某种事物的竞争或对某种事物的表现。赫伊津哈将两者合称为："游戏'再现'（represent）某种竞争，或是成为某种事物最佳再现的竞争。"[3] 赫伊津哈认为，竞争和表现并非人类特有的心理和行为，也是动物本有的特征，如表演、展览、挑战、夸示、炫耀和自欢、装假和遵守规则等，在种属上和人类相隔很远的鸟类居然也与人类有如此多的相同之处。赫氏的结论自然是"作为娱乐的竞赛和展览不是从文化中产生，它们实在是产生于文化之前"[4]。竞争和表现的游戏在人类这里当然已经成为文化，但它源于霍布斯所说的人人追求超越他人的优越性的原始激情，受其驱使，人将一切活动变成了竞争和表现的游戏：

> 出人头地的欲望有各种表现形式，只要社会为它提供机会。人类争优夺魁的方式就像被争夺的奖品一样，

---

[1] [德]尼采：《悲剧的诞生：尼采美学文选》，周国平译，生活·读书·新知三联书店，1986年，第09页。

[2] [荷]约翰·赫伊津哈：《游戏的人》，第23页。

[3] 同上，第15页。

[4] 同上，第50页。

各不相同。胜负可以由机遇、体力、敏捷度或者血腥搏斗来决定,当然也有勇气、耐力、技巧、知识、吹牛和要狡猾方面的竞争。有时竞争要求双方进行力的较量,有时则要求提供艺术样品,有时又可能要铸刀造剑或者创造巧妙的韵律。[1]

将一切活动都变成胜负角逐和表现的世界,或就是游戏世界的含义。

游戏世界和游戏精神

当我们说社会是游戏世界时,是在两种意义上说的:字面意义和比喻意义。符合本章第二节概括的游戏定义,或一点或诸点或全部的,属于狭义的游戏,如各种竞技(以体育为主,包括以电子设备为工具的电竞和各类智力竞赛)、戏剧和各类表演(包括魔术)、博彩(包括与运动项目结合的投注)、节庆活动以及其他娱乐活动。广义的游戏是从基于规则的竞争扩展出来的,举凡一切具有竞争意涵,又非涉及道德的活动,都可比喻为游戏。游戏的隐喻无处不在,今日世界的一切法律规章,小到班委会的选举规则、机构的面试条例、军营的作息制度,大到世界银行的投票权比例设置、联合国大会的决议通过程序等,可一言以蔽之,皆为游戏规则。

---

[1] [荷]约翰·赫伊津哈:《游戏的人》,第286—287页。

将游戏规则、游戏精神推广，社会生活的一切领域，莫不可谓人类创造的游戏。古典学者视近代以前的战争为人类游戏，当然，他们不认为现代战争是游戏，因为进入现代后，国家控制工业化军事力量，军备竞赛出了总体化战争。

科学本身不是游戏，尽管科学家个人可以抱着为科学而科学的游戏精神。哲学家怀特海（A. N. Whitehead）说"无情的必然性充满了科学的思想。物理的定律就等于人生命运的律令"[1]，但科学活动也是人类智力的竞赛，科学发现的报告和确认服从游戏规则。这一规则只承认最先发表人，而不会让后来者居上。以遗传学为例，孟德尔（G. J. Mendel）通过豌豆杂交实验发现了遗传规律，但几十年内遭到冷遇。三十年后，荷兰人雨果·马利·德·弗里斯（Hugo Marie de Vries）在不知道孟德尔工作成果的情况下独立获得了与孟德尔相同的发现，但在发表论文前他看到了朋友寄来的孟德尔的报告，第一眼就让他有种似曾相识的感觉，"仿佛一股让人无法躲避的寒流贯穿他的脊髓"。恐慌之余，弗里斯匆忙发表了相关论文，"并且在内容上刻意回避孟德尔之前取得的任何成果"[2]。其后他又发表了两篇相同发现的论文。"研究成果被重新发现一次可以反映科学家的先见之明，而被重新发现三次则着实是对原创者的一种鄙夷不屑。"[3] 有学者挺身为孟德尔打抱不平，弗里斯最终承认自己只是扩展了孟德尔的早期工作，黯然退出了这场发现权归属的竞

---

1 ［英］A. N. 怀特海：《科学与近代世界》，何钦译，商务印书馆，1989年，第11页。
2 ［美］悉达多·穆克吉：《基因传：众生之源》，马向涛译，中信出版集团，2018年，第52—53页。
3 同上，第54页。

争。勉强说科学是游戏，指的不是科学研究本身，而是科学成就的社会加冕规则。

把社会分层说成游戏无疑也是从规则上引申出来的。不同时代不同制度不同社会，会以不同的适者标准来分配人的地位。在宗法社会，血缘和年资最大，地位基于论资排辈；在工商社会，知识和技能最大，地位基于学历文凭；在革命社会，意识形态最大，地位基于政治忠诚。进化论的适者生存，在社会世界一样通行，只是何为适者，取决于社会文化和制度定义。成为自己所在社会的适者，就是出人头地之路，就是游戏的玩法和人生胜负的决定机制。

除非你把社会分层体系的本质看成一场化装舞会，否则你就不可能懂得社会分层。社会学家伯格的这一金句，半是戏谑，半是严肃。且不说我们各自通过怎样的分层游戏，进入或爬上社会的某个位置，当上校长或经理或警员或教练的我们，为了名副其实，为了符合社会对自己的期望，难道不是整日都在操心怎样演好自己的角色，包括怎样的装扮、语调、表情、做派。化装舞会的比喻，重点在于，我们在社会结构中的身份表现，代表的是我们的社会化自我，多少不同于我们的人性化自我，前者一定是需要努力装扮、卖力表演的。

今天的世界，一方面是越来越游戏化，或说好玩的事和玩家越来越多。就字面意义上的游戏而言，目前市场最大的是游戏产业，2023年全球游戏产业的市场价值超过1万亿美元，"游戏"卖出3亿件，游戏玩家超过30亿，而全球总人口为80亿，游戏原以未成年人为主力玩家，而专家断言如今四成成年人成为玩家。今天的电子游戏,是赫拉克利特不可想象的,也是赫伊津哈所不曾预见的。它创造了游戏的新形式和新规模,在线游戏是个人跟编程游戏玩,但仍然给个人发挥留下空间。电子游戏能玩出古典游戏的人格和社会化成就,多半是被质疑的,也存在争议。玩游戏长大的千禧一代、Z世代,他们对工作、生活、友谊、婚姻、信仰等的看法,多大程度上受到其游戏经验的影响,理应是今日社会学研究的课题。

另一方面,电子媒介和数字技术的发明和发展,既给最近一百年的游戏提供了新的媒介,也给人类文化发展带来了新的问题。这里仅以电视为例。美国学者尼尔·波兹曼(Neil Postman)的《娱乐至死》一书是对电视将人类几乎所有活动都变成娱乐过程的分析。电视让我们和这个世界保持着交流,在此过程中,电视一直保持着一成不变的笑脸,"问题不在于电视为我们展示具有娱乐性的内容,而在于所有的内容都以娱乐的方式表现出来"。也就是说,娱乐成为电视上所有话语的超级意识形态,"不管是什么内容,也不管采取什么视角,电视上的一切都是为了给我们提供娱乐"[1]。提供纯粹的娱乐可能是电视最大的好处,令波兹曼不满的是,"它最糟糕的用处是它企图涉足严肃的话语模式——新闻、政治、科学、教育、商业和宗教——然后给它们披上娱乐的包装"。波兹曼说他忧心的问题正是阿道司·赫胥黎(Aldous Huxley)在《美丽新世界》中提出的:"人们感到痛苦的不是他们用笑声代替了思

---

[1] [美]尼尔·波兹曼:《娱乐至死》,章艳译,中信出版集团,2015年,第106页。

考,而是他们不知道自己为什么笑以及为什么不再思考。"¹《娱乐至死》的主题,点出了波兹曼的真正忧虑:"如果文化生活被重新定义为娱乐的周而复始,如果严肃的公众对话成了幼稚的婴儿语言,总而言之,如果人民蜕化为被动的受众,而一切公共事务形同杂耍,那么这个民族就会发现自己危在旦夕,文化灭亡的命运就在劫难逃。"² 不论波兹曼是否危言耸听,他提出了真正的问题:娱乐的人类如何能保持文化的生机?

娱乐性本是游戏题中应有之义,所以,问题不是娱乐性,而是游戏的娱乐化。我们要重温赫伊津哈。游戏表征人类的自由维度,是人在经验世界中创造超越经验的活动、体验和作品。娱乐文化的批评者痛心人类的一切严肃事业被娱乐化,艺术、哲学、政治、科学都失去其专业的严谨、品质的精美、知识的尊严和理想的超越。娱乐化让游戏不可爱也不好玩。

以哲学为例,哲学可能是人类最烧脑的游戏,这是哲学最严肃或最正经的品格。哲学家可能是人类中最喜欢在概念上死抠字眼的不那么可爱也不那么好玩的人。但哲学的确是好玩的,不过也非始终好玩。宋明时期的儒学大家,争辩天理到底是性还是心,争论不休几百年,各方都钻了牛角尖,就不大好玩了,多少有悖哲学游戏的超越品格。但也正是这些创立了理学、心学的哲人们,最终还是看清这一切论辩毕竟都是人为思辨。看清各家论说都是有限的形上学游戏,超形上学的觉知便呼之欲出。理学家程颐不

---

1 [美]尼尔·波兹曼:《娱乐至死》,第194页。
2 同上,第186页。

是说:"至微者理也,至著者象也;体用一源,显微无间。"形而上的理和形而下的象只是一源,并非对立两造。心学大师王阳明不也说:"自其形体也,谓之天;主宰也,谓之帝;流行也,谓之命;赋于人也,谓之性。主于身也,谓之心……名至于无穷,只一性而已。"天、帝、命、性、心者,只是本体在不同语境下的不同用语。超形上学的觉知,就是庄子所谓道的觉知:"以道观之,物无贵贱;以物观之,自贵而相贱;以俗观之,贵贱不在己。"原来事物的贵贱划分进而各家各派的自贵而相贱,皆由执着一己之立场所致,道的观点在这里就代表了超越低层次游戏的超级游戏视角。就看穿语言游戏而言,佛家也是超级玩家。《大乘起信论》云:"是故一切法从本以来,离言说相,离名字相,离心缘相,毕竟平等。"所以要离言、离名、离心,在于一切法之本原是非言非名所能达及的。又云:"言真如者,亦无有相,谓言说之极,因言遣言。此真如体,无有可遣,以一切法悉皆真故;亦无可立,以一切法皆同如故。当知一切法不可说,不可念,故名为真如。"[1]论及一切现象之本质的真如,不过是以"真如"一词排遣所有言说,说到不能再说。以上佛道两家的论说表明,它们既有一套自家繁复的形上学的论辩,也有超越自家论说的超形上学的吊诡。何为超形上学吊诡?傅伟勋说:"超形上学的吊诡了悟所凭借的是能够彻底破除哲学思维上二元对立——体用对立、有无对立、心物对立、一多对立、生死对立、生死涅槃对立、天人对立、顿渐对立等——的无心(庄子)或无住心(大乘佛学)。此无(住)心能从包括佛

---

[1] 杜继文译注:《大乘起信论全译》,巴蜀书社,1992年,第87页。

道二家形上学在内的一切名言思念完全解放出来……佛道二家尽除人为思辨,如实知见地建立各别的形上学,而同时承认各所建立的形上学仍是高层次的'人为思辨',故而消解之为超形上学的吊诡。"[1] "人为思辨"是游戏,无论如何高级,无非理解和表达世界的方便设施,是人为游戏。能一边玩着概念游戏,一边反思概念或语言的有限,不正与看清世界荒谬仍继续清醒生活下去的精神同出一源?不也正是人类游戏本具有的超越品格?

回到游戏性质的思考。波兹曼批判的焦点是娱乐化侵蚀了人类精神创造的严肃性,而严肃二字也正是赫伊津哈反复致意的焦点。"何为游戏?何为严肃?"这两个问题在赫伊津哈的脑海中纠缠交织,让他感到头晕目眩。《游戏的人》开篇即说,游戏在道德范畴之外,就其本身而言,它既非善亦非恶。如果我们必须辨别我们的行为究竟是严肃的职责还是合法的游戏,道德良心就会立即树立起标准,"一旦真理与正义、同情与宽恕影响了我们行动的决心,我们焦恼的问题就立即失去了全部意义"[2]。比游戏是否严肃的概念辨析更重要的是,游戏是否有益于人类道德的严肃和健全,这是赫伊津哈的回答,也是波兹曼的回答。

---

[1] 傅伟勋:《从西方哲学到禅佛教》,第48—49页。
[2] [荷]约翰·赫伊津哈:《游戏的人》,第237页。

肆

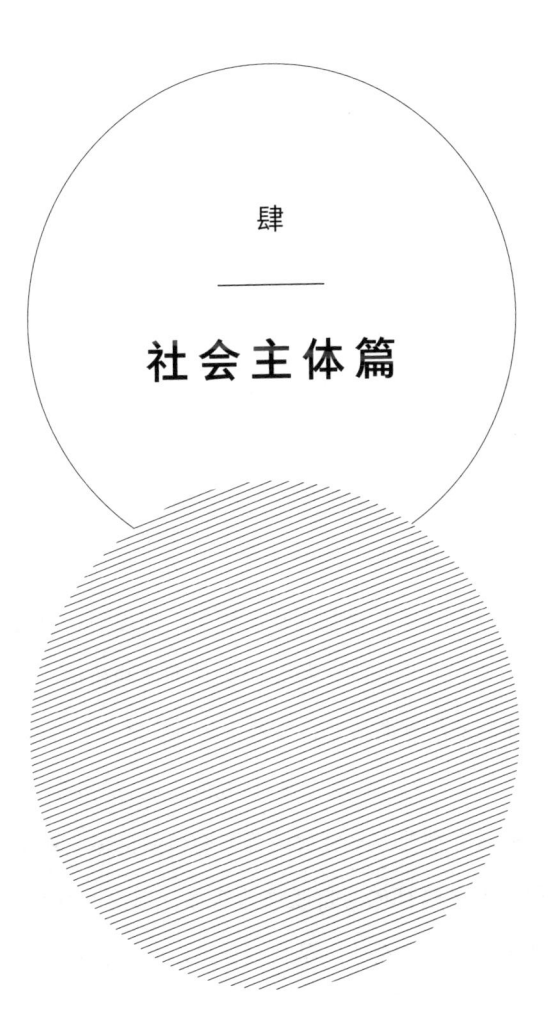

社会主体篇

主体或自我存在否？哲学家和社会学家都有提出疑问甚至否定的。怀疑论者中最著名的当数休谟，他的经验论太强太狠——凡不能在经验中出现的，即无从获得直接印象的，都不能断定其存在——因此，没有自我，有的只是一堆印象。物理学家薛定谔同样怀疑自我作为实体的存在，认为自我顶多可比喻为一块画布，人的经历在画布上留下笔触和情节，刮去画布上个人经历的表达，自我还剩下什么？社会学家，无论眼睛盯着人还是盯着结构，几乎全都否定实体自我。结构主义自不必说,本体论的存在只在结构，自我无非结构力量塑造的作品，结构改变，主体也将改变，自我没有本体论地位。观念论或互动论不相信有一与生俱来的自我，自我属性不是写在基因里，而是写在社会互动刻写的乐谱里，反映的是特定的文化期望和价值。离开了一切具体的人际互动和社会关系，自我只是一个抽象概念，没有任何可把握的具体规定性。自我的肯定,最多来自社会，所谓社会重要性虽亦是社会人为，却也是最多人类乐此不疲并活出意义的标的。自我虽非实体，活出怎样的自我，是本真的还是非本真的，是大我还是小我，却是存在论的第一议题。儒释道三家都主张活出真我。离开社会,是否还能活出真我?社会学或无可奉告,因为社会学只说三界之内的"自我"。

身体自我

顶尖神经科学家告诉我们,大脑组织由一大堆决策中心组成,像互联网一样,它似乎没有"老大"。但对常人来说,我们有一个"自我"做出所有行动决策,这个信念始终挥之不去。加扎尼加说:"这是一种压倒一切的强大幻觉。"[1]质疑"我执"的虚幻,两千多年前佛家就开了头。休谟怀疑自我的实在性,理由倒不是自我是虚幻的,而是人无法在经验意义上感知到自我的存在。在建构论社会学看来,若持有和相信幻觉的人足够多,幻觉一样可以有实在的力量。佛家学说千言万语,归结起来就是以"诸法无我"来破除我执。佛家的理想很高,但实现也难。笔者更相信加扎尼加的断言:这种幻觉几乎无法被撼动,但也几乎没有任何理由来撼动它,"因为它一直好好地为我们效力"[2]。

今日德国的新锐哲学家马库斯·加布里尔(Markus Gabriel)继承了"自我是一种幻觉"说,但他的立场不是要否定自我的实在性,而是要把自我跟大脑和身体切割开来,"人绝不等同于大脑,

---

[1] [美]迈克尔·S. 加扎尼加:《谁说了算?自由意志的心理学解读》,闻佳译,浙江人民出版社,2013年,第69页。

[2] 同上。

也绝不等同于他们现在、过去和未来的身体"[1]，以确立自我的精神实在性。加布里尔不相信对自我的生物学解释是充分的，不然，"我们就把我们天生作为某种特殊的精神性生物所必需的生物或自然条件，与历史上出现的我们对自己的描述元素混为一谈"[2]。混为一谈固然有误，但把生物维度仅仅视为条件，而非自我的分析要素，也非周全之论。

身心逻辑：合一与匹配

加布里尔之论，无法解释人的身心合一状态。身怀绝技者，无论是写书法的，还是打球的，当他们表现最佳时，无不进入一种忘我境界，也即身心合一境。下面这段话，是迈克尔·乔丹（Michael Jordan）的教练菲尔·杰克逊（Phil Jackson）在他的《神圣循环》一书中描述的篮球运动员打出最好球时的身心状态：

> 篮球是一场复杂的舞蹈，需要将注意力以光速从一个对象转移到另一个。如果想要表现突出，你需要保持大脑清醒，全神贯注于场上每个人的行动。秘诀是不要去思考。这可不是说让你变得笨拙迟钝，而是意味着要让无穷无尽的繁杂思想平静下来，这样你的身体才能本

---

[1] [德]马库斯·加布里尔：《我非我脑：21世纪的精神哲学》，王培译，重庆出版社，2022年，第62页。

[2] 同上，第255—256页。

能地做出训练中学会的动作,而不会被意识妨碍。我们都曾感受过身心合一的瞬间……如果我们完全沉浸于这样的时刻中,就能与现在正在做的事情融为一体。[1]

这是带领芝加哥公牛队多次获得NBA总冠军的王牌教练的经验之谈。面对篮球场上打得正猛的球员,谁能分得清是大脑清醒的我在打球,还是激素爆表的我在打球?

身怀绝技者毕竟是人中龙凤,身心合一也非想来就来,普通人日常生活的身心逻辑又是怎样的?布尔迪厄将身体带回社会分析中,批评观念论社会学忘记了最严肃的社会命令不是针对心智的,而是针对身体的,身体被视为一个记号:"男性特征和女性特征培养的根本点倾向于以走路、言谈、举止、观看等姿态,将性别之间的差异纳入身体之中(尤其通过衣服)。"[2] 也就是说,性别意识,既是心智的自我理解,也是身体的自我表现。布尔迪厄还以体育运动为例,说明资产阶级需要通过怎样的运动姿态来表达尊严和身份。此段引文不短,但值得在这里全文引出:

我们可以提出一条普遍的法则,即一种体育运动越不排斥与身体的关系中最深层和最深层无意识的东西,也就是身体概貌,这种运动就越有可能被一个社会阶级

---

[1] 转引自[美]提摩西·加尔韦《身心合一的奇迹力量》,于娟娟译,华夏出版社,2013年,第176—177页。

[2] [法]皮埃尔·布尔迪厄:《帕斯卡尔式的沉思》,第165页。

的成员接受，因为身体概貌容纳了整个世界观、整个人格和身体特有的哲学。因此，一项体育运动在某种程度上会预先倾向于资产阶级用途，若这种运动要求的身体功用丝毫不侵犯个人的强烈尊严感，因为这种尊严感不让一个人将身体投入采用前锋战术的橄榄球的无名争斗之中，或投入损害个人尊严的田径比赛中，而是要求一个人一心让他人承认他的权威、尊严或高雅的不容置疑的表象，把身体当作一种目的，把身体变成一个表现他个人的自如的一个标志：资产阶级举止的最典型风度是把风格置于首位，它可以通过动作、步态的某种幅度尤其是一种克制的、节制的和坚定的速度被辨认出来，这种幅度通过在空间中占据的地位表明一个人在社会空间中占据的地位，这种速度与民众阶级的匆忙或小资产阶级的急切截然相反，体现了资产阶级使用语言的特点，在这种速度中显示出有理由从容不迫和占用他人时间的自信。[1]

这里若用身心合一来形容布尔迪厄笔下正在运动的资产阶级，多少有一点夸张。但一个上流社会的体面人，若运动起来，就该有这样的自如、克制、幅度和从容身姿。岂止他本人这样想，旁观的平民不也如此想？

摆脱身体纠缠的自我，多少是贫乏的。如此看来，美国心理

---

[1] [法]皮埃尔·布尔迪厄：《区分：判断力的社会批判》（上册），第336—337页。

学之父威廉·詹姆士提出的多元自我说至今仍不失为一个周全的框架。这里的讨论是由加布里尔的议论引起的,我们也乐意重点关注詹姆士的身体自我说,这或可视为与加布里尔的对话及对布尔迪厄的呼应。

詹姆士的多元自我说

詹姆士的自我学说包括纯粹自我和经验自我两部分。他把探寻个体统一性之内在核心的自我学说,如灵魂说、联想说和超验自我说,都视为关于纯粹自我的学说。他对纯粹自我的定义是:"自我就是不断更新的回忆,并占有过去之当事思想。"[1]而身体我、精神我和社会我则为经验自我范畴,后者构成詹姆士的多元自我说。

这是一个极其开阔的学理框架,下面是詹姆士的一个总括说明:

> 一个人的自我,就它的尽可能最广的意义说,是一切他能够叫作"他的"之总和,不特包括他的身体和他的心理能力,而且包括他的衣服和他的房屋,他的妻室和儿女,他的祖宗和朋友,他的名誉和成绩,他的地产和马,以及游船和银行存款。这一切使他引起同样的情绪。假如这些生长繁荣,他就觉得胜利;假如缩小消灭,他

---

[1] [美]詹姆士:《心理学原理》(选译),唐钺译,商务印书馆,1963年,第217页。

就觉得沮丧。[1]

这段话已经包括了詹姆士的三元自我要素：身体、财产及其家人属于"物质自我"，朋友、名誉归入"社会自我"，心理及一切主观体验则是"精神自我"。

心理学家谈主观心理，是看家本事。"精神自我"，就它属于"经验的我"而论，"是指一个人的内心的或主观的存在，具体说，是他的心理官能或倾向……这些心理性向是自我的最持久最密切的部分，我们显得最实实在在的就是这些"。詹姆士又说，"我们的精神自我就是我们私人意识的整个流"，"是一种反省作用，是'我们放弃向外看的观点而变成能够设想纯粹主观性，能够设想我们自己为思想者'这件事的结构"；反省下来，"它是欢迎或拒绝者。它领导对感觉的接知作用，并且由于它给与不给与同意，它能影响感觉所常会唤起的动作。它是兴会之中心——并不是适意或痛苦的，也不是快乐与痛苦本身，是在我们内心而为苦乐和快意的与痛苦的事物所感荡的那个。它是努力与注意之来源，并且是意志的命令似乎由之发出的地点"。[2]它经验一切却不是一切具体之经验，这不就是"I"（自我）？詹姆士说"最好用第一人称说"正是此意！精神自我就是自我的动力学。

詹姆士用了三个关键词来说明"社会自我"：他人的注意、注意人的数目和声誉。一个人的社会自我是以他从同伴那里得到的

---

1 [美]詹姆士：《心理学原理》（选译），第142—143页。
2 同上，第147—149页。

注意来定义的。声誉或人格说的是这样一个过程：个人通过想象他人如何评价他，以及他所看重的那些人对他所作所为的某种期待，产生了他的自我认同感。注意人的数目，涉及尊重他的人分属多少不同的人群，这个人就有多少不同的社会自我。本节的重点是詹姆士的身体自我，此处对社会自我说点到为止，我们会在下一篇中专节讨论。一流的心理学家詹姆士是美国互动论社会学最重要的影响来源之一，下面的物质自我的学说，与其说是自然论的，毋宁说是互动论的。

在"物质自我"中，詹姆士列出了身体、衣服、嫡系亲属和家：

> 身体是我们每个人的物质自我的最内心部分；并且身体的某些部分似乎比其余部分更亲切是我们的。其次就算衣服。那句老话，说人由三部分——灵魂、身体和衣服——合成，并不只是一句笑话。我们认我们衣服是体己的，并且觉得我们与它一体……再次，我们的嫡系亲属是我们的一部分。我们的父母，我们的妻儿，是我们的至亲骨肉。假如他们死了，就是我们自己的一部分被消灭了。假如他们做任何错事，就是我们的耻辱。假如他们被侮辱，我们就像我们自己被侮辱那样容易生气。

存在主义将他人视为自我不可企及的超越存在，詹姆士将（重要的）他人看作自我的构成部分，这已经包含社会自我的信息。

> 再次就是我们的家。它的景物是我们生活的一部分，它的外观唤起极温柔的爱情。假如有生客来到我们家里，对它的布置挑剔或是轻蔑，我们就不容易饶恕他。[1]

"物质自我"的说法，容易让人产生詹姆士将自我物化的误解，实际上詹姆士是将跟自我有关系的人和物人格化了。如将财产放入物质自我中，就是财产的人格化，这和马克思将资本家视为资本的人格化的思想是一致的。

在物质自我的所有事项中，身体是詹姆士真正着意的核心。他说："我们对精神的活动的全部觉感，实际是对身体活动的一种觉感。"[2] 他又说："一个人最着实的自私，就是他身体上的自私；并且他的最着实的自我就是这个自私所关的身体。"[3] 现在再来看詹姆士对纯粹自我的定义为什么只是"不断更新的回忆"，回忆指向的是所有"我的"经验，而这正是詹姆士多元自我说的经验论要旨，结论是：

> 我们重己的情绪之热烈永远不能以一种原始的、中心的自我情感来解释，反之，这些情绪必定是直接针对特殊的不那么抽象并不那么空虚的事物。我们可以给予这些事物以"自我"这个名目，或是可以给予我们对这

---

[1] [美] 詹姆士：《心理学原理》（选译），第143—144页。

[2] 同上，第153页。

[3] 同上，第171页。

些事物的行为以"自私"这个名目,可是无论是在自我上,或在自私上,纯粹思想者都不是主角。[1]

在詹姆士的时代,心理学所进行的最糟糕的尝试就是试图剥夺自我的重要性,詹姆士以自己的卓绝努力对抗心理学对"个人自我"存在的质疑。他若知道今天的神经科学热衷于自我与大脑关系之研究,是欢喜还是悲伤?这些研究的方向或与詹姆士的正相反,其一是加布里尔竭力反对的把自我消弭于神经回路的还原论;其一是关于自我之于神经基础的互动论,后者以美国神经科学家安东尼奥·达马西奥为代表,他的论说可恰当地归入詹姆士的身体自我派,但根据已是新世纪的神经科学了。

神经性自我的身体表征和生理表征

达马西奥的工作是从挑战勒内·笛卡尔的身心二元论入手的。笛卡尔的自我,其本性只是思考,"其存在不需要空间,也不依赖于任何有形的东西;所以,这个'我',也就是我之所以成为我的那个灵魂,是完全与身体独立开来的,甚至比身体更容易了解;即使身体不存在了,灵魂也不会停止"[2]。今天,很少有人还会坚持如此强硬的身心二元论,但身心分离的笛卡尔之影子在一些神经

---

[1] [美]詹姆士:《心理学原理》(选译),第180页。
[2] 转引自[美]安东尼奥·达马西奥《笛卡尔的错误:情绪、推理和人脑》,毛彩凤译,教育科学出版社,2007年,第192页。

科学家的思想深处仍然若隐若现，他们当然不再认为思考的自我无须也属身体的大脑，却相信只用脑事件（brain events）就完全可以解释心理，而不用考虑身体的其他部分、周围的物理和社会环境。按这种心理无形论，一个与身体分离并浸泡在营养液中保持生命力的大脑，或能如正常大脑一样受神经刺激而产生正常的心理体验。达马西奥断然说不能："没有身体，就没有心理"，只有身体状态的激发和调整的表征被传回大脑，才构成生存感的基石。[1]身体之所以居先有进化论根据，是在生命刚开始时，先有的只是身体表征，后来才有了跟外部环境相关的表征，心理脑的出现及产生关于自我表征的进化，首先服从的是确保身体生存的自然选择。身体表征被达马西奥视为人的原始表征，它包括三项：一是脑干和下丘脑的生物化学调节状态的表征；二是内脏表征，不仅包括头部、胸部和腹部器官的表征，也包括肌肉群和皮肤的表征，后者是作为器官发挥作用的；三是分布于几个脑区、必须靠神经连接协调的表征。[2]人的自我存在感，与人对自己身体的知觉是分不开的。如果一个病人暂时丧失了对整个身体最外缘的感觉，但是只要他对自己的内脏功能比如呼吸、心跳、消化等能清楚知觉，他会将自己的病情归因于身体某些部分的丧失，而不是自我存在的丧失。[3]而在完全性疾病失认症的情况下，自我感细若游丝，达马西奥的解释是："他们所受到的脑损伤损坏了神经自我的基础，

---

1 参[美]安东尼奥·达马西奥《笛卡尔的错误：情绪、推理和人脑》，第176页。
2 同上，第178页。
3 同上，第183页。

他们的大脑加工当前身体状态的能力就严重受阻，进而他们能够构建自我的状态就极少了。"[1]

提出"神经自我"，表明自我并非笛卡尔说的与身体无涉的心灵，而有其生物基础，达马西奥更直率地说他的自我就是生物自我；而构建自我的说法，表明自我并非一个实体，而是大脑对身体内外各种表征的反复激活而持续建构的状态。达马西奥重申，讲到这个自我时，并不意味着我们所有的心理内容都受一个最高知情者和所有者的监控，更不是说这样一个实体位于某个脑区里。达马西奥想说的，一是自我的经验倾向于具有某种一致的视角，就好像对于大多数、虽非全部的心理内容来说确实有一个知情者和所有者；二是这种视角位于一个相对稳定、不断重复的生物状态里。[2]

自我状态每时每刻都从基础开始构建，其机制是神经性自我对至少两组表征的持续再激活。一组就是上面提到的身体的原始表征，这是"由个体身体的原始表征组成，不仅指身体一直以来是什么样子，而且还包括客体X的知觉产生之前身体最近的样子"。"美人迟暮""英雄白头"，说的都是伴随身体衰变而来的自我衰变。台湾作家简媜用这样的文字描述老去的可怕：

> 老，这令人生厌的字，像脚底厚茧，怎么避就是避不了那股针刺之感。厚茧虽痛却要不了命，但老会要命，它慢慢沿着脚踝往上爬，把血管塞成枯枝，那曾经像小

---

[1] ［美］安东尼奥·达马西奥《笛卡尔的错误：情绪、推理和人脑》，第183页。
[2] 同上，第184页。

鹿奔跳的心脏越来越像老牛拖着破车,车上唯一的家当是一包袄羽毛似的记忆,拖着拖着,连这记忆也随风而去,只剩空壳。[1]

到只剩空壳时,还有几许自我?完全失忆的人,虽肉体犹存,但心智、灵性和精神已荡然无存。

神经性自我持续激活的另一组表征,与个体一生中的重大事件有关:

> 对我们的一生进行描述的痕迹表征与大量的分类事实有关,这些分类事实定义了我们:我们做什么,喜欢谁和喜欢什么,使用什么类型的物体,经常去哪些地方,经常做哪些动作……
>
> 除了这种分类以外,还有来自我们过去经验的独特事实,这些事实被不断地作为映射表征被激活:我们在哪里生活和工作,我们的工作具体是什么,我们及我们的亲人和挚友的名字,以及我们所在的城市和国家的名称,等等。
>
> 最后,在最近的痕迹记忆里,我们还有一个最近事件的集合,以及它们所发生的大致时期。另外,还存在一个计划以及我们准备要实施或希望实施的一些想象事

---

[1] 简媜:《谁在银光闪闪的地方,等你:老年书写与凋零幻想》,长江文艺出版社,2015年,序。

件的集合。我将这些计划和想象事件称为"可能未来的记忆",它就像任何其他记忆一样保留在痕迹表征里。[1]

所有这些事实,无论是过去、现在和想象未来的事实,都被表征并记录在脑的许多联合皮层里,但它们不是从皮层里生出来的,而是从我们与他人的交往中生出来的。自我叙事的主干不是来自娘胎,实际上,它是关于我们一生事件的记忆集合。

> 简而言之,我们关于自我的更新表象(旧事记忆和规划未来记忆的结合)的持续再激活组成了我所认为的自我状态的很大一部分。[2]

回忆一下詹姆士的自我定义(自我就是不断更新的回忆),再看看达马西奥的自我状态论说,这岂非一流的神经科学家对一流的心理学家相隔百年的漂亮呼应?

还有一个对达马西奥的当代呼应,来自一流的物理学家薛定谔。在谈及自我在他看来是一个怎样的概念时,薛定谔说了下面这番话:

> 如果认真分析一下,它比个人资料的集合(经验和记忆)多不了多少。它是一块油画画布,在上面聚集了这些

---

[1] [美]安东尼奥·达马西奥:《笛卡尔的错误:情绪、推理和人脑》,第184—185页。
[2] 同上,第185页。

资料。而且经过仔细的内省，所谓"我"，实际上只是指把那些资料聚集在它上面的那种像画布一样的基质而已。[1]

简而言之，若拿掉了"我"经历过的所有事件，自我也就没有什么剩下了。这个说法，跟达马西奥说的神经性自我的生平表征差不多是一回事。

两位顶尖科学家关于自我的论说非常社会学：自我不是与生俱来的人格，而是由人生经历写就；但人生事，从来不是个人的独角戏，而是与他人过招、共同演出的集体表演。他人也是另一个自我，多个"自我"之间的沟通困难，现象学大家埃德蒙德·胡塞尔（Edmund Husserl）对此非常熟悉。但同为现象学大家的莫里斯·梅洛-庞蒂（Maurice Merleau-Ponty）看到沟通的互惠："我从他人那里获得自己，我由我自己的看法形成他人；这不是他人知觉的失败，这正是他人知觉。"[2] 我从他人那里获得自己，这是社会学家乔治·H.米德（George H. Mead）的观点；我由自己的看法形成他人，这是对米德观点的扩展。换言之，不仅自我是在互动中建构的，他人也是在互动中建构的。要理解自我，不仅要把身体带回来，这是本章的主题；还必须把自我的社会经历及与之交往的他人概念包含进来，这是本章为下一章开的头。不存在一个天生的和孤立的自我，自我一定是社会自我。自我论说下一篇的主角必须请出社会学家。

---

[1] [奥]埃尔温·薛定谔：《生命是什么》，第98页。
[2] [法]莫里斯·梅洛-庞蒂：《哲学赞词》，杨大春译，商务印书馆，2000年，第141页。

社会自我

我们向詹姆士借用了"社会自我"的概念,我们还要从儿童心理学家让·皮亚杰(Jean Piaget)的研究中引出本章关于社会自我的讨论。

上一章结束时,我们下了一个"不存在一个天生的和孤立的自我,自我一定是社会自我"的断言。否定天生自我和断言社会自我这两点,皮亚杰都不同意。确切说,在皮亚杰的研究报告中,学龄前儿童的思维和语言天生就是自我中心的。

自我中心言语 vs 社会化言语

何为儿童的自我中心言语?皮亚杰说,当说话的儿童"并不要知道他是在对谁说话,也并不在乎对方是否在听他说话。他或是对自己说话,或是由于和一个偶然在他身边的人共同活动感到愉快而说话。这种说话就是自我中心的"[1]。这里的关键是,"他只是对自己说话,但主要的是因为他并不要按照他的听者的观点说

---

[1] [瑞士]让·皮亚杰:《儿童的语言与思维》,傅统先译,文化教育出版社,1980年,第23页。

话"[1]。这样我们就理解了皮亚杰为什么将无意义的"重复"和无论是否有听者的"独白",作为儿童自我中心语言的主要特征。简而言之,七岁前的儿童目中无人,只有自己。但这种自我中心,"是从理智方面讲的,而不是从伦理方面讲的"[2],它并非道德上的唯我论。但说话自我中心,却又非个人化,因为孩子极容易受同伴暗示和影响,"他不能隐秘任何简单的思维,当一群儿童中有一人做一件事时,几乎所有其他的儿童都通过一种模仿的反应去重复这件事。儿童也没有社会化,因为这种模仿没有伴随着真正的所谓思想交流"[3]。

自我中心源自社会化不足,这是全部分析的核心。皮亚杰以成人为例,说明成人即使在他最具有私人性质的工作中,即使他从事的研究是他的同事所不知道的,他还是会在社会中思考,他总会想到他实际的或可能的合作者或反对者,即他的同行,因为他迟早会把他的工作成果向他们公布。他的工作需要检验和证实,这就产生了一种内在言语,始终对着一个假想的反对者讲话。当成人和他的同行面对面时,他向他们所公布的东西业已经由一番社会化的阐释,因而大致能为人们所理解。这就是成人的社会化思维和语言的特点:"一个人自己的思路越是前进一步,他就越能从别人的观点看待事物,越能使自己为别人所理解。"[4]

---

1 [瑞士]让·皮亚杰:《儿童的语言与思维》,第23页。
2 同上,第24页。
3 同上,第59页。
4 同上,第57页。

能从别人的观点来看待事物、看待自己，正是社会自我的题中之义。而皮亚杰对比自我中心言语的，也正是社会化言语。一个天生的自发的自我，多半是只活在自己世界里的自我，而非社会世界里的能与别人互动并能被别人理解的自我。在此意义上，皮亚杰的观点并非对社会自我的异议，相反，恰好是证明。

自我的反身性

社会自我是社会学的洞见：自我不是自恋，不是顾影自怜，不是自我中心，不是唯我论。哲学唯心主义可以那样讲，贝克莱可以讲存在就是被感知，真正的感知从来是个体的，但若只是个人感知，他人无从知道，无从交流，无从辩论，也就无法成为公共知识，跟梦境相差无几。讲社会自我，绝非罔顾个人感受，但既然是社会中的自我，人的所言所行就必须是可以被别人理解的，可以彼此交流的，可以互动并持续互动下去的。自我必须走出自我中心，皮亚杰有言在先，儿童的自我中心言语只是既没有听者也不在乎听者的自我独白，那妥妥的是没有自我的表征。取代自我中心的是，从他人的反应来认识自我、建构自我、发展自我。这是一种反身性的自我建构思路，做自我的文章不仅在自我本身，更在他人。詹姆士说的社会自我三项——朋友、朋友数和个人尊严，都不是身体我和精神我能给的，全是别人给的。质言之，没有别人的善意和认同，自我在社会中几乎空无一物。不从自我讲自我，而从他人讲自我，确切地说，从自我眼中的他人对我的反应讲自我，这是西方社会学从亚当·斯密到戈夫曼一众大师一以贯之的红线。

借用《资治通鉴》"鉴于往事，有资于治道"的说法，社会学会说："鉴于他人，有资于我。"把他人和社会比喻为自我"正衣冠、端品行"的镜子，是互动论社会学的伟大发明。近代提出镜论的第一人是亚当·斯密，下面的话出自他的《道德情操论》：

> 一个人如果与他人没有任何交往，他也可能在离群索居的状态下长大成人，但他不会想到自己的性情，不会想到他自己情操和行为的合宜或过失；他不会想到他自己心灵的美与丑，如同他不会想到他自己面容的美与丑一样。所有这一切都是他不能轻易看到的对象，自然也是他不看的对象，他没有将它们显现在他面前的镜子上。一旦到了社会之中，他便立刻得到了他所需的镜子。[1]

一个生活在社会中的个人，会想象有一个旁观者从外面观察他的行为，对他的行为表示赞同或谴责。事实上由于经验和习惯的教导，我们自己都会形成"第三者"眼光，从一个与自己无关的角度来公正地评断自己。[2]

别人作为一面镜子的思想在卢梭的著作中同样引人注目。但他或多或少把根据他人的观点而形成的社会人视为自我的丧失。

---

[1] Adam Smith, *The Theory of Moral Sentiments*, London: G.Bell & Sons Ltd., 1911, p.162.
[2] Ibid, p.192.

而亚当·斯密认为，个人正是观照社会这面"镜子"而长成的，在社会之外没有自我。亚当·斯密相信，即便是要认清个人自己的利益之所在，也一定要生活在社会中才可能。

把镜子比喻发展为分析概念，而在自我理论中占据永久地位的是库利的"镜中自我"：

> 我们在镜中看我们的脸、身材和衣服，因为我们的兴趣在于这些形象是属于我们的。我们根据这些形象是否符合我们的愿望而产生满意或不满意的心情。同样，我们在想象中得知别人对我们的外表、风度、目的、行动、性格、朋友等的想法，并受这些想法的影响。
>
> 这种自我认识似乎有三个主要成分：对别人眼里我们的形象的想象；对他对这一形象的判断的想象；某种自我感觉，如骄傲或耻辱等……我们在其心目中看到我们自己的另一个人的角色和力量，对我们的情感有很大影响力。我们羞于在一个坦率的人面前显得躲躲闪闪，在一个勇敢的人面前表现出胆怯，在一个优雅的人眼里显得粗鲁，如此等等。我们总是想象，并在想象中与另一个头脑持同一判断。[1]

三个想象，将自我的反身性表达得明明白白。自我形象、自我评价和自我表现，全都依赖他人的反应和表现，这样，"一个与

---

[1] [美]查尔斯·霍顿·库利：《人类本性与社会秩序》，第118—119页。

他人完全不同并能经得起检验的自我概念是不存在的。如果自我包括整个心灵，那当然就包括所有我们想到的人，以及存在于我们思想中的整个社会"[1]。

自我的社会生成

"天地只生了一个一个人，并未生成一个一个我"，钱穆先生说的这句话，用来解说建构论的自我的社会生成说，可谓再恰当不过。社会学两大派，无论是结构派还是建构派，都不信自我与生俱来，都坚持自我是社会产物。自我无自性，或因自我乃制度所塑造（结构派），或因自我乃互动所成就（建构派），但皆为社会化之产物。结构派的自我（self），多半不分主我（I）和客我（me）；建构论的自我，一定将 self 分出 I 和 me。I 是动力学，me 是社会学。建构论的自我生成说，就是一个一个的 I（人），如何经由互动而成为 I/me 合一的 self（自我）。

按皮亚杰的观点，从儿童自我中心走向成人自我的关键机制是社会化。创造"镜中自我"概念的库利，也为社会化创造了"首属群体"概念，这是从自我的社会定性到自我的社会生成的天才演进："我所说的首属群体是指那些具有亲密的面对面的联系和合作特征的群体……它们是个人的社会性和理想形成的基础。从心理学上来讲，这种亲密联系的结果是种种个体特性在一个公共整

---

[1] Charles Horton Cooley, *Human Nature and the Social Order*, New York: Scribner's, 1902, p.143.

体中达到某种融合……对这种整体性最简单的描述大概是'我们'一词。'我们'包含着一种同情和相互之间的认同，而'我们'就是这种认同的自然表达"[1]。

最重要的首属群体是家庭、儿童游戏群体和邻里。这些群体是产生人类合作、伙伴与友谊关系的土壤："在这些首属群体中，人性逐渐长成。人性并不是人生来就有的；人只有通过团体关系才能获得人性，人性也会在孤立中丧失。"[2]

诠释上述库利的人性说，盲人海伦·凯勒（Helen Keller）的经历是最佳例子。她曾是正常儿童，十九个月时因一场高烧而失明失聪，失去了与人正常交流的任何可能，幽闭她的无声无光的黑暗世界，把她打回动物状态，几近丧失人性。老师安妮·莎莉文·梅西（Anne Sullivan Macy）教会她用指语说话，带她重返人性世界。正如海伦·凯勒自己所说："老师透过手指所传达的简短会话，如一缕光线，触及我心中的黑暗，让我因此发现自己，发现世界，发现上帝。"[3]

米德从海伦的故事中发现了自我形成于对话的证明。一切思考均为"内心的对话"，为了懂得怎样与自己对话，人必须首先与他人对话。对话不是自说自话，对话的言语应当在任何说话人身上引起它在其他对话人身上引起的反应，它必须对任何处于相同情境的人具有那种普遍性。海伦与世界的联系只剩下触觉经验，

---

[1] Charles Horton Cooley, *Social Organization* (The Free Press, 1956), p.23.

[2] Ibid, p.24.

[3] 1925年海伦·凯勒在国际狮子会年会上的发言。

触觉本身并非语言，只有符号化的触觉才能成为对话的语言。当海伦领悟到老师在她一只手上写下的"water"就是她另一只手感觉到的东西的名字时，最重要的人性事实发生了：海伦的触觉经验开始成为语言。米德评论海伦此时的心理是用那种语言构成的，"直到她能运用能在她自身引起在其他人身上引起的反应的符号与他人发生交流为止，她才获得了我们所说的心理内容，或者说，获得了一个自我"[1]。

运用指语和他人交流而令人性成长，并非自我生成的常规；通过与他人的符号互动，无论是真实的还是想象的，个人知晓自己的经验、自己的行为是否合宜，这才是社会自我生成的常规。

与他人的符号互动，引出米德自我社会生成说的两个核心概念："扮演他人角色"和"一般化他人"。

人生而为一人，却并非天生为一社会成员；成为自我，就是成为一社会成员。扮演他人的角色，就是把自我放在一个想象的他人的审视之下，努力成为一个为他人所期望、所认可的社会成员。儿童出生在一个并非由他自己创造的客观社会世界，这个世界不会直接内化为儿童自己的人格，它会由他人，特别是重要的他人，如儿童的父母、老师等人中转给儿童。扮演他人的角色，例如女童扮演妈妈，就是在学习如何成为一个被妈妈认可的女儿。这里说的不正是初级社会化吗？是的，自我正是社会化的产物。社会化不只是纯粹的认知过程，因为它发生在富有强烈情感的环境中。

---

1 [美]乔治·H.米德：《心灵、自我与社会》，赵月瑟译，上海译文出版社，1992年，第133页。

儿童以多种情感方式来认同重要他人，习得重要他人的角色、态度和期望，把它们内化为自己的人格。伯格将此内化视为一种双重认同："对重要的他人产生认同后，孩子也就能够对自己产生认同，从而让自己获得一个在主观上具有一致性和合理性的身份。"[1]

个人扮演某些特定的角色，认同他人对自己的期待，尚不足以完成一个"我"。比如，一个女人的身份不只是女儿，还是学生、球队成员、养老院的志愿者等。除了妈妈之外，她必须把老师、球队队友、养老院的老人等人的态度和期望都组织到她跟他们的互动交流中。也就是说，对"他人"角色的扮演的进一步发展，是把整个社群当作"他人"：社会化他人的态度被一般化了。对此，米德发明了"一般化他人"的概念，这意味着个人的行为要符合某些一般规则，以适应整体的行为。米德以棒球游戏为例，说明人们是如何以"一般化他人"的态度要求自我承担角色的："在涉及许多人的游戏中，担任一个角色的儿童必须准备担任其他所有人的角色。如果他参加棒球比赛，他在自己的位置上必须具备各个位置上的反应……他采取的态度必须考虑到三四个人的情况，例如那个准备把球投出去的人、那个准备接住球的人等。这些反应必须以某种程度表现在他自己身上。"[2]

通过扮演他人角色所形成的自我是自我的"集体"部分，米德称这一自我为"客我"（me）。但还有自我的"个体"部分，即"主我"

---

[1] ［美］彼得·L.伯格、［美］托马斯·卢克曼：《现实的社会建构：知识社会学论纲》，第164页。

[2] ［美］乔治·H.米德：《心灵、自我与社会》，第134—135页。

（I）。对自我（self）的描述须同等地包括"主我"与"客我"两个方面："'主我'是有机体对他人态度的反应；'客我'是有机体自己采取的有组织的一组他人态度。他人的态度构成了有组织的'客我'，然后有机体作为一个'主我'对之作出反应。"[1]

主我概念，让米德的自我理论避免了过分社会化的批评，虽然"客我"是按照重要的他人和整个共同体的观点来设想和认识的自我，它反映了法律、道德及共同体的组织规范和期望。但扮演他人的角色进而将一般化他人内化为人格，核心是一个能够辨识意义和按有意义的方式行动的"自我"（I），这样米德的社会化理论就有一个强大的能动者概念。

因为米德，互动和对话的概念成为社会分析的中心概念。人不仅是在与他人的互动中成其所是，也是在与自己的对话中成其人格或自我。能将自己作为自己的客体并与之对话，就是米德定义的自我之本质所在。

米德的自我理论改变了自我意识的近代意涵，即主要受笛卡尔"我思"影响的近代概念，"我们用自我意识所指的是在我们自身唤起我们在他人身上唤起的一组态度，特别是当它是一组重要的、构成共同体成员的反应的时候"[2]。自我意识不是内省式的我思，而是对指向我的他思和社会思的我思。

经由如此互动而生成的自我，不仅不是孤立的，而且，"在我们自己的自我与他人的自我之间不可能划出严格的界线，只有当

---

[1] [美]乔治·H.米德：《心灵、自我与社会》，第155页。
[2] 同上，第145页。

他人的自我存在并进入我们的经验时,我们自己的自我才能存在并进入我们的经验。个体只有在与他的社会群体的其他成员的关系中才拥有一个自我"[1]。

自我的社会重要性

成为自我,不会止于成为一个被他人认可的社会成员,更想成为一个超越他人的社会成员。成功扮演他人角色,或只是一个社会化成功的自我,而超越他人,才算活得风光,受人敬重,才算一个具有社会重要性的自我。社会重要性可说是社会自我的第三个维度,自我在与他人的互动中加入较量和竞争,而不只是模仿和扮演。但社会重要性仍然是反身的、他人取向的和社会生成的。

并非人人追求社会重要性,史书和现实中的"隐士"或主动或被动退出社会竞技场,世间功名并非隐士之所求。《论语》上记载了隐士长沮对子路的规劝:滔滔者天下皆是也,谁又能改变?你们与其跟着孔丘逃避坏人,为什么不跟着我们逃避整个社会?孔子感叹:我们既然不能与鸟兽为伍,若不与人群打交道,又同谁打交道?(见《论语·微子篇》)人只能在人群中求取生存价值,在孔子看来,这是人的宿命。

也并非所有学派都以风光人生为鹄的。儒家进取,讲经世致用,以天下为己任。道家问这一切努力有何意义?山里那些挺拔风光的林木,早早被人当作栋梁之材砍了派上了用场,而不材之木,

---

[1] [美]乔治·H.米德:《心灵、自我与社会》,第145页。

无所可用,却能终其天年。(《庄子·外篇·山木》)

道家的活命哲学,拷问自我努力的意义。我们日日奋勉,却也不时困惑。站在古战场上、古坟墓边,人不由得去思考奋发的意义:"古今将相今何在?荒冢一堆草没了。"生物学家威尔逊洞悉生命本身没有什么特别的去处,人的生命被生物个体发生学决定,表现为一系列被大致规定了的阶段。他意识到,最终参与的无非同一循环的永恒延续。[1] 也就是说,在人的生物学天性之外,我们没有任何目的。

看到生物的人注定要死去,而这一结局不可能成为一种目的,人就是一种没有存在理由的存在。布尔迪厄问,人到哪里发现目的,找到存在理由?回答是社会。

> 正是社会,而且仅有社会,在不同程度上给予存在以辩护和理由;也正是社会,通过产生据说是"重要的"事情或位置,而产生出被自己以及他人视为"重要的"行动和行动者——由此,各色人等在客观上和主观上都获得自己的价值,并因此摆脱了无关紧要和微不足道的状态。[2]

是社会创造的地位和重要性让自我的努力有了意义。比如说,

---

[1] [美]爱德华·O. 威尔逊:《论人的天性》,第2—3页。

[2] Pierre Bourdieu, *In Other Words: Essays Towards a Reflexive Sociology*, Polity Press, 1990, p.196. 此处译文转引自成伯清《情感、叙事与修辞:社会理论的探索》,中国社会科学出版社,2012年,第207—208页。

比别人钱多、权力大、声望高，出人头地，受人尊重，就获得了社会的重要性，从而找到生存的意义，获得生命的积极感受。霍布斯说，幸福就是追求超越他人的优越性。当自己升职加薪而别人没有时，人或许会觉得这种优越感所带来的快乐比升职加薪本身所带来的快乐还要大。

人生中充满了由竞争地位和收益带来的快乐和苦恼，人与人之间的恩怨和人生的烦恼，就来自对社会创造的地位和价值的争夺。这地位和价值，在大学就是学术头衔，在军队里就是军衔，在企业里就是薪资和职位。这些好东西让大家争得不亦乐乎，即使有伤和气，也还是要争，因为若不争，就会显得活得比别人差；也会无所事事，非常无聊。我们稍微工作一下就能生存下来，但过剩的精力一定要去争那些社会的重要位置，唯有这样才觉得活得充实。因此，是社会的重要性赋予人生以意义，胜过他人更肯定了自我的价值。我们又回到了社会的脉络中。社会不仅让你发现自我，还让你发现自我存在的优越性。

加布里尔说人是精神性生物，人可以通过自我阐释创造关于自身的观念图像，譬如幻想自己是一个杰出的舞蹈家。问题是，人能凭借自我幻觉获得社会重要性吗？不能！人人都会有幻觉，跳舞的自认为是杰出的舞蹈家，画画的自诩为杰出的画家，普通人也一样相信自己比他人更强，在此意义上幻觉是人性之常。但多数人不会终日活在自己的幻觉中，幻想自己是杰出的舞蹈家的人，会遇到真正杰出的舞蹈家和亚当·斯密所说的公正的旁观者，并非舞蹈家的多数人就是公正的旁观者。真正舞蹈家的评价会得到多数旁观者的认可，幻想者多半会在与他人的互动中收起自己的幻觉。而没有登台表演得到真实喝彩的机会，更是对自我幻觉最好的消解。社会重要性是由社会分配的，也是由重要他人和一般化他人的承认所维系的。

由他人承认引出这样一个问题：在社会重要性诸事项中，何者最难得？财富、权力、地位？从亚当·斯密、帕斯卡尔到凡勃伦、布尔迪厄，大师们认定的都是一个：尊重或尊严。

天下熙熙，皆为利来；天下攘攘，皆为利往。对财富的追求构成多数人类行为的持久动力，这是确定无疑的；财富也是人获得社会重要性的主要资本。问题是，财富为社会所认可，社会认可的仅仅是财富吗？《国富论》的作者亚当·斯密相信，人最强烈的欲望是追求由财富而来的尊重：

> 虽然对我们来说，物质财富的用处首先是提供肉体所需的各种必需品和便利，但如果我们未觉察到同等地位者对我们的尊重，我们在社会上的名誉和地位在很大程度上取决于我们所拥有的或者人们猜想我们拥有的物质财富，那么我们在这个世界上就活不长久。把自己变成这种尊重的合宜对象的愿望，应当在同自己地位相等的人中间得到和实际获得这种名誉和地位的愿望，或许是我们所有的愿望中最强烈的；因而我们急于获得财富的心情，在很大程度上是由这种比提供肉体上所需的各种必需品和便利——这些往往是很容易提供的——的愿

望更强烈的欲望引起和激发出来的。[1]

关键词是"同等地位者的尊重",这是人们追求财富的最强烈的欲望,因为这种尊重,使人在社会上获得荣誉和地位。

人们耳熟能详的凡勃伦的"炫耀性消费"概念,追求的也不是物质性消费,而是社会性对比:人们争取提高消费水准的动机在于满足竞赛心理和"歧视性对比"的要求,其目的不过是要在荣誉方面符合高人一等的生活习惯。[2] 所谓歧视性对比,就是超越他人的优越性的同义词。

帕斯卡尔把获得他人尊重这件事情看得至关重要。在他看来,一个人,"无论他在世上享有多少东西,享有多少健康和最重大的安适,但假如他不是受人尊敬,他就不会满足"。他还认为:"无论他在世上享有多大的优势,但假如他没有在别人的理智中也占有优势地位,他就不会惬意的。那是世界上最好的地位,无论什么都不能转移他的这种愿望;而这就是人心之中最不可磨灭的品质。"[3] 简而言之,人世间最好的东西都比不上他人对你的尊重。尊重不是物质性的东西,而是他人对你的认可。

问题是,是不是人人都可以在别人的理智中占有优势地位?显然不是。如果人人都占有优势地位,那在别人的心目中还有所谓优势地位吗?追求受人尊敬的地位还有社会重要性吗?存在着

---

1 [英] 亚当·斯密:《道德情操论》,第272—273页。
2 [美] 索尔斯坦·凡勃伦:《有闲阶级论》,第113页。
3 [法] 帕斯卡尔:《思想录》,第176—177页。

这种优势地位恰恰意味着绝大多数人不可能获得优势地位。社会重要性概念本就意味着等级，有等级才会让那个优势地位变得稀缺而值得追求。

回到布尔迪厄。本节标题中的"社会重要性"概念，实为布尔迪厄从帕斯卡尔那里借鉴而来的。帕斯卡尔看到人类生存的偶然性和有限性，他暗示，向世界或社会逃避，或是赋予存在以合法性且能与上帝的拯救媲美的唯一途径。帕斯卡尔把别人的尊重看作一个人在世界上所能得到的最大礼物。接着帕斯卡尔的论说，布尔迪厄说："这个社会世界提供最稀有的东西：承认、尊敬，也就是，简而言之，存在的理由。它能够为生存提供意义。"[1] 何为被承认受尊敬的存在？是"有名、可见（引人注目的）、著名（或被称颂的）、被仰慕、被表扬、被激励、被喜爱的社会存在"[2]。如果尊重和承认是社会世界中的稀有之物，那么它们就不可能被所有人得到，恰恰相反，"在所有这些分配中，最不平等的且无疑在任何情况下都最残酷的分配是象征资本的分配，也就是说社会重要性和生存理由的分配"[3]。虽然人人追求社会重要性，人们也不同程度地获得了财富和权力，但真正获得帕斯卡尔所说的优势地位的人只是少数人。

中国学者郑也夫讲了同样的观点：社会声誉的差距永远存在，"食物可以增加，住房可以增加，但是吸引眼球的总的频次不可

---

[1] ［法］皮埃尔·布尔迪厄：《帕斯卡尔式的沉思》，第284页。
[2] 同上，第285页。
[3] 同上，第284页。

无限增长"。承认的游戏是个零和的博弈,更多的目光投向了一个人,给予其他人的必定减少,因为"总数固定的人头和以人头为基础的目光和声誉的分配",是不会增加的。所有人都在践行"人往高处走"的生存逻辑,但只有少数人获得了社会承认的重要性。[1]

---

[1] 见郑也夫:《神似祖先》,中国青年出版社,2009年,第149页。

人心模拟是否可能

AI围棋AlphaGo先后击败人类两位顶尖棋手后，DeepMind宣布从此不再举行人机大战，但由AI围棋激起的对人工智能未来前景的讨论没有因此而平息，反而从学院走向民间，成为公众事件。争论的问题可以分为两类：技术问题和文化问题。人工智能会不会超越人类智能，进而不受人类控制，甚至将其创造者人类灭掉，这无论多么耸人听闻，刺激感情，仍是技术问题。智能模拟会不会走向非智能的人心模拟，从而用神经工程学根本解决人类善恶问题，此是否人类所愿、人类福音，这是文化问题。这两类问题虽有关联，却是不同的问题。社会学者关心人工智能引出的文化问题，实质是人工智能与人的关系问题。理解文化问题就要回归人本身。

人可以分成人身、人脑、人心与人际四个因素。人工智能目前大体与人身及人脑相关。人身和人脑可以归为人的自然部分，从娘胎带来，离开世界时便消散了。人心是什么？人心是人的情感、价值、道德、伦理、信仰等的总称，即人的精神部分。个体人心并非从娘胎而来，而是在人的社会生活和文化生活中生成的，离开世界时，人心过程也随之结束，但人心的产品，如道德事迹、艺术作品、宗教信条等会以文化的形式存在下去。中国古人说的"立德、立功、立言"三不朽，追求的都不是个人肉体的不朽，而是文化的不朽。人心还是个体概念。人际就是社会概念，是人和人之间的交往形成之实在，即人身、人脑和人心都参与却不能还原为个体之实在。以上四项，归纳起来就是自然、文化、社会三个维度。

道德能力能否匹配机器智能

人工智能的文化问题，首先表现为智能机器赋予人身及人脑超常能力，人心是否能匹配和驾驭。电影《手机》中，费墨数落严守一，只要拿起手机，谎话张嘴就来。用手机容易说谎，因为手机不受空间限制，道德风险随之而来。与手机的空间自由相比，座机位置固定，就构成行为的约束条件，这包括座机标示的机构、其使用者的社会地位等。事实上，一旦使用座机，诸如"人在哪里"的问题就不存在了，遑论就此问题说假话。这里所说的约束，既是空间的，也是社会的。人心能否向善，在社会学看来，仅靠"吾日三省吾身"的个人修持显然不够，更要解决人心在怎样的人际环境中得到滋养、支持和约束，这是社群实践问题。研究说大都市外来打工者的越轨率高于本地居民，并非前者天生就比后者更容易犯规，而是在地方排斥和歧视还普遍存在的环境中，外来打工者游离于能够带来道德滋养和道德约束的主流社群。他们的犯规念头产生后，很少受到伙伴的约束，有时甚至得到伙伴的鼓励。这个例子连同上面的通信例子，都说明人心的把持实际上依赖社会环境的支持和约束。

智能技术赋予个人超常能力，实际上就包含了突破空间与社会限制的能力，这对个人来说既带来行为便利，也带来道德风险。技术的进步，会改善人心还是会败坏人心？这一问题自卢梭以来人们从未停止争辩。人工智能看似无限可能的前景，带来比卢梭关切之事更加严重的问题——如果人工智能做了当代人几乎所有的工作，人类将会更强大还是更虚弱？到了这个地步，问题已经不是智能机器人能不能胜任一切工作，而是人类要不要智能机器人做一切工作。这个问题背后的潜台词是，人类有无匹配技术威力的道德和精神能力。地球上自从有了可以毁灭人类的核武器，就引出了谁有资格拥有核武器的问题：为什么你可以拥核，我就不可以？为什么拥核不是看你有没有生产核武器的技术能力，而是要看你是什么国家？这里的问题，与本节讨论的人心能否匹配被人工智能武装的人身和人脑的问题是同一性质的。把人工智能的问题引申到人工生命，其无限可能的前景，一样带来人的伦理感情和能力能否与之协调而不发生危机的问题。只有把智能模拟带来的文化问题极而言之，才不会被技术的无限可能的承诺蒙蔽而盲目乐观。

人心模拟的思想实验

人工智能的文化问题，最具挑战的是我们有无可能从人脑模拟走到人心模拟，进而改善人心和改善社会（人际）。在现今的论辩中，人心模拟的问题似乎还没有被提出，但人工智能的专家们，包括信息科学的、逻辑学的、语言学的、生命科学的和脑科学的专家们，他们或并不满足于智能模拟，想走得更远，他们的野心是彻底弄清人心的秘密，进而模拟人心过程。特别是生命科学和脑科学的专家们，他们已经将自我从大脑中赶了出去。他们相信每一种心理状态都对应于某种有待发现的神经状态，他们中最激进的还原派，会设想在大脑皮质和神经元的水平上，读懂人的道德判断、审美经验、爱恨情感，甚或宗教信仰，进而能用科学语言和技术手段再现上述人心过程。

从人脑模拟走向人心模拟是否可能，不仅是科学问题，更是文化问题。脑科学专家告诉我们，人类行为都有对应的神经过程，每当发生令当事人兴奋的事件时，人脑中的特定区域就会被点亮。问题在于，让不同人兴奋的不同事件可能在道德上截然对立，如"损人为乐"和助人为乐便是对立的。当个体为各自的所作所为而乐时，他们特定脑区里的神经细胞都应该被点亮了。解开人心秘密的研究，不仅要在行为和神经反应之间发现联系，更要弄清楚被点亮的细胞是否能透露区别不同行为后果的信息：是给别人带去快乐的快乐，还是给别人带去痛苦的快乐？其中的关键是人类行为的道德性质，这是人心的根本属性，是否能被还原到神经元的放电现象上。研究者有无能力在完全不了解被试者的情况下，读出两个引起放电现象的事件孰为善行孰为恶行。

让我们将此思想实验进行下去。我们容易假定某人在社会化的过程中其行为会发生变化，以"熊孩子"回头为例。一个孩子，先前以搞恶作剧为乐，如今以读书为乐。这两种行为都会点亮其特定脑区的神经细胞。专家们能否辨别出两种放电现象的不同，进而辨别出搞恶作剧产生的兴奋和读书产生的兴奋，再进而区分出先前的熊孩子和现在的好孩子？还是完全无法分辨？一个人行为的变化、人格的改善，需要多年的努力——多少与他人互动的情节！多少使其改变的具体的焦点事件！所有这些发生在社会世界里的人心故事，自会产生脑电波的运动，但能否一一转录成有善恶判断从而表现出善恶特征的脑电波波形？所谓转录云云，就是还原论。如果还原是可能的，接下去的问题是，一个中国文化传统语境下的熊孩子，他的行为被人们打上负分，且他能被中国的脑科学专家通过神经元的放电图谱辨认出来，如果把他放到文化传统不同于中国的国度，他还会被视为熊孩子吗？他的那些在中国被认为是"恶作剧"的行为还是"恶"的吗？他的行为引发的神经元放电还能被打上负分吗？进而，当他转变而以读书为乐时还会有同样程度的放电吗？这里关乎的问题是在一种文化中让人兴奋的活动，在另一种文化中未必如此。例如，运动的价值在美国学校远比在中国学校更高，这是环境和文化带来的差异。何为熊孩子及其行为判断，并没有一个普遍的标准，我们即使能从脑电波上辨认出我们文化定义的熊孩子，也无法辨认出别的文化定义的熊孩子。如果一门研究人心的脑科学因研究者的文化背景不同而有了国别的分类，我们还能视其为科学吗？

人脑模拟是为了解放人脑的创造能力，人心模拟是为了什么？我们知道了一个熊孩子的特定的神经过程波形，或一个好孩子的特定的神经过程波形，我们是否就有了手段来干预行为，甚至量产社会所期望的人格？关于人性，从来有性善论和性恶论的对立，各自都有好的道理，也各有死穴。这里不打算站边，只想先摆出一个不大会有争议的前提，十年树木，百年树人，即使人生而性善，要成为善人，也需后天的日日奋勉，仁以为己任，弘毅而行，自强不息,百炼才能成人,这一切不仅是个体人心的努力、人心的成就,也是人际的互动、人际的成就,需要行为人自己和与他(她)有关的所有人共同努力。用儒家的话来说是成人才能成己。用认知神经科学家加扎尼加的话来说,大脑里没有责任的身影,责任在大脑和大脑之间,在人的互动中才能找到。[1]反过来说,即使人生而性恶,最终成为一个人神共愤的恶人,心理学家、社会学家、教育学家能讲出许多关于此人的故事及带出来的一部社会史。人心的纹理,是被社会时空中的人的活动铭刻和形塑的,若这一切都能被神经工程学转录、干预、改变,这对人生、对文化、对社会,究竟意味着什么?若通过人心模拟,人人都被改造成毫不利己、专门利人的好人,由他们组成的社会还需要道德和法律吗?我们能设想这样一个无仁无义的社会吗?此外,今天的世界,信仰既是多元的也是冲突的,至少在信徒个人的持守上,不可能兼容并蓄、一视同仁。若脑工程可干预道德,是否也要干预信仰?谁来主导这一信仰工程:无神论者还是有神论者?若是有神论者,哪一家有神论:基督教?佛教?伊斯兰教?大脑工程师都是具体的个人,会有信仰取向,那么人心模拟,包括信仰模拟,究竟以哪一家为准?

以上所论,对人心模拟的技术可能性问题是搁置的,引出的更像是一个思想实验,指向此项可能的道德工程或激动或困扰人类的问题:人心的安身立命或人际的文化生命。我们仍然将技术的可能性开放给科学家和未来的人类,但基于人类的社会生命和文化生命立场,思考可能的人心模拟对人类存在方式的挑战,仍

---

[1] 参[美]迈克尔·S.加扎尼加《谁说了算?自由意志的心理学解读》,第127—128页。

然是严肃而必要的。

人心的科学还原论辨析

以上议论的核心问题是对人心人性做科学主义的还原有无可能。霍金说过，构成宇宙的元素，也是构成人类的元素。物理学原理支配着一切，似乎给了科学还原论足够的底气。但拿过诺贝尔奖的物理学家菲利普·W. 安德森（Philip W. Anderson）对物理学还原论不以为然。他认为即便能把所有东西都还原到最简单的基本规律上，也不意味着能从这些基本规律开始重建万物，"物理学家对基本粒子的基本性质了解得越多，距离科学领域的其他现实问题就越远，距离社会领域的现实问题更是遥不可及"[1]。举一个视觉的例子，物理学家能告诉我们黄光是什么：它是波长范围为597至577纳米的电磁波。如果接着问黄色是怎样产生的，他会说根本没有黄色，物理学无法向你描述黄色的主观特征。加布里尔对此说得很好玩："宇宙是没有颜色的，颜色只是我们感觉器官的幻觉交响乐，它是电磁波在我们的神经纤维键盘上演奏的结果。"[2] 用物理学原理来写《生命是什么》的薛定谔确信我们对于周围世界的了解依赖于我们直接的感知，无论这些知识是来自日常生活，还是来自精心安排的困难实验，但"这类知识无法揭示感知与外部世界的联系，为此，我们在科学发现基础上形成的对外部世界

---

[1] 转引自[美]迈克尔·S. 加扎尼加《谁说了算？自由意志的心理学解读》，第125页。
[2] [德]马库斯·加布里尔：《我非我脑：21世纪的精神哲学》，第141页。

的认识或模式中没有任何关于感知的成分"[1]。如果物理学语言都无法描述我们的感觉,那么用大脑脉冲电流来还原我们的喜怒哀乐更是不可能的了。下面这段话,说的是人和人的分离之痛,还是薛定谔的,还是从他的《生命是什么》引来的:

> 现在让我们假定在特定情况下,你最终观察到来自大脑的传出脉冲电流,通过长长的细胞突出(运动神经纤维)传导至手臂的某些肌肉。于是为了一次长时间、心碎的分离,手臂不情愿地颤抖着与你道别。同时,你会发现脉冲电流束会引起某种腺体分泌,蒙上你悲伤的双眼。但无论生理学发展到多么先进的水平,在这条从眼睛通过中枢神经传至臂膀肌肉和泪腺的路上,在任何地方你都看不到性格特征,看不到可怕的伤痛,看不到心中的担忧。虽然他们的存在在你是如此肯定……事实上你也确实体会到它们。[2]

物理学的还原论无法触及人心的情绪感受,伦理学的还原论同样无法穷尽人心的道德感受。功利主义推向极端,就会把所有人的行为,不论贤愚不肖,都视为乐避苦,损人利己是为了自己乐,助人为乐也是为了自己乐,如此一来崇高与卑鄙便没有区别。贤愚不肖没有两样,我们会如何反驳?针对上述学说,马克思若

---

[1] [奥]埃尔温·薛定谔:《生命是什么》,第164页。
[2] [奥]埃尔温·薛定谔:《生命是什么》,第132—133页。

有反驳，用马克思自己的话来说，"凡是把理论导致神秘主义的神秘的东西，都能在人的实践中以及对这个实践的理解中得到合理的解决"[1]。是的，用社会生活实践来反驳上述说是神秘主义有点勉强，说是诡辩则恰如其分的人性学说是最有力的。对此，我们不妨提出两个问题：第一，此说的主张者，在每日的生活中是愿意遇到助人为乐者还是愿意遇到损人利己者？第二，损人利己者给自己带来快乐，给别人带去了什么？如此，损人的行为与助人的行为在人际互动的意义上还一样无别吗？极而言之，功利主义也是一种还原论，仍然把人心的维度还原到自然性的人身和人脑的水平。

研究者告诉我们，还原论之所以走不通，是因为突现（emergence）的存在。从粒子到人心，至少存在七个层级：粒子物理层、原子物理层、化学层、生物化学层、细胞生物学层、生理学层，最后是人心（人类精神）。每上去一个层级，就会突现新的性质。生命信息不会出现在粒子物理层、原子物理层，怜悯和责任只在人心人际中才能被发现。安德森批评一些分子生物学家似乎打定主意要把人类组织的一切，不管是普通的感冒、各种精神疾病，还是人类对宗教的本能情感，都还原到"只剩"化学反应。事实是，"人类行为学和DNA之间存在的组织层次数量，远比DNA和量子电动力学之间存在的组织层次要多。而且，每一组织层面都需要一

---

[1] 中共中央马克思恩格斯列宁斯大林著作编译局编译：《马克思恩格斯选集》第一卷，第18页。

种全新的概念结构"[1]。加扎尼加喜欢用"交通"来说明突现的性质。光看汽车零件,你无法预测交通模式。光看零件所组成的高级模式——汽车,你也无法预测交通模式。"交通模式来自所有车辆、司机、社会及法律、天气、道路、偶然出现的动物、时间、空间,以及其他任何可能出现的因素的互动。"[2]

回到人心模拟的前景,无论技术上实现的可能性如何,都必须在人身、人脑、人心和人际四个方面,即自然、文化和社会三个维度上综合考量。人类棋手或许永远无法战胜AI棋手,但只有人,如人文主义者莱昂·巴蒂斯塔·阿尔伯蒂(Leon Battista Alberti),才那样多愁善感,且永远不会被AI破解:

> 他看到参天大树和波浪起伏的麦田就为之感动得落泪,他把慈祥和尊严的老人们当作"自然界赏心悦目之作"来尊敬并且百看不厌。[3]

---

[1] 转引自[美]迈克尔·S.加扎尼加《谁说了算?自由意志的心理学解读》,第125—126页。
[2] 转引自[美]迈克尔·S.加扎尼加《谁说了算?自由意志的心理学解读》,第63页。
[3] [瑞士]雅各布·布克哈特:《意大利文艺复兴时期的文化》,何新译,商务印书馆,1979年,第134页。

"活出自我"辨

一句"活出自我",常人爱说,哲人甚至更爱说。但他们各自说的"自我"不会是一个意思,也许正好相反。佛家视常人自我为无明之根源,活出真正的自我恰恰就是要消解此无明的自我。海德格尔也要求我们从常人自我中找回自己,决意要与常人自我划清界限。"活出自我"说必须辨析:常人在何种情境下最想活出怎样的自我?活出自我是否要在自我和他人之间作一抉择甚至选择对立?而哲人如海德格尔、王阳明或禅师们又是怎样定义他们最想成就的自我及实现途径?

常人什么时候最想活出自我

当人厌烦了自己扮演的角色;或厌烦了自己一直在做的事并不能真正实现个人价值,或虽谈不上厌烦却发现了更有意义的事;或临终回首一生,设想再有一次生命会怎样来活时;以上是常人最想活出自我的三种情境。

第一种情况,当一个人厌烦了自己的面具和身份,即我们所说的演戏,就想取下面具、卸下戏服,还原"我"的本来面目,活出自己的真性情。影视剧中不少显赫角色,在特定情境下过了一把活色生香的平民生活,如《罗马假日》中,赫本扮演的某公国公主与派克扮演的某报记者相遇,让她放下公主身份,率性投入一场浪漫爱情,活出了一个少女本应有的天真、调皮且怀春的自我,当她返回住处而在第二天不得不重新扮演国家赋予她的庄严角色时,她的万般不舍表明,做回一个常人自我,对许多社会角儿来说并非轻而易举之事。

第二种情况,一个人厌烦了自己做的事总不能实现个人价值,或发现了比现在做的事更有意义的事。68岁的董萝石,在未遇到王阳明前,江湖上有诗名,呼朋唤友结为诗社,整日沉溺于作诗吟诗至废寝忘食,被人讥笑亦不为所动,反说"此乃天下至乐"。萝石在王阳明处闻听良知说,"忽若大寐之得醒",反省自己"向之所为,日夜弊精劳力者,其与世之营营利禄之徒,特清浊之分,而其间不能以寸也",并庆幸自己若非至于夫子(王阳明)之门,"则几于虚此生矣"。于是执意北面夫子。王阳明拗不过萝石的拜师诚意,最终同意以师生身份来往。亲友弟子不解萝石为何自讨苦吃,问他何不回归诗社?但萝石把向之所欣视为苦海,认为现师从阳明,是"振羽于云霄之上,安能复投网罟而入樊笼乎",决心"吾将从吾之所好"[1]。

若董萝石的例子是"觉今是而昨非"而自我觉醒,那么如今发愿要"活出自我"的多数人,是发现今日事不能实现自我价值而决意让未来人生"从吾之所好"。"00后"、职场、整顿,若三词组合,依据米德的理论,只会有"职场整顿'00后'"一式,而今

---

[1]《王阳明集》(上),中华书局,2016年,第221—222页。

日坊间居然会有"'00后'整顿职场"之表达。已有研究否定此说,但有如此说法,可见风气和心态的变化。传闻职场"90后"动辄辞职,反炒老板鱿鱼,主因有三,或薪资不合吾意,或交往不合吾意,或前景不合吾意。总之,从利益说,从感受说,从发展说,若不能契合自我价值,则往往一走了之。米德将在自身激起的与他人共鸣的反应视为自我的表征之一,但今日年轻人自我推演时,对他人反应的考虑趋弱,他们想要活出的自我,不仅难以为前面"社会自我"章的经典概念所涵括,而且能否如其所愿也颇可怀疑。近几年,"gap year"一词流行,表明刚刚走出校门的部分"00后"不急于走入社会,而试着给自己未来"从吾之所好"以时间,即自我定义"人生的时钟"。[1] 不过,计划gap一年的学生只占一成,超过五成的学生无意自己设定节奏,而选择随主流节奏进入体制和公私机构直接工作,这等于否定了"'00后'整顿职场"之说。

最后一种情况是临终前的悔恨。邦尼·韦尔(Bronnie Ware)照顾过不少临终老人,她把逝者生前的遗憾和悔恨写成《临终前最后悔的五件事》,大受欢迎。说起来案主的"后悔药"对他们自己已经无用,但对愿意倾听的后来人或许有用。韦尔总结的五件事中,有三件事跟"活出自我"直接相关:第一件事,希望我有勇气过自己真正想要的生活,而不是过别人所期望的生活;第三件事,希望我有足够的勇气表达自己的感受;第五件事,希望我

---

[1] 2022年8月,Just So Soul研究院联合"详谈"在新型社交平台Soul App站内发起问卷调研,超过4000位高校学生进行了有效填写,其中10%的参与调研者为2022年的本科应届毕业生。对于"毕业后做什么"的问题,近一成的选项是"gap一年";赚钱最多、兴趣相关和时间自由,是毕业生选择工作时最看重的三项。

已经让自己成为快乐的人。在韦尔记录的案例中,格蕾斯在整个婚姻生活中一直梦想着摆脱丈夫的独裁专制独自生活,但当丈夫住进了养老院,她却得了不治之症。剩下的日子里让她最悔恨的是:"为什么我以前不按照自己的想法去生活?为什么我让他来管制我?"丈夫是格蕾斯活出自己真正想要的生活的最大障碍。在另一个案例中,约瑟夫为了家庭拼命工作,却很少跟家人交流。他感觉自己失去了跟孩子们建立充满爱的温暖关系的机会。他为他们树立的唯一榜样是如何挣到钱和使用钱。临终前他哀叹:"现在的重点是什么?"他渴望家人能够了解他,他最痛苦也最后悔的是生前没有勇气向亲人表达自己的内心感受,妨碍他的却是他对家人的爱。第三个案例中的罗斯玛丽,至死才醒悟自己一生不快乐的原因:"这真的是我们自己的选择,不是吗?我们可以停止自己的快乐和幸福,因为我们自以为自己不值得拥有。或者因为允许别人的意见主宰我们的一切,让别人决定我们是谁。可是别人的意见不代表我们是谁,不是吗?我们可以做自我允许的那种人。"[1]

以上例子,给人深刻印象的是,案主之所以没能活出自己希望的自我,或是屈从他人的压迫,或是碍于对他人的爱,或是受制于他人的意见。米德告诉我们,自我如何因为扮演他人角色而形成;临终的悔恨故事,说的却是自我如何因为他人的种种而丧失。

这让笔者想起巴金的小说《家》中长子高觉新的故事。他跟表妹梅芬青梅竹马,梅芬是他生命中的重要他人,但他屈从父亲——一个或更重要的他人——的意志与另一个女人成婚,他想

---

[1] [澳]邦尼·韦尔:《临终前最后悔的五件事》,袁弘译,重庆出版社,2015年,第215页。

以牺牲自我包括间接牺牲他人（梅芬）的方式来换取家庭的和谐，但最终换来的是他接连失去生命中最爱的三个女人。他人，在米德的文本中是正剧角色，在巴金笔下，却成为主角——即自我——悲剧的根源。

其他临终研究归纳的临终者谈及的最后悔之事，第一件事都是希望当初有勇气活出自我，过自己真正想过的生活。遗憾没有活出自我的案主们，莫非都悔恨自己一生白活了？还是想象若能从头活起，将能活出一个更好的自我？案主们后悔当初只为别人活，没有为自己活。一辈子为他人尽了无数的责任，扮演了许多角色，就是没有好好地做一回自我，是真认为若只为自己活，不为他人活，就能活出自我？还是认为在扮演好社会期望的角色的同时，别忽视内心声音，别放弃自我理想？

笔者相信，以为只为自己活就能活出理想自我来的人少之又少。人是天生的社会性动物，没有他人为你活，哪有你今天发表"只为自己活"宣言的机会？你若不再为曾对你有恩的他人和将要与你相遇的任何他人活，那将活出一个怎样的自我？剥去你与所有他人的关系，你的自我还有生活吗？即使有，这样的自我还有意义吗？

人生的幸福，有多少是在只为自己而活时得到的？教师的幸福感，不主要来自学生的肯定吗？如果谁都不为别人活，这个世界上还有谁能活下来？更不必说活得风光了。自我不是一个没有任何社会角色规定的抽象人格。对学生用心，把书教好，助学生成才，不就是一个教师活出自我应有的活法？若教师完全不爱学生，学生即便不满和抱怨，教师也无动于衷，这算是一个教师活出自我的活法吗？自我的幸福活法从来都和与自我有关系的他人相关，这个道理是社会学想象力的核心。

此外，常人临终追悔，真觉得自己虚度一生的恐怕也不多，多数人的反省还是觉得这个"我"不够好，不够独特。若能从头活起，他们常常希望自己少犯错误，活出一个更好的自我或一个真正独特的自我。

古今中外的哲学流派，如中国的儒家、佛家和西方的存在主义，都主张"活出真我"。但先哲说的真我，针对的多半是他们所认为的假我。没有活出真我，意味着失去了自我。孟子曰："学问之道无他，求其放心而已矣。"(《孟子·告子上》)"心"在儒家的词典里就是本心本性，即真我。常人在名利场上活得起劲的那个"我"，就是个假我，海德格尔这样说，佛家这样说，儒家也这样说。三家都决意要找回真我。各家的真我，意思并不一样，活出真我的路自然也不一样。但三家有一共同关切的问题：真我和他人的关系。人我关系研究是社会学的看家本领，从人我关系到人与真我关系，显然是古典话题的后古典拓展。

海德格尔：活出本真的存在

先来看海德格尔。

活出自我，在海德格尔那里，就是活出主体的本真存在，即活出真我。而常人的自我，则是存在的沉沦，沉沦在他人中而丧失了个体性，这被海德格尔称为人的非本真存在。米德的"他人"是自我形成的动力和机制，而在海德格尔这里，他人则是让自我湮没不彰的根源。

海德格尔的论说从"共在"入手。"共在"是人和他人的共同存在，但"这里说到他人，并不等于说在我之外的全体余数，而这个我则从这全体余数中兀然特立。他人倒是我们本身多半与之无别，我们也在其中的那些人"[1]。在海德格尔看来，成为他人，就是进入他人可以号令的范围，如此，不是他自己存在，他人从其身上把存在拿走了，重要的是他人不动声色地从作为"共在"的"此在"那里接过来统治权。这里的统治权不是政治学意义上的，而是存在论意义上的。"人本身属于他人之列并且巩固着'他人'的权力。人之所以使用'他人'这个称呼，为的是要掩盖自己本质上从属于他人之列的情形。"[2] 这个他人并非指具体的某人，也非一切人的总数，他人就是中性之人——常人。

那么，人是如何在常人中丧失自我的？"庸庸碌碌，平均状态，平整作用，都是常人的存在方式，这几种方式组建着我们认为'公众意见'的东西。"[3] 公众意见调整着对世界的一切解释并始终保持为正确，这并非公众意见对世界有格外的透视能力，反倒是以对事物不深入为根据，因为公众意见对水平高低和货色真假的一切差别毫不敏感。这样，基于公众意见的常人展开了他的真正独裁："常人怎样享受，我们就怎样享受；常人对文学艺术怎样阅读怎样判断，我们就怎样阅读怎样判断；竟至常人怎样从'众人'抽身，我们也就怎样抽身；常人对什么东西愤怒，我们就对什么东西'愤

---

[1] [德]马丁·海德格尔：《存在与时间》，第137页。
[2] 同上，第147页。
[3] 同上，第148页。

怒'……就是这个常人指定着日常生活的存在方式。"[1] 常人何在？常人到处在场，然而一旦人挺身出来自主决断，常人却总溜走。因为常人预定了一切判断与决定，所以他就从每一个人身上把责任拿走了。常人的吊诡是："常人能够最容易地负一切责任，因为他绝不是需要对事情担保的人。常人一直'曾是'担保的人，但又可以说'从无其人'。"[2] 但所有人在共处中又总是听任这个"从无其人"的常人摆布。在"从无其人"的常人中混迹的我，还有自我吗？回答是："如果'我'的意义是本己的自己，那么'我'并不首先存在，首先存在的是以常人方式出现的他人。"[3] 此即常人中的我何以是非本真存在的根源分析。

以上议论让我们想到"浑浑噩噩"四字，但此中的精英主义批评并不全是海德格尔的本意。人的非本真存在并非道德批评，而是存在论分析，也就是说，所有人，只要于常人中安身立命，而非自主决断地存在，就是非本真的存在，就必然丧失自我。所谓在常人中安身立命，就是自我的沉沦。这是何等决绝的反互动论社会学的立场！

下面的问题是：何为本真的存在（或曰真我）？何为通向本真存在的道路？

本真的存在，就是真正个别化的存在，而非淹没在常人中最终成为"从无其人"的存在；是把生存的责任整个地担当起来，

---

[1] [德] 马丁·海德格尔：《存在与时间》，第147页。

[2] 同上，第148页。

[3] 同上，第150页。

而非将自己的责任委之他人；是横下心对本己处境自主决断，而非随波逐流于公众意见。伯格说："所谓本真的存在就是生活在这样一种清醒的意识中：个人的个性是独一无二、不可替代、无与伦比的特性。与此相比，非本真的存在就是在匿名的'人'中失去自我，就是把自己独一无二的特性拱手出让给社会建构的抽象概念。"[1]

最后，如何从非本真存在转变为本真存在？或曰如何找回失去的真我？本真的存在，是向死的存在，此处的死不是他人的死，而是自己的死。常人恰恰没有勇气直面自己的死，不是沉陷在日常的忙碌中以闪避死，就是以局外人立场谈论他人的死。当对死采取回避态度时，讲起死来就不会深切，因为死与己无关。当不考虑随时随地可能是自己面对死亡，死就没有分量。当死不成为问题时，生就成为问题了，就会活得心不在焉。只有真切感受到死的切己性，才会活得活泼而尖锐，才会去思考到底做什么才值得。领悟到本己的存在是向死的存在，即一种"先行到死"的领悟，这才是转变的契机："先行向此在揭露出丧失在常人自己中的情况，并把此在带到主要不依靠操劳操持而是去作为此在自己存在的可能性之前，而这个自己却就在热情的、解脱了常人的幻想的、实际的、确知它自己而又畏着的向死的自由之中。"[2]

现在已经清楚，海德格尔的"真我"是通过参透生死的存在论找回的，而非经由人我之间的互动论实现的，毋宁说，社会中

---

[1] [美]彼得·L.伯格：《与社会学同游：人文主义的视角》，第146—147页。
[2] [德]马丁·海德格尔：《存在与时间》，第305—306页。

的操劳操持恰恰是自我丧失的原因。参透生死而自我觉醒，也是佛家和儒家的修行之道。明代憨山大师有言："从上古人出家本为生死大事，即佛祖出世，亦特为开示此事而已。非于生死外别有佛法，非于佛法为别有生死……全悟此心，则为至圣大乘；少悟即为二乘；不悟即为凡人。"儒家的生死洞见，可以王阳明的龙场悟道为例。据《王阳明年谱》所载，阳明在龙场受难之时，"自计得失荣辱皆能超脱，惟生死一念，尚觉未化"。又说："人于生死念头，本从生身命根上带来，故不易去。"一旦生死"见得破，透得过，此心全体，方是流行无碍，方是尽性至命之学"[1]，这跟海德格尔"热情的、解脱了常人的幻想的……向死的自由"有异曲同工之妙。有意义的问题是，这样的向死而生之路，能引导深陷于匿名社会中的芸芸众生迷途知返吗？通达如王阳明也深知生死念头不易去，常人岂不更难化解生死难题？以直面死的诚恳活出本真的存在（海德格尔）；或超越轮回，脱落身心（佛家）；或参透生死，人心醒为道心（儒家）；三种皆为少数人成圣成佛之道，而非多数人活出真我之路。

佛家：无我和真我

佛家——这里和以下说的主要是中国化的禅宗——对自我既有最决绝的否定，也有最积极的肯定。显然，我们不能把佛家肯定和否定的这两个不同的自我混淆起来。佛家否定自我的理由，

---

[1]《王阳明集》（上），第100页。

是常识自我并不真实，常人对自我的执着实为妄识。按佛家的五蕴说，"'自我'的本质不外是在瞬时瞬刻变化着的色蕴（肉体物质）、受蕴（印象感觉）、想蕴（知觉表象）、行蕴（意志欲求）与识蕴（识别认知）等五蕴之缘起"[1]。五蕴皆空，能知和所知都泯灭了，那一切执着自然就丧失了根据。佛家的自我之五蕴论，在哲理上跟贝克莱的"存在就是被感知"论，和休谟的自我只是不断变化的知觉，不存在人格同一性的学说最为接近。但哲学家们只是怀疑自我的实体性，而非否认自我的体验性，而佛家的诸法无我，则是一切皆空，包括自我。靠道理，哪怕是很强的道理，能让躁动的"自我"灭了自己吗？很难！休谟坦白，在经历几个小时生活的欢乐后，再继续关于"自我"的思辨时，会觉得这类思辨冷酷、牵强和可笑。他决心不再为了推理和哲学而放弃人生的快乐。[2] 休谟的困惑引出佛家诸法无我的悖论：若自我虚妄，谁来破这个虚妄的我？反过来说，唯其有了我，才需要般若波罗蜜多（到彼岸），以度一切苦厄（包括"我"的苦厄）。悖论是因为我们用一个第一人称代词"我"说了两个不同的"我"：日常经验的我（妄识）和修行实践的我（实相）。诸法无我的这两层意涵须细加分辨。

佛家对常识自我实在性的否定，得到21世纪最前沿的生物学和脑科学的支持。科学家用尽手段和仪器在大脑中寻找那个自我小人，迄今为止一无所获。认知科学家侯世达说自我不是"笼中小鸟"。如果"我"在大脑中没有物理性存在，就不能在人身的任

---

[1] 傅伟勋：《从西方哲学到禅佛教》，第364页。
[2] 参[英]休谟《人性论》，关文运译，商务印书馆，1980年，第300页。

何其他地方有实体性存在，尽管人人都有一个挥之不去的信念：我们人类有一个"自我"做出所有行动决策。加扎尼加认定这只是一种幻觉，虽然此幻觉压倒一切，且几乎不可能被撼动。如果自我做决定是一种幻觉，那么能否把行动的决策者还原到大脑皮层，还原到神经回路和每一个神经突触？不行！那对行动的自我来说不再有任何意义。神经回路连色彩感觉的主观性从何而来都无法说明，遑论复杂的感情和信念。（参本篇《人心模拟是否可能》章）侯世达说，跟"肥皂剧""春季大甩卖""超级时装秀""脏话""圣诞老人""潜水镜""雪球""性丑闻"等概念打交道，"那么你的大脑就能够给自己的本性编出一个尽可能令人信服的故事，这个故事的主人公并不是大脑皮层、海马体、杏仁体、小脑或者其他任何拥有奇怪命名的胶黏性物理结构，而是由一个在解剖中不可见的含糊暧昧的'我'所扮演，辅助并支持'我'表演的其他角色演员是我们所知的'观念''思想''记忆''信念''希望''恐惧''意图''欲望''爱''恨''对抗''嫉妒''同情''诚实'等"[1]。侯世达所述的种种，不就是佛家的"五蕴"？侯世达的确也把人人信以为有的自我看成一种幻觉，但他更愿意把"我"看成符号，确切说是大脑的最复杂的符号。"我"这个符号并非生来就有，大脑在不同程度上容纳了其他的"我"、其他的灵魂，甚至可以说，"我们每个人都是一束他人灵魂的碎片，只不过是以一种新的方式组合起来而已"[2]。这个说法简直像是米德自我论的翻版。"我"这个符

---

[1] ［美］侯世达：《我是个怪圈》，修佳明译，中信出版集团，2019年，第244页。

[2] ［美］侯世达：《我是个怪圈》，第303页。

号还是一个成长的结构,最初时很小很简单,"但它不断长大、生长、成长,最终成为我们大脑内部最为重要的抽象结构"[1]。自我如何成为掌控一切的中心?是因为"'我'的符号的锁定不可避免地在人类自我感知的反馈环中年复一年地发生,所以这一因果性又调转过来,把'我'请上了驾驶员的座位"[2]。作为当代顶尖认知科学家,侯世达不仅用科学语言诠释了佛家的自我幻觉说,还说明了为什么人类的自我幻觉难以被撼动。

现在我们要讨论诸法无我的实践部分。佛家破我执,并非要真正灭掉自我,甚至本意不在关心诸如自我究竟存在与否的纯学理问题,而是为了涅槃解脱的需要,转移自我观察的角度,舍离固定不变的"自我"观念,自我开悟,成就一个大智大勇、大精进的自我,或曰真我,也就是成佛。成佛不靠膜拜,靠自己觉悟,因为人人皆有佛性。《坛经》云:

> 凡夫即佛,烦恼即菩提。前念迷即凡夫,后念悟即佛。
> 前念着境即烦恼,后念离境即菩提。
> 不悟即佛是众生;一念悟时,众生是佛。故知万法尽在自心,何不从自心中,顿见真如本性?
> 佛本为凡夫说,不为佛说。

若佛是自心,佛要破的是什么"心"?

---

1 [美]侯世达:《我是个怪圈》,第217页。
2 同上,第247页。

> 自心皈依自性，是皈依真佛。自皈依者，除却自性中不善心、嫉妒心、谄曲心、吾我心、诳妄心、轻人心、慢他心、邪见心、贡高心，及一切时中不善之行。

破除我执，实为除却上述种种不善心和不善之行，实为人的脱胎换骨，即佛家之觉知，也即王阳明所谓真吾。唐代青原惟信禅师曾云禅悟前后的三境界："老僧三十年前未参禅时，见山是山，见水是水。及至后来，亲见知识，有个入处，见山不是山，见水不是水。而今得个休歇处，依前见山只是山，见水只是水。"开悟之人看上去还是常人，即见山只是山，见水只是水。百丈禅师说悟道之人："不异旧时人，只异旧时行履处。"但严格说来悟道人应该是，只异旧时人，不异旧时行履处。开悟后和尚还修道用功吗？用功！如何用功？大珠慧海禅师曰："饥来吃饭，困来即眠。"又问："一切人总如是，同师用功否？"师曰："不同。"最后问："何故不同？"师曰："他吃饭时不肯吃饭，百种需索；睡时不肯睡，千般计较。所以不同也。"还是如常人饿了要吃、困了要睡，但人已非旧时人，他不再如旧时那样三心二意、心猿意马；他不再往外寻求解脱，而专心致志于日常的砍柴担水，活出真正自在的感受。民国一文人入一破寺，见阶上冬瓜，问僧人冬瓜何用？僧曰，只是吃的。又问，和尚也要吃饱？僧曰，但求一饱，便是和尚。[1] 此所谓"平常心是道"。但此平常心已非常人的计较心，而是佛家说的本心，或铃木大拙说的"心的凸显"。在禅悟的那一瞬间：

---

1 参周作人《苦竹杂记》，岳麓书社，1987年，第17页。

各位获得了某种全新的生命，整个精神都建立和活动在全然不同的基调中了。那是一种从未经验过的满足、平和与喜悦的境界。人生的基调为之一变，禅悟使生命活力苏醒，春天的花朵更加可爱，溪流的水更加清冽。得到这样的全新感觉，怎么能说是"异常"？应该说，当人生越发深刻地品味到它的滋味，当人生的广度包含了全宇宙的时候，就会明白悟中有极其珍贵、值得全力追求的某种东西。[1]

这就是佛家的真如，或曰真我，彻悟回来，只是笃笃实实地去过平凡朴实的日常生活。但这种实事求是的精神，得来绝非易事。能修成正果的，无论是禅师、居士，还是普通人，无不赴汤蹈火，历经千辛万苦。做一个觉悟的平常人，几个常人能及？而要全身心感知世界享受生命，要在一个无我，即不着相，用黄檗禅师的话来说："终日吃饭，未曾咬着一粒米；终日行，未曾踏着一片地。与么时，无人、我等相。终日不离一切事，不被诸境惑，方名自在人。"跟常人一样吃饭行路做事，却不着不滞不惑，又有几个常人能及？

佛家的自在人，如同海德格尔的本真的存在一样，亦非多数常人能活出来的。常人趋乐避苦，佛家硬是以逆为顺（张中行语），要在"一切皆苦"的人生中通过日复一日的奋勉变"日日"是"好日"，这已十足达到由凡入圣境地。佛家视常识自我为虚妄的认识

---

[1] 转引自吴平等编《名家说禅》，研究出版社，2013年，第206页。

论已为当代认知科学所支持而几近不可反驳；而佛家明心见性，以活出活泼泼的真我为要旨的实践论，虽为多数常人所难以企及，却树立了让万千人"虽不能至，心向往之"的榜样。佛家标榜大智大勇，以卸一切系缚，以度一切苦厄，史上的高僧大德以大机大用之生命亲证佛家标榜诚非虚言！

儒家：真我（真吾）和尽其在我

儒家也讲无我。儒家的无我说只有伦理考量，而没有如佛家那般五蕴皆空的哲理论说。王阳明批人生大病，只是一"傲"字。倨傲不谦，只是私我太强，"古先圣人许多好处，也只是无我而已，无我则能谦。谦者众善之基，傲者众恶之魁"（《传习录》下）。儒家视成圣为人生第一等事，而成圣的最高成就则为无我。而无我的反面就是私我（私吾）。儒家或更乐意说大我、真我（真吾）。

私我和大我的对比，最初来自孟子的大体小体说。公都子问，都是人，或为大人，或为小人，何也？孟子曰："从其大体为大人，从其小体为小人。"（《孟子·告子上》）这里的大人和小人区分德行高下，而大体和小体则是良知和欲望的分野。活出自我来，按孟子的教导，必然是"先立乎其大者，则其小者不能夺也"（《孟子·告子上》）。

孟子的大人小人之分，在王阳明则为真吾私吾之分。常人的"从吾所好"，实为"从其名之好也，而竞以相高；从其利之好也，而贪以相取；从其心意耳目之好也，而诈以相欺。亦皆自以为从吾所好矣，而岂知吾之所谓真吾者乎"。阳明所谓真吾者为何？"良知之谓也。父而慈焉,子而孝焉,吾良知所好也;不慈不孝焉,斯恶之矣。言而忠信焉,行而笃敬焉,吾良知所好也;不忠信焉,不笃敬焉,斯恶之矣。故夫名利物欲之好,私吾之好也,天下之所恶也;良知之好,真吾之好也,天下之所同好也。"活出自我,不是活出以名利物欲为所好的私我,而是活出慈孝忠信笃敬的真我,"是故从私吾之好,则天下之人皆恶之矣,将心劳日拙而忧苦终身,是之谓物之役。从真吾之好,则天下之人皆好之矣,将家、国、天下,无所处而不当;富贵、贫贱、患难、夷狄,无入而不自得"。[1]

王阳明说的"真吾",透露了儒家活出自我的两条理路。其一,人是跟人在一起活出自我的,这是肯定人我关系,海德格尔的出离常人的真我之路和佛家的出世间的自度之路,皆非儒家的成己之路。儒家标榜"己欲立而立人,己欲达而达人",立人达人就是对他人,这里特别指五伦关系的父子、夫妇、君臣、兄弟、朋友等恪尽伦常责任,成人才能成己,"无所处而不当"才是真我。其二,儒家互动性道德关系并非发生于平等的权利主体间,而是发生于非平等的伦理主体之间。父子伦常为父慈子孝。按宗法要求,为人父者可要求子孝;为人子者,却只可希望父慈。但按基于仁义之礼,"我为子,我便不问父之慈否,先尽了我之孝。我为父,便不问子之孝否,先尽了我之慈"[2]。尽其在我,反求诸己,正是儒家完成自我的"践形尽性"之路,也是儒家一以贯之的忠恕传统。孔子云:"君子求诸己,小人求诸人。"又云:"躬自厚(责)而薄

---

1 参《王阳明集》(上),第222页。
2 钱穆:《人生十论》,广西师范大学出版社,2004年,第48页。

责于人，则远怨矣。"孔子表扬弟子好学者仅颜回，理由仅"不迁怒、不贰过"两条。按梁漱溟的理解，这两条"不属科学知识，不是哲学玄想，而恰同孔子一样是在自身生活上勉力造达一种较高境界。其勉力方向仍是在自觉、自主、自如"[1]。而"己所不欲，勿施于人"这一被誉为道德金律者，也只是从自我感受推己及人。

孟子讲反求诸己，有两段文字最广为流传，一段说若人不善我将如何，一段说我善人而人却无感我又将如何？人不善段云："有人于此，其待我以横逆，则君子必自反也：'我必不仁也，必无礼也，此物奚宜至哉？'其自反而仁矣，自反而有礼矣。其横逆由是也，君子必自反也：'我必不忠。'自反而忠矣。其横逆由是也，君子曰：'此亦妄人也已矣。'"（《孟子·离娄下》）妄人则与禽兽无异，何必再计较？君子躬自厚责如此，可谓仁至义尽。

再看另一段："爱人不亲，反其仁；治人不治，反其智；礼人不答，反其敬。行有不得者皆反求诸己，其身正而天下归之。"（《孟子·离娄上》）孟子眼中标准的君子，自己行善在先，他人无感在后，不是去怪人无感，而是反省自己是否不够仁、不够智、不够敬，如此尽其在我。孟子相信善意终会收获善意。

比较笃信和反己，王阳明更重视反己，"子夏笃信圣人，曾子反求诸己。笃信固亦是，然不如反求之切"。又，一友常易动气责人。先生警之曰："学须反己。若徒责人，只见得人不是，不见自己非。若能反己，方见自己有许多未尽处，奚暇责人？"是友感悔。曰："你今后只不要去论人之是非，凡当责辩人时，就把做一件大己私

---

[1] 梁漱溟：《东方学术概观》，巴蜀书社，1986年，第127页。

克去方可。"(《传习录》下卷）

孔子将"求诸己"与"求诸人"之别视为君子和小人之别，是从道德上立论。钱穆为反求诸己作的辩护，则更多推理成分。比如人同此心说："人心要求总是相类似。岂有为父者不希望子之孝，为子者不希望父之慈。"但一有要求，虽然正当，人心就生了一层隔膜，"专向膜外去求，求不得，退一步便只有防制。从防制产生了法律，法律好像在人四围筑了一道防御线"。所以，但若反身，各向自己身上求，反倒更易行，"子能孝，为父者绝不会反对。父能慈，为子者绝不会反对。而子孝可以诱导父之慈；父慈可以诱导子之孝。先尽其在我，那便不是法而是礼。礼不在防御人，而在诱导人……如是则先不需防制别人，而完成了一我"。这个"我"，就是本章全篇讨论的"真我"，即儒家的圣人，用钱穆的话来说，"中国圣人则只求做一个四面八方和我有关系的人所希望于我的，而又是我确然能做的那样一个人"。[1]

哪个我没有四面八方的关系？哪个我不为这四面八方的关系所希望？哪个我能容易活成钱穆定义中的这样一位圣人？

跟佛家活出平常心一样，活成中国圣人亦难。是的，没有为父的喜欢子不孝。然而子孝却不能保证诱导为父者一定对子女慈爱，亦不能保证为父者一定不会将子女所欲的不慈强加于子女身上。"尽其在我"在中国文化语境中面对的是不平等的人伦关系，在抽象语境中面对的就是不平等的人际关系。不平等是社会常态。如此，尽其在我，在弱势一方是低要求，在优势一方则是高要求。

---

[1] 参钱穆《人生十论》，第48—49页。

以医患关系为例，医生不仅拥有信息优势，还拥有组织优势，医生更容易利用优势自利，此即不平等关系中容易发生的道德风险。不平等不只是社会地位的，也是身心感受的。从主体感受上说，父慈多少是自然感情，子孝就未见得。天下孝子难得,所以有《孝经》流传。但为父的往往更霸道，这是血缘感情在父权社会的土壤里滋长出来的父道。孝子难得,开明的慈父就多吗？孔子说以德报德，以直报怨，这是务实且可行的道德立场，而非一厢情愿地反求诸己。以他人为重，在"己所不欲，勿施于人"中体现无遗，这条金律在大体平等的关系中可行，但若遇到不平等的关系，优势方就未必能做到"勿施于人"。若缺少约束，优势方的同情心更容易被特权损害。己所不欲只是己所不欲，是否也会顾及他人之不欲，难有保证。所以有那么多的强加于人，被强加者多为弱势方，主因是互动双方不对等。钱穆说，我为子，我便不问父之慈否，先尽了我之孝，这是容易诱导父之慈，还是容易加剧父之霸，真不好说。社会学家更倾向于后者。亚当·斯密说，每个人追求自己的利益，最后反倒增加集体利益的交易互动，其之所以可能，前提是必须保证没有任何一方可以施以强制，而这并非仅由交易双方的道德自律所能控制的，控制是权利保障的制度安排。必须加上这一机制，"己所不欲，勿施于人"才容易在人际互动中实现。只是尽其在我，自己或可心安理得，却不大容易让四面八方与己有关系的人都满意。

　　在人伦关系中尽其在我的成己之路，难以成为社会学，却不能说不是好道理。"儒家为学本于人心，趋向在此心之开朗以达于人生实践上之自主、自如。"前面讨论的海德格尔和中国禅师，全在提升人生境界至于最高的自由和自觉。人有自由吗，还是完全被环境决定？傅伟勋说，这是实际生活态度问题，而非纯粹知性探索问题：每一个人一开始就站在人生的十字路口，是随波逐流，得过且过（水平路向的决定论），还是面对大乘佛家所云向上向下两门之分、存在主义所云本真性与非本真性之分、儒家所云真吾（道心）与私吾（人心）之分，做出自己的选择，"如有积极的生活态度，则不会满足水平路向，必定会取垂直路向；萨特是如此，傅朗克是如此，佛教徒（与儒家仁人君子）更是如此"[1]。在人生垂直路向上自强不息、力争上游，活出自觉，无论成就大小，都是活出自我的真道理好道理！

---

[1] 傅伟勋：《从西方哲学到禅佛教》，第373页。

伍

社会建构篇

社会建构了什么？建构的不只是一般的组织、结构、团体、司法系统和国家，更是一套关于人和世界的说法和图景。社会学的建构，属于观念论和主观派。一个适当的对比是，蜜蜂筑造蜂巢，但再蹩脚的建筑师也比蜜蜂高明，因为他在筑造房子之前，已经在头脑里构建了模型。马克思的这个对比可以最好地表达社会学建构概念。筑造不是建构，观念建构对象乃至世界，才是社会学的建构论。社会建构，不是用砖块、水泥、钢材、玻璃，借助暴力和金钱来做，而是用符号、语言、比喻、想法、概念、价值、信息、道理、信念等，以编故事的方式来建构社会身份、人际关系、行为模式、生活意义、价值标准、是非观念、情境定义，以及各种神话，所有这一切就是韦伯说的人是挂在自己编织的意义之网上的动物之意，韦伯也成为社会建构论的现代鼻祖。用符号建构出来的道理，可以具有暴力或权力的效应，这就是布尔迪厄的符号暴力。男尊女卑就是一种符号暴力。宇宙无意义，社会有意义，意义是人建构的。真善美全是意义建构，但被建构的意义并不必然真善美。人为自己建构的意义而活，也不必然导向幸福的结局，关键是他们能否自由地创造并再创造其意义。

犹太人大屠杀的悲剧叙事

你知道多少犹太人大屠杀的事实？死难者六百万？奥斯维辛集中营？没错。你或许还知道大屠杀是纳粹干的。但你是否相信，消灭了纳粹，也就消除了犹太种族灭绝的根源？战后的确不再发生对犹太人的大规模迫害，但是否不再有类似的种族屠杀的罪行？犹太人大屠杀这一页是翻过去了，是否意味着类似的人类相残的屠杀被永久消除了？事实上，不仅在越战中美军对手无寸铁的平民仍有杀戮暴行，而且在卢旺达的种族冲突中，胡图族对图西族实行了百万人的大屠杀。把种族灭绝仅仅跟特定的战争和特定的作恶者联系的解释没能预言20世纪后半期的多次屠杀悲剧。

还有，希特勒和纳粹党无疑是犹太人大屠杀的罪魁祸首，但你是否认为，杀了六百万犹太人的纳粹执行者，个个都是与我们普通人完全不同的恶魔？不然，他们如何能不动心且高效率地用现代技术杀死了成千上万跟他们无冤无仇的陌生人？但当你知道艾希曼，一个把成千上万的犹太人送入集中营的大屠杀计划的执行者，是一个被心理医生诊断为比自己还正常的正常人时，你还坚持把所有纳粹杀人机器上的人都想象成希特勒一样的恶魔吗？

人人都可以依据自己掌握的事实和基于自己的道德直觉，就犹太人大屠杀给出解释，但社会建构论讲的"解释"，多半并非主观的个人解释，而是主流的社会解释。事实上，犹太人大屠杀叙事已成为今日的社会知识，个人的解释若与此公共解释不一致，不是无知，便是政治不正确。在德国，发表否认纳粹屠杀犹太人的言论是违法的。2017年，柏林一家法院判处曾多次否认犹太人大屠杀事实的88岁的乌尔苏拉·哈佛贝克（Ursula Haverbeck）半年监禁。根据德国法律，否认大屠杀历史会被以煽动种族仇恨罪判处最高5年刑期。社会为重大历史事件所建构的叙事，不仅在于确定事实，更在于明辨是非，甚至会用法律手段来维护该叙事的正当性。比如犹太人大屠杀的解释，在关乎基本事实和价值问题上，的确没有多少个人解释的自由空间。

但这既不表明事实是直接呈现的并会直接导向价值，也不意味着政治正确的解释只能有一种。因为事实本身不会"说话"，不会自动让人"看见"，更不会"自我定义"。是人将事实"挑选"出来，为事实"代言"，让事实"呈现"，并对事实"定义"，即赋予事实以价值判断。可以假设，如果纳粹未被打败，犹太人大屠杀的事实将永远被埋没。今日的大屠杀叙事，是反法西斯的胜利者撰写的，才有从历史事实到历史事实的呈现。让真相被人"看见"，就是文本建构的开始。

这种文本的建构，就是社会学家斯图尔特·霍尔（Stuart Hall）所说的文化编码（coding）或表征，"我们给予事物意义是凭借我们表征它们的方法：我们所用的有关它们的语词，所讲的有关它们的故事，所制造的有关它们的形象，所产生的与它们相关的情绪，对它们分类并使之概念化的方法，加于它们之上的各种价值"[1]。被编码的文本，还需被接受者解码（decoding），或者说，对编码者来说具有意义和价值的文本，还需要他人富有意义的再解释，即需唤起人的心理认同，如此才能构成一个完整的文本建构。文本建构不仅是一个创造意义的实践，也是一个共享意义从而实现意义的实践。

此外，战后的犹太人大屠杀叙事，按社会学家杰弗里·C.亚历山大（Jeffery C. Alexander）的说法，最初最流行的是所谓"进步的叙事"，在这个叙事中，已经有了"种族灭绝""反人类罪""犹太精神创伤"等概念。随后且一直流行至今的，则已经从犹太人的浩劫叙事转为人类悲剧的叙事，叙事更替和转换的问题就成为："犹太人大屠杀这样一个发生在特定历史情境中的具体事件，一个标志着民族和种族仇恨、暴力以及战争的事件，是如何转变为一个代表着人类苦难和道德堕落的普遍性象征符号的呢？"[2] 换言之，一个原本属于犹太民族精神创伤的事件，是如何变成人类精神创伤的永恒标记的？以下讨论的，不仅是一个关于人类苦难的故事，也是一个不断改写从而为今人最为熟悉的故事。

"大屠杀"的进步叙事

进步叙事的核心是把纳粹屠杀犹太人的暴行看成一宗战争罪，

---

[1] [英]斯图尔特·霍尔：《表征：文化表象与意指实践》，徐亮、陆兴华译，商务印书馆，2003年，第3页。

[2] [美]杰弗里·C.亚历山大：《社会生活的意义：一种文化社会学的视角》，周怡等译，北京大学出版社，2012年，第25页。

随着纳粹的灭亡，大屠杀的一页终将翻过。历时近一年的纽伦堡审判，则在纳粹所犯的战争罪之外，加上了针对平民包括犹太人暴行的"反人类罪"。民间和官方的文本，都确认了纳粹主义的恶为非人道的绝对的恶。最终被称为犹太民族浩劫的那个事件被呈现给当时的民众，但只是作为一个战争故事。犹太人在遭到灭绝的过程中所经历的精神创伤只是作为纳粹的恶所带来的一系列后果中的一个被表征。纽伦堡审判起诉书的第四条，是以"反人类罪"的新罪名对纳粹领导人提起控告的。在亚历山大看来，这是向犹太人大屠杀公共表征的一般化迈出的重要第一步，[1]但从今天的角度来评价，这一步的作用仅仅是单方面确认了犹太种族的无辜，因而作用有限。《纽约时报》关于纽伦堡审判起诉书的第一篇报道，就直接把大屠杀与战争联系起来，并把对大屠杀的惩罚视为预防未来再出现"侵略战争"的手段。以上的叙事确认了犹太人大屠杀的事实，但没有为战后的公众塑造出一个感同身受的精神创伤；纽伦堡审判将终结纳粹主义并铲除它的后果；把"大屠杀"抛到脑后，继续前进，以翻开建设新世界的篇章；这等于许下一个救赎的诺言，将激发出一系列带来信心和希望的行动。所以，亚历山大将这种叙事框架称为进步的叙事："它宣称由社会的恶带来的精神创伤终将被克服，纳粹主义终将被击败并从世界上消失。精神创伤将最终被限制在一个创伤性的过去，而它的黑暗在新时代强大的社会之光下终将悄然隐去。"[2] 这个叙事框架的进步性依赖于

---

1 ［美］杰弗里·C.亚历山大：《社会生活的意义：一种文化社会学的视角》，第39页。
2 同上，第36页。

将纳粹主义限制在特定的历史情境中，一旦类似纳粹主义的恶并未随着第二次世界大战的终结而终结，进步叙事的框架必将捉襟见肘，不仅无法解释战后新出现的种族屠杀的恶行，也无力解释这种绝对恶的社会原因和人性原因。

"大屠杀"的悲剧叙事：文化结构

有关犹太人大屠杀的另一个叙事框架，被亚历山大称为悲剧叙事。亚历山大用解释学重构了该叙事的文化结构，又用历史社会学叙述了悲剧叙事的社会建构过程。

悲剧叙事之文化结构的第一个因素涉及大屠杀的恶的性质及其在人性中的根源。进步叙事已将大屠杀界定为根本恶，但仍与战争联系在一起，仍在纳粹主义罪行范畴内。在悲剧叙事框架内，恶行已从纳粹本身的世俗性中分离出来，已不再是任何事件的标志，而是一种空前的邪恶。如此，大屠杀就进入了普遍的历史。

大屠杀的恶不仅无以复加，从人性上也难以理解。历史学家伊萨克·多伊彻（Isaac Deutscher）最先看出这种人性黑暗、深不可测的悲剧性质，他断言理解犹太种族浩劫不只是时间问题。他评论道：

> 我怀疑即使一千年后人们也不一定能比我们现在更理解希特勒、奥斯维辛、马伊达内克、特布林卡。他们难道能具有一种更好的历史视野吗？相反，后世可能甚至比我们能够理解的更少。谁能分析出奥斯维辛的暴行背

后的动机和利益……在这里我们所面对的是一个巨大而凶险的人性之谜，这个谜将永远给人类带来困惑和恐惧。"[1]

是的，"人性之谜"！直到最近的世纪之交，人们还在说"犹太人大屠杀这个深刻而痛苦的谜团世世代代回荡在人们心中，跨越了国家的界限……呈现出一种令人生畏的人类和神学之谜"[2]。"奥斯维辛之后没有诗"，西奥多·阿多诺（Theodor Adorno）之痛，不正痛在这无边的人性黑暗上？

这种直刺人性深处的精神创伤需要被重新命名，于是取代进步叙事的世俗性用语"Holocaust"（犹太种族浩劫）作为那个无以名状之物的一个象征成为当代英语语言的一部分，"它所带来的符号延伸对于从犹太人的精神创伤到全人类的精神创伤的转变是一个必要因素。紧随其后必须获得的另一个因素，就是心理学意义上的认同感。要获得这种认同感，就得在一个截然不同的叙事框架中建构这个被重新评价的恶的符号"[3]。

悲剧叙事之文化结构的第二个因素关乎如何给创伤定性从而决定应对的方式。按照进步叙事的定性，大屠杀是一个出生创伤，翻过纳粹暴行这一页，历史便走上通向更好世界之路。但战后种族屠杀的悲剧一再发生，从越战的美军暴行到卢旺达大屠杀再到

---

1 Isaac Deutscher, The Jewish Tragedy and the Historian, In *The Non-Jewish Jew and Other Essays*, ed. Tamara Deutscher, London: Oxford University Press, 1968, p.163. 转引自［美］杰弗里·C. 亚历山大：《社会生活的意义：一种文化社会学的视角》，第48—49页。
2 ［美］杰弗里·C. 亚历山大：《社会生活的意义：一种文化社会学的视角》，第49页。
3 同上，第50页。

前南联盟瓦解后的族群相残，进步叙事的美好诺言一再落空。犹太文学评论家杰弗里·哈特曼（Geoffrey Hartman）有理由就这些事件向人类发出疑问："我们是否能预设自己是有人性的，是'人类大家庭'，或者用不那么戏剧化的语言来说，我们怀疑进步、文化和教育是否只是表象。"[1]

悲剧叙事定性大屠杀是一个死亡创伤，是绝望的起因而不是希望的开始，根据这个全新的悲剧性理解，受难而不是进步，成为叙事的中心内容。在悲剧叙事中，大屠杀已非一个历史事件，而成为一个无时间的原型事件，这种不受特定时空限制的超验性，正是悲剧产生共情的心理机制。怀特海这样定义悲剧："悲剧的本质不是不幸，而是事物无情活动的严肃性。但这种命运的必然性，只有通过人生中真实的不幸遭遇才能说明。因为只有通过这些剧情才能说明逃避是无用的。"[2] 悲剧中渗透的那种无助感，正是悲剧之所以能激发同情的力量。

悲剧叙事定性的死亡创伤，无法以进步主题来疗愈，换言之，"Holocaust"无法被"超越"。"我们只能向它回归：不是超越而是宣泄……我们要寻求宣泄，是因为对悲剧叙事的那种认同感推动着我们去体验那股既威胁着别人，又威胁着我们自己的黑暗而不祥的力量。我们通过体会来对悲剧作出'弥补'。但这种弥补并不意味着跨越这场悲剧。相反，为了作出这种'弥补'，我们必须重复地把

---

[1] [美]杰弗里·C.亚历山大：《社会生活的意义：一种文化社会学的视角》，第50页。
[2] [英]A. N. 怀特海：《科学与近代世界》，第11页。

那个作为原型的精神创伤戏剧化和再戏剧化、体验和再体验。"[1]

这就把我们带到悲剧叙事之文化结构的第三个因素：戏剧化的永恒回归。亚历山大相信，后世的观众向这个"精神创伤戏剧"一次又一次的回归，将构成大屠杀悲剧叙事的主线。为何如此？因为不断回归才是保证"Holocaust"不会再度发生的唯一途径。反过来说，不断回归到精神创伤剧中去体会受害者的苦难和无助，在某种意义上就是令那个摧毁信心的事件在当代生活中得以延续，"这实际上就是在承认它可能再次发生"[2]。

犹太种族浩劫叙事之所以需要一再戏剧化和泛化，目的在于使当代人的敏感性能深入社会恶和人性恶的层面中去。跟所有的悲剧一样，"这个精神创伤传达给我们的讯息是：我们每个人、每个社会里都存在着恶。如果我们都是受害者，同时又是行凶者，那么就没有一个观众能够冠冕堂皇地把自己从集体苦难的受害者或行凶者当中抽离出来"[3]。这一无人免责的道理在犹太裔哲学家汉娜·阿伦特那里有更深入的阐释。

悲剧的人性根源：人人身上有一个"艾希曼"

大屠杀事件的意义改写已有结论，即悲剧叙事已将犹太人的精神创伤转变成了全人类的精神创伤，但事件的社会书写不是一

---

1 [美]杰弗里·C.亚历山大：《社会生活的意义：一种文化社会学的视角》，第52页。
2 同上，第53页。
3 同上，第54页。

下子就完成的，这出新的精神创伤戏剧多路演绎，通过各地发生的真实故事、影视节目、书籍文献、图文照片等逐渐呈现，其中，《安妮日记》的传播、对艾希曼的审判、米尔格拉姆实验和斯坦福监狱实验等事件，对建构犹太人大屠杀的悲剧叙事和深化对悲剧根源的认知贡献良多。

建构和传播犹太人的悲剧故事，《安妮日记》等真人故事起了关键作用。最重要之处在于，它们以人格化的表现形式把精神创伤"带回了家"，受害者的形象是从家庭和普通人的视角来表现的，如此，"精神创伤的受害者就成了每个男人和女人，每个孩子和每个家长"[1]。

如果说《安妮日记》和类似的文本扩展了对悲剧受害者身份认同的个人化过程，那么，1961年在耶路撒冷对前纳粹高官奥拓·阿道夫·艾希曼的审判，则从道德上（而非法律上）发展了对大屠杀行凶者的新的理解，行凶者也从具体而确定的人格，转变成一种抽象而有普遍性的形象。旅居美国的汉娜·阿伦特在为此次审判撰写的报告中提出的"平庸之恶"说对这一转变贡献甚大。在这本名为《艾希曼在耶路撒冷》的报告的结论部分，阿伦特评论道："艾希曼令人不安的原因恰恰在于：有如此多的人跟他一样，既不心理变态，也不暴虐成性，无论过去还是现在，他们都太正常了，甚至正常得可怕。从我们的法律制度和我们的道德准绳来看，这种正常比所有残暴加在一起更加可怕，因为它意味着，这类新的罪犯，这些实实在在犯了反人类罪的罪犯，是在不知情或非故意

---

[1] [美]杰弗里·C.亚历山大：《社会生活的意义：一种文化社会学的视角》，第56页。

的情况下行凶作恶的。"[1] 把一个常人眼中的杀人恶魔说成是平庸的办公室罪犯必然引来轩然大波，招致犹太人和非犹太人的激烈批评，"但几乎每个参加过战后集体屠杀犯审判的人（其中不乏声名卓著的医生和药剂师），离席时都惴惴不安，因为杀人犯看起来跟你我没什么两样。以色列法庭的心理专家在给艾希曼进行过身体检查后，发现他是一个'完全正常的人，甚至某种程度上比给他做完检查的我还要正常'"[2]。艾希曼跟你我没什么两样，这正是阿伦特"平庸之恶"概念的力量。心理学家告诉我们："以通常的诊断标准来衡量，只有10%的党卫军可以被认为是'不正常的'。这个观点符合大多数幸存者提供的证词的总的倾向，他们认为在大多数集中营里通常只有一个或最多几个纳粹党卫军因为他们的虐待性残暴丧心病狂地发作而人所皆知。"[3] 阿伦特分析，对提出"最终解决犹太人问题"的海因里希·希姆莱（Heinrich L. Himmler）来说，最棘手的问题是，"所有正常人在目睹生理折磨时，都会产生本能的同情，这些人将如何说服自己的良心呢？"[4] 哲学家齐格蒙特·鲍曼（Zygmunt Bauman）告诉我们："在招募特别行动队成员和其他同样与真实的屠杀现场接近的人时，也会格外小心地清除——禁止或开除——所有异常急切的、性情中的、意识形态立场过于狂热的人……个人的积极性不受鼓励，要把大量的精力投入使得整

---

1 ［美］汉娜·阿伦特:《艾希曼在耶路撒冷：一份关于平庸的恶的报告》，第294页。
2 同上，导言，第11页。
3 ［英］齐格蒙特·鲍曼:《现代性与大屠杀》，杨渝东、史建华译，译林出版社，2002年，第26页。
4 ［美］汉娜·阿伦特:《艾希曼在耶路撒冷：一份关于平庸的恶的报告》，第110页。

个任务公事公办中去,并使之严格地居于非个人的框架之中。"[1]

一旦普通人接受了"人人身上有一个艾希曼"的说法,接下去必定要追问普通人是如何变成艾希曼的？或引用美国心理学家菲利普·津巴多(Philip Zimbardo)的《路西法效应》一书的副标题:好人是如何变成恶魔的？阿伦特的"平庸之恶"推动了扩大"行凶者"范围及其心理和社会成因的研究。著名的米尔格拉姆实验〔又称服从权威实验(Obedience to Authority Study)〕,目的是测试受试者在遇到权威者下达违背良心的命令时,人性所能发挥的拒绝力量究竟有多大。实验始于1963年,艾希曼获死刑后的第二年。米尔格拉姆设计的实验,就是为了测试"艾希曼以及其他千百万名参与了犹太人大屠杀的纳粹追随者,有没有可能只是单纯地服从了上级的命令？我们能称呼他们为大屠杀的凶手吗？"实验结果令人震惊,为了服从权威而置他人于痛苦境地的人的比例竟高达65%。实验证明了设计者的设想,如果人们置身于类似艾希曼的情境,大多数人也许会采取同样的行为。实验的另一个发现是,如果将实验中下达大多数命令的耶鲁大学实验室的富有声望的科学家,换成一位籍籍无名的科学家,服从率就跌到了48%;若科学家身份的实验者在最后一刻被一个没有权威的"替代者"取代,"在这种条件下,完全服从的被试者所占的比例一下子跌到了20%,表明对大多数人来讲,只有合法权威的命令才能得到高度的

---

[1] [英]齐格蒙特·鲍曼:《现代性与大屠杀》,第27页。

服从,并非人人都可以承担权威的角色"[1]。服从权威实验证明了哈佛大学社会心理学家赫伯特·C. 凯尔曼（Herbert C. Kelman）的观点,常人轻易成为加害者,皆因"暴力被赋予了权威（通过享有合法权力的部门的正式命令来实现）"[2]。

另一个著名实验的成果,就是上文《路西法效应:好人是如何变成恶魔的》一书中提及的。1971年,斯坦福大学的心理学教授津巴多主持了"斯坦福监狱实验",招募的受试者全是身心健康的大学生,他们被随机分为狱卒和犯人两组,接着就被置于模拟的监狱环境。津巴多说实验试图了解,"好人或一般人如何转变为去为非作歹的过程。首先,我们得面对最基本的问题:'是什么让人为恶？'……我们将以生活中的真实人们为例子……我们想要了解的是:性格如何在强大情境压力下产生转变？"[3] 模拟的监狱环境让受试的大学生很快入戏。实验从某个星期日开始,星期一就有犯人造反,星期三局面开始失控,到星期五,六天时间已经让原本单纯的大学生变成残暴不仁的狱卒和心理崩溃的犯人,"一套制服一个身份,就轻易让一个人性情大变",原定两周的实验不得不宣告终止。实验证明了社会情境的力量,正如哈佛心理学者马扎林·贝纳基（Mahzarin R. Banaji）所说:"对于了解人性,社会心

---

[1] [美] E. 阿伦森:《社会性动物》（第九版）,邢占军译,华东师范大学出版社,2007年,第33页。

[2] Herbert C. Kelman, "Violence without Moral Restrain", *Journal of Social Issue*, Vol. 29, 1973, pp.29-61;转引自[英]齐格蒙特·鲍曼:《现代性与大屠杀》,第29页。

[3] [美] 菲利普·津巴多:《路西法效应:好人是如何变成恶魔的》,孙佩妏、陈雅馨译,生活·读书·新知三联书店,2010年,第3—4页。

理学的贡献在于它发现有些远超出我们自身的力量决定了我们的心智与行动,而这些力量中最重要的是社会情境的力量。"[1] 监狱情境中怎样的过程让正常人非人化? 津巴多概括了两个过程,"去个性化过程使得加害者得以保持匿名,因而降低了个人行为的可说明性、责任感和自我监控能力。而去人性化过程则夺走了潜在被害人的人性,使得他们变得跟动物一样,甚至什么都不是"[2]。

以上实验的价值何在? 社会学家的判断是十足社会学的,"它把首先由纳粹表现出来的根本恶的能力泛化到了整个美国民众"[3]。极而言之,人类浩劫的人性根源在于,在特定社会情境下,人人都可能是行凶者。以色列特工对纳粹余孽的追捕和审判,最终经由哲学家之力追踪和审判到人性的平庸之恶,是犹太人大屠杀叙事最具悲剧效果和警醒力量的篇章。

人是编故事的动物。人讲故事为的是真相:讲出真相或掩盖真相。真相有相对容易看到的事实,更有不容易看到的事实的成因。抱着乐观主义的进步观点,我们的确抓住了纳粹,却放过了我们自己。悲剧主义叙事的力量,在于对犹太人的精神创伤的反复体验,以激发我们对人类苦难的悲悯心;也在于对人性至深幽暗的反复体察,以激发我们对"人心惟危"的警觉心。

---

1 转引自 [美] 菲利普·津巴多《路西法效应:好人是如何变成恶魔的》,第 338 页。
2 同上。
3 [美] 杰弗里·C. 亚历山大:《社会生活的意义:一种文化社会学的视角》,第 60 页。

空间品牌的社会命名

上海泰康路上的田子坊在今日上海遐迩闻名，二十多年前它还只是一处普通的上海弄堂，更确切地说，那时的泰康路还没有田子坊。一场兼顾民生利益、社会公正、创新产业和城市文脉的包容性旧区改造实验，将田子坊做成了上海知名度最高的创意产业品牌，成为上海的一处城市地标和文化名片。自创设以来，田子坊已荣获上海市和国家授予的多项荣誉称号，斩获中国最佳创意产业园区、上海十大时尚地标、最具影响力品牌等殊荣。将旧式里弄改造成人气社区，田子坊走的路线与上海新天地完全不同，其成功有诸多原因，从品牌建构的意义上看，"社会命名"是田子坊产业空间获得巨大影响力的关键原因之一，其中的深意是，成功不仅是做出来的，也是说出来的。就本案而言，此系三重社会命名：陈逸飞和黄永玉完成的艺术空间的命名，厉无畏完成的产业空间命名，以及阮仪三完成的历史空间命名。本篇分析借鉴的是布尔迪厄的社会命名理论，聚焦于社会命名作为一种现实建构论的方法论，在传播学之外提供了一种品牌建构的社会学解释。

布尔迪厄社会命名论：名号、名堂、名位

在布尔迪厄眼里，社会首先是一个"有名有姓"的世界，所谓"有名有姓"，意味着社会不只是一种客观实在，也是一种被表象、被命名的实在。如此，"社会科学处理的就是已命名的、已分类的现实，它们带有各种专门名词和普通名词以及称号、符号和缩略词"[1]。但并非任何人说的语词都有建构实在的作用，只有那些被授权的人在严肃场合表达的正式话语才具有制度的权威性，也就是说，权威在语言之外。[2] 要处理的是这些语词是由谁在怎样的场合及怎样给出的。有效的社会命名不单是语言的效力，更是制度的效力，这样，"社会科学必须将有关命名（naming）的社会操作以及使命名得以完成的制度仪式作为其研究对象"[3]。了解命名的社会操作，了解使命名完成的制度仪式，就是了解命名的权威是怎样产生的。社会命名之所以重要，是因为社会命名或社会表象，"不只是反映社会关系，还有助于构建这些关系，因此，在一定限度内，人们就可以通过改变世界的表象来改变这个世界"[4]。这就进入布尔迪厄要求的更高层次的分析："必须研究词语在社会现实的构成中所扮演的角色。"[5] 建构现实的命名行为数不胜数，"例如婚姻或者割礼，头衔或学位的授予，骑士称号的赋予，官员的任命，通告或

---

1 [法] 皮埃尔·布尔迪厄:《言语意味着什么：语言交换的经济》，第82页。
2 同上，第86页。
3 同上，第82页。
4 Bourdieu and Wacquant, *An Invitation to Reflexive Sociology*, Polity Press, 1992, p.14.
5 [法] 皮埃尔·布尔迪厄:《言语意味着什么：语言交换的经济》，第82页。

表彰，某种品质标签的赋予，或者通过署名或首字母予以确认"，一旦确认，"意味着以一种积极的方式向某人或某事物赋予这种或那种职位或者特权"[1]，这岂非一种"圣职授予"，或"点石成金"？是的，布尔迪厄直呼上述命名行为为"社会巫术行为"。但巫术既不靠"欺世盗名"，也不靠"冒名顶替"，变俗物为圣物，一是由"被广泛认同的权威所执行"，二是"在于群体的确信"。[2] 概言之，布尔迪厄的社会命名论，不只是分类社会世界之名号论（名词性的），也是描述社会世界之名堂论（形容词性的），更是建构社会世界之名位论（动词性的）。

田子坊空间的三重社会命名

1. 从泰康路到田子坊：从俗物到"圣物"

田子坊产业空间品牌的第一重建构或第一重社会命名是从两位艺术大师陈逸飞和黄永玉开始的。

陈逸飞来到之前，没有田子坊只有泰康路，最初的计划是从当地主官梦想把泰康路改造成文化一条街开始的。上级对街道政府尝试利用闲置厂房来做文化无意反对，还乐观其成。开发者有梦想但缺理念，虽殚精竭虑，尝试的文化街区最终并没有火起来。陈逸飞的加入，才让泰康路变成了田子坊，或让一条籍籍无名的寻常马路变成一个遐迩闻名的新文化产业空间。它是全球化的产

---

1 [法] 皮埃尔·布尔迪厄：《言语意味着什么：语言交换的经济》，第109页。
2 参同上，第109—110页。

物，是在以陈逸飞为代表的具有世界主义眼光和纽约SOHO理念的艺术家们发现泰康路旧里空间的美学和历史价值的基础上发展起来的。自陈逸飞工作室落户泰康路210弄后，各路艺术家闻风而动，相继入驻。从旧厂房中发现价值，只有熟悉SOHO理念的艺术家才有如此眼光；而"化腐朽为神奇"，将本地人不屑一顾的闲置厂房改造成人见人爱的艺术空间，更是只有熟悉当今世界各种最新设计流派风格且有高深造诣的艺术家才具备此能力。旧厂房在本地人眼里就是废弃的无用空间，也正因为本地人没有SOHO眼光，泰康路有待出租的厂房一直无人问津。田子坊的先驱者多为有过旅居海外经验的大艺术家不是偶然的。因为大拆大建的现代主义在中国盛行时，保护性改造的SOHO理念在西方已经成熟。海外经验加上专业眼光，很容易让陈逸飞等中国顶尖艺术家们发现在一片拆除声中为国人所忽视的旧里有机更新的可能性。他们在本地人看不出所以然也看不起的地方看出了大大的所以然，也从最本地化的空间里创造出最具世界主义的社区来。

如果说陈逸飞们对泰康路空间的SOHO改造或SOHO命名是功能性（将工厂空间艺术化、美学化）的话，那么，黄永玉以国史可考的第一位画家田子方之名将泰康路改名为"田子坊"，此命名则是十足社会性的和符号性的。从泰康路到田子坊，这是意义非同寻常的社会命名：分类和神化。"田子坊"的命名就将一个"俗物"变成了"圣物"，进而与其他基于大拆大建的城市更新项目，包括与田子坊一街之隔的日月光中心广场完全区别开来。去田子坊，人们是去上海的一个文化地标打卡；而对多数人来说，日月光中心广场只是一个消费主义的热门场所。

按布尔迪厄的分类理论，黄永玉所做的不只是对一处空间的改名，更是一种符号资本的生产。黄永玉的命名并非官方行为，并不具有国家命名的权威性和神圣性，但符号资本的象征权力，并非只有国家命名或官方分类一个来源，诸如质量管理标准ISO9000与社会责任标准SA8000的认证都是非政府的第三方认证，与国际标准一样都具有普遍象征效力。由具有业界卓越地位和广泛社会声望的艺术大师参与空间改造和空间命名，实在也具有"社会点金术"的作用，这里的关键是艺术地位和文化声望代表了布尔迪厄所说的被广泛认可的文化权威。然而，田子坊的命名最初是不被主张拆除田子坊街区的计划方承认的，认可"田子坊"之名，就等于认可这一命名建构现实的效力。在田子坊的去留方案处于争执阶段时，主张拆除田子坊的领导在现场断言这里只有泰康路，没有田子坊。田子坊实验团队反驳道："若说田子坊是假的，新天地也是假的，从来只有太平桥，没有新天地。"[1] "新天地"是开发商命名的，它之所以不被当地领导质疑，因为它本身就是政商合作的范本，是资本权力和公共权力的结合赋予"新天地"命名的合法性，"新天地"更被标榜为基于历史文脉保护的旧城改造的新模式。所以，透过名词的真假之争，我们应该看到实质上的文化权力之争、经济权力之争及开发模式之争。田子坊命名带来的真假之争，只是名义之争吗？当然不是，"但一定要表现为命名之争，因为社会世界就是被命名的世界，人们正是通过命名，创造命

---

[1]《田子坊访谈2》，2011年3月12日。

去创造他们认为新的社会世界和社会空间"[1]。

2. 产业空间的命名：文化创意产业

陈逸飞的文化产业不仅引来更多的艺术企业家，也为田子坊赢得了中国创意产业发源地的荣誉，但此创意产业的命名必须有待社会科学家的发明，经济学名家厉无畏以创意产业园区之名定义田子坊，给了田子坊一个迥异于其他旧城更新项目之不可替代的身份。

创意产业的概念来源于美国城市学者理查德·佛罗里达（Richard Florida）的《创意阶级的兴起》，创意阶级最显著的特点是，其成员的工作是以"创造有意义的新形式"为能事。这个阶级的高层创造核心包括科学家与工程师、大学教授、诗人与小说家、艺术家、娱乐业创作家、演员、设计家、建筑师，以及现代社会的思想领袖，如非虚构作家、编辑、文化人物、智库研究者、分析家和其他思想创造者等。这个创造力的高层核心成员创造出易于转化和有广泛用途的新形式与新设计，如设计出一个可以大量制造、销售与使用的新产品，或提出一个可运用于许多方面的原理和策略，或创作出可一再演奏的曲子等。[2] 什么样的城市可以吸引创意阶级？第一，那些可以提供丰富多彩生活方式和舒适物（amenity）的城市，它们可以吸引追求某种生活方式的创造性人

---

[1] 于海：《旧城更新叙事的权力维度和理念维度——以上海"田子坊"为例》，《南京社会科学》，2011年第4期。

[2] Richard Florida, *The Rise of the Creative Class*(Basic Books, 2002)，p.68.

士如音乐家、画家、技术人才等前来生活，然后发展职业。第二，城市的多样性本身吸引人。一个拥有不同的族群、年龄和另类表现方式的多样性的社区就是一个信号：这是一个对外人开放的地方。第三，原真性是生活品质优越和城市令人愉悦的一个重要元素。原真性来源于社区的诸多方面，如历史建筑、有年头的街坊、音乐氛围或文化特质等。[1] 与现代主义的观点完全不同的是，不是越现代的越技术主义的城市越能吸引具有原创能量的艺术家或艺术企业家，恰恰是保留着丰富历史和文化多样性的城市和街区，才是最适合创意产业诞生的地方，如此来看泰康路为何能得到陈逸飞等艺术家的青睐就不足为怪了。

实际上，田子坊实验之所以不乏世界最前沿的流行理念和话语，是因为这场改造一上来就是以纽约的SOHO为榜样的，声称要"将田子坊打造为上海的SOHO"，进而当田子坊遭遇被大拆大建项目取代面临生存危机时，实验者们寻求的也是从诸如"创意产业"即在西方刚刚流行的理念中获得合法性。2004年，为保住田子坊，开发团队请来经济学家厉无畏，厉无畏在《人民日报》上发文，以"创意产业"概念定义田子坊里由艺术工坊、设计工作室和美术画廊等集聚的产业。他首先回答了人们的疑问，何以许多文化创意产业会集聚于旧工厂、旧仓库？"不仅因为早期租金较便宜，又地处市中心，更重要的是这些老厂房、旧仓库能勾起人们的回忆，其敞露的屋梁架构又引人遐想，不知不觉促成一

---

[1] 参于海主编 *Urban Theory: Classic and Contemporary Readings*，复旦大学出版社，2005年，第319页。

种思维的架构；加之老厂房、旧仓库开阔宽敞，可随意分割、重新布局，因此颇受艺术家青睐。"厉无畏继而界定文化创意产业"是现代服务业重要的组成部分，具有很强的渗透力和辐射力。它渗透到各行各业，可大幅提升产品的附加值，如产品构思、设计、造型、款式、装潢、包装、商标、广告等，无不凝结着一定的文化素养、文化个性和审美意识"。他大胆断言，"文化创意和科技创新是提升产业附加值和竞争力的两个抓手，培育和发展文化创意产业应是科教兴国战略的重要内容"[1]。田子坊的实验，代表了文化创意产业和城市旧区改造的有机结合，"可以避免城市文脉的中断，不仅能保留具有历史文化价值的建筑，而且通过历史与未来、传统与现代、东方与西洋、经典与流行的交叉融合，为城市增添了历史与现代交融的文化景观，不仅对城市经济发展产生巨大推动作用，而且使城市更具魅力，给人以城市的繁华感、文化底蕴的厚重感和时代的生机感"[2]。

田子坊数次面临被拆迁的危机，之所以又数次化险为夷，除了实验团队的坚持，学术精英的声援功不可没。厉无畏、阮仪三等学界领袖在《人民日报》《解放日报》等中央与地方党报上为田子坊的产业创新和空间创新所做的正名辩护，让田子坊实验尽得话语上的优势。而当田子坊路线获得学术精英的喝彩和声援时，体制内的两种权力，即地方政府代表的行政权力与学术精英代表

---

[1] 厉无畏：《旧厂房里新创意》，人民网—华东新闻，2004 年 7 月 22 日。
[2] 厉无畏在"第十届中国文化产业新年论坛"上的发言，引文来自 https://finance.sina.com.cn/hy/20130105/103714191163.shtml。

的文化权力,既有冲突也有互补。厉无畏的工作不仅为田子坊的实验正名,也用一个全新的产业概念影响了上海地方政府的产业发展政策构想,并将"创业产业"的概念写进了2005年上海的政府工作报告。今天,厉无畏被誉为"中国创意产业之父",而此声名就是从田子坊开始的,确切说是从界定田子坊创业为文化创意产业的命名工作开始的。

3. 历史遗产空间的发现和命名:田子坊话语

以旧里保护的方式复兴内城空间,需要旧里留存的理由,具有世界声誉的历史建筑保护专家阮仪三为泰康路旧里历史建筑的丰富性提供了专业的论证,进而支持了田子坊空间具有独特的象征意义和历史价值的观点。

与田子坊相对,新天地也是标榜保护性改造而大获成功的旧里更新项目,新天地的石库门博物馆这样描述新天地:"老人们安顿了怀旧之情,年轻人发现了时尚和潮流。老外看她是地道中国的,中国人看到的却是洋文化。"也许田子坊更配得上这个评价。阮仪三强调旧城更新要的是延年益寿而非返老还童。没有寻常"人家",是阮仪三给新天地差评的主要理由。"小桥、流水、人家,没有'人家',再好的景致也诗意顿失。"笔者的评论是:"新天地之所以没有老上海的感性,根本在于它没有市民,没有真实的居民生活,从而没有石库门街区最常有的市井情调。它的老上海场地是消费主义且是绅士化的,所以仍然是与真正的本土脉络不相干的,这是一种伪上海（nostalgia）。"[1] 同济大学常青教授则批评被新天地保留的只是空间格局和外墙体，从屋架、地面到内部空间，都经过了改头换面的二次设计。在上海参加国际课程的外国学生，多半喜欢田子坊更胜过新天地，其主要的理由是新天地过分的商业主义。

新天地以老上海为卖点，老上海人明知道新天地并非他们曾经生活的老上海，但把他们曾急于逃离的旧里改造成上海开埠以来最好看的石库门景观，触动了他们集体记忆的柔软处，所以新天地的这一老上海的命名传奇被他们中的多数人接受了。但新天地的"老上海"是清场后的作品，它只有石库门的皮相，而没有石库门的物质内里和生活内里，尤其是石库门里弄生活的主角被完全清场了。新天地之所以被方家批评为假古董，至少就它做成后大打老上海的旗号而言是不算冤枉的。

肯定田子坊，并非它是真古董。在阮仪三看来，旧里保护的价值，首先在于这里有着最为丰富的上海民居类型，从充满乡土味的本地民居，到盛行上海的旧式石库门里弄，再到设备更摩登的新式里弄，甚至西式洋房。总之，即使从民居博物学的意义上来说，保留和有机更新泰康路里弄都价值重大。阮仪三是国家级的古城保护和修复专家，他为泰康路历史街坊的价值背书，与黄永玉、厉无畏对田子坊的社会命名的工作一脉相承，并更有巩固和深化。

为艺术家陈逸飞和建筑专家阮仪三都看好的田子坊，的确也

---

[1] 于海：《田子坊实验：超越全球／地方对立的新模式》，《中国名城》，2009年第7期。

因为其所在旧里的建筑空间的多样性提供了创意和想象的灵感，所以吸引了各路的创业者。不少业主就是冲着田子坊里弄的历史空间来的，赞赏这里有情调、有氛围、有味道、有生活。

当然，原生态上海里弄的田子坊并非原生态自然演化而成，正如本章前文所述，它是经历了激烈的话语竞争的一个社会命名的产物。田子坊纪事，其创新不仅在于创造了让老上海人大呼"灵格，灵格"的有原真性的老上海空间，还在于构建出一种"田子坊话语"。略去先前的艰难探索所用过的诸如"泰康路艺术街"之类的话语不论，真正形成局面的社会命名是从陈逸飞入驻泰康路210弄的旧工厂开始的，随后的古建筑保护及城市规划专家和经济学家的结盟让田子坊话语获得学理形态，最后厉无畏、阮仪三将他们学术的田子坊叙事通过强势媒体演绎和传播为公众话语。阮仪三以他一贯的激情为田子坊保留形态转换功能的更新方案背书，更对艺术家们的空间再利用再创造大加赞誉，说他们的创意让田子坊"具有浓郁的地域特征，又突显了鲜活的时代特点，展现了上海市民的真实生活"。阮仪三喊出"保护上海'苏荷'（SOHO）"的口号，如同他挺身保护水乡周庄时的姿态，要担当的岂止是一个名称，更是一项历史文脉传承的使命。

艺术精英创造了一个田子坊的空间传奇，并以田子坊之名将一件俗事变成了一个圣物；学术精英的话语则为田子坊建构了一个意义丰富的、正当性叙事：历史街区保护的正当性、文化产业发展的先进性，如此而成就了田子坊实验之于城市有机更新的名号、名堂和名位。

自甘如此的子承父业

保罗·威利斯（Baul Willis）是英国的人类学家，他将自己在英格兰一个工业小镇的全日制中学做的田野调查写成民族志的经典：《学做工：工人阶级子弟为何继承父业》。在书中，他称他的田野工作对象为"家伙们"（the lads）。与"牛桥男"（参阅本书《社会结构篇》之《"牛桥人"为何做事不难》章）从读书到工作处处风光的景象完全不同，"家伙们"是一群不爱读书，经常逃学，离开学校也没拿到文凭，早早去工厂继承父业的中学男孩。威利斯的问题是："家伙们"为何子承父业，并且自甘如此？

一般说来，解释并非多大难题，社会学有分层理论，特别是代际资本继承和流动理论，将此归因为贫困循环说。更有再生产理论，布尔迪厄的教育社会学，指出人的社会地位取决于其所拥有的经济资本和文化资本的状况，而教育是对文化资本分布的再生产起决定作用，从而对生活机会结构的再生产起决定作用的制度和机制。如此，学业评价看似针对个人的学习能力和表现，实际看家庭出身，这是因为不仅中上层家庭子弟自然占有更多文化资本，而且，学业表现也是由文化精英设计和提供的"公平的"、"严格的"和"科学的"测试技术来决定的，这样教育在实现特权再生产的同时，也产生了从属地位的循环。但这只是教育决定论下的子承父业，而没有回答为什么"家伙们"心甘情愿地接受体力劳动，这才是威利斯真正要解答的问题。

在文凭取向的现代社会，不仅学生的学业表现受制于社会结构条件，其职业前景更受制于各种结构因素。《学做工》的对象多为无文凭的工人阶级子弟，以他们的择业为例，社会学家可以透过阶级背景、地理位置、地方就业机会结构和教育机会来准确预测其最终的就业状况。但威利斯质疑决定论，因为这没有告诉我们这些结构因素是如何作用于人们的就业选择的，人们做出决定的形式是什么，引再多的因素仍然无法确定具体的因果关系。问题若涉及人们能自由选择工作且自愿选择体力工作时，决定论对此就更加无能为力。体力劳动单调无聊、报酬低下、社会地位不高，简而言之，体力劳动者处于社会的底层，按经济理性人的假设，只要可能，没有人自愿选择体力劳动。所谓自甘如此，就是认定此种子承父业在一定程度上是自我导向的结果，这是如何可能的？

子承父业之谜的文化解释

威利斯的答案是文化："正是那些孩子自己的文化，最为有效地让部分工人阶级子弟准备好以体力劳动的方式出卖劳动力。"[1]

文化定义从来纷繁也从无定论，威利斯既以文化解题，就有一套论说，《学做工》全书都在定义和评论文化，概括起来，有三

---

[1] [英]保罗·威利斯：《学做工：工人阶级子弟为何继承父业》，秘舒、凌旻华译，译林出版社，2013年，第4页。

点最为重要。第一，文化是人类创造意义的各种实践，下面这些问题，就是以意义建构为核心的文化最要关心的，"人们如何理解他们自身的文化？""这个世界在他们看来是怎样的？""他们如何看待掌权者对他们处境所做与所说的？""他们是如何引导我们对他们的看法的？"这些问题的关键是人们如何创造关于自身、他人和世界的理解。第二，文化是人的创造，因而是主观性的存在，但文化创造力并非蕴藏在个体行为之中，并非存在于个人的头脑之中，文化"创造力唯有在群体层面才能合理存在"[1]。不仅如此，文化实践也只有发生在群体层面，才能创造出对于实践者特有的意义来。第三，文化自成一体，这意味着，"必须将文化过程看作是具有某种自主性的过程。这会使所有机械的因果关系、观念失去解释效力，也会赋予社会行动者某种眼界，使他们可以一种充满人性，而不是理论简化的方式，来审视、呈现和建构他们的世界"[2]。

威利斯的文化概念，其核心的"意义的创造"说，来自马克斯·韦伯。韦伯将人视为悬挂在由他们自己编织的意义之网上的动物。[3] 就此而论，"家伙们"文化的问题就成为：何为这些男孩理解的有意义的自我图像？他们又是以怎样富有人性的方式来活出自己的人生？

首先，他们自知在书本智力上落后于"书呆子"，他们在功课中找不到乐子，也缺少追求社会公认目标的能力，他们必须在别

---

[1] [英]保罗·威利斯：《学做工：工人阶级子弟为何继承父业》，第153页。
[2] 同上，第221—222页。
[3] 参[美]克利福德·格尔茨《文化的解释》，韩莉译，译林出版社，1999年，第5页。

处找乐子，寻求存在感。事实上，工业小镇上这所公立学校的自由主义教育方法的目标人群，正是工人阶级子弟，而教育若想获得成效，这些人是最需要被吸纳进新机遇的，"可是这些人也正是那些最为积极地抵制学校教育的人"[1]。积极抵制学校教育，就为"家伙们"藐视脑力活动和"书呆子"同学提供了主动的诠释。

其次，主动抵制学校教育，就创造了"家伙们"自己的反学校文化。他们抵制学校和老师的权威，嘲笑"书呆子"。他们上课打盹，经常逃学，还骗人、偷东西。他们推崇男性气概，其极端的表现是通过打架、斗殴，通过威胁挑起事端来证明自己的男子气；反之，如果有人拒绝打架或者做得非常外行，他的男性声望就会严重受损，在群里就混不下去。以上描述的不就是常人皆知的问题男孩、越轨少年？是的，在教师和校长眼里，他们就是坏学生。一位校长在谈到对付他们的办法时说："在斥责他们的时候，你得让他们感觉自己非常渺小……你要让他们确信他们很可恶，我是说啊，这才是斥责他们的办法。如果你骂一个孩子'狗屁''蠢蛋'，就达不到你要的效果，因为他会骂回来。"[2]

但是，从"家伙们"的种种叛逆行为中，我们看到的仅仅是无意义的胡闹吗？男孩自己文化中创造意义的东西是什么？这就进入最后一点，研究者从男孩的叛逆中看到创造性：创造他们自己的乐子、建构自己的身份认同、看穿文凭对自己一伙没有价值。威利斯说这是活生生的创造意义的文化实践，是"家伙们"从自

---

1 [英]保罗·威利斯：《学做工：工人阶级子弟为何继承父业》，第262页。
2 同上，第85页。

己的家庭、伙伴、街头习得的工人阶级文化并在学校里发展出自己的反学校文化，并最终让他们自愿子承父业成为工人阶级。

他们为什么那样蔑视脑力活动和"书呆子"？为什么那样推崇和炫耀男性气概？这跟"家伙们"心甘情愿地选择体力劳动有什么关联？

他们虽然读书不行，却相信除了书本，"书呆子"们没有什么比他们更行的。"家伙们"嘲笑"书呆子"，自认为比"书呆子"懂得更多。他们知道挣钱、跟人打交道，更懂人情世故。在他们看来，找乐子、做事的生活知识比只用动动笔头的书本知识更重要。在这种自我理解中，一群差生建立了对一群好生的自信心，至少是平衡心。

轻视书本知识的情绪，也来自男孩的家庭影响和车间文化。某男孩对威利斯谈到他父亲："他（父亲）不想让我顶撞老师，但是他也不想让我成为一个'讨厌鬼'，坐在那里做功课，你知道吧……我那老头子有一次叫我'书呆子'，就是第二年的时候，当时我踢足球，准时上学。"[1] 工人阶级文化普遍认为实践比理论更重要："一个工人从火柴盒背面抄来一句话，写成很大的标语放在车间里：'一盎司的敏锐自觉可以媲美整座图书馆的学位证书。'"[2] 虚构纯理论知识陈腐不堪的故事充斥于车间，在此文化氛围中长大的男孩天然就有一种对"书呆子"的不屑。

"家伙们"对"书呆子"的不敬，还有其推崇男性气概的理由。

---

[1] [英] 保罗·威利斯：《学做工：工人阶级子弟为何继承父业》，第97页。
[2] 同上，第73页。

除了上面所说的脑力劳动只是"动动笔杆子","并不是真正做点事","最为重要的是,脑力劳动是'女人的差事',根本不是男人的工作,也不属于男人的行动范畴"。如此一来,"书呆子"就可能被"家伙们"视为没有男子气的"娘们";乖学生则被称为"脂粉气十足的男人"。"无论这些'书呆子'成绩多好,未来成功的希望多大,他们及他们的行动策略还是遭人轻视,因为他们的成功方式被贬斥为被动的、脑力的、缺乏强悍的男性气概。"[1]

"家伙们"反抗脑力劳动,还因为脑力劳动要求太高,并且会侵占太多私人的独立的领域。对喜欢犯规的男孩来说,脑力劳动总带有强求服从和循规的威胁,"家伙们"深知,脑力劳动是在用宝贵的自由换取并不等价的"好东西"。"家伙们"从学校习得的对脑力劳动的反抗,也是对自由的维护和争取,这强化了他们对体力劳动的认可。

体力劳动是在学校制度之外的,这意味着个体的自由和独立,也意味着"家伙们"对"书呆子"更积极主动的排斥。"'家伙们'觉得他们能在真实的成人世界中工作,而'书呆子'没有这个能力";最重要的是体力劳动充满男性气概,传递的是好胜、机智和显而易见的团结,以及对女性的吸引力和潜在控制力。"家伙们"当然知道,体力劳动与工作的满足感没有内在关联,劳作本身甚至没有意义,"但至少在他们生活的这个阶段,体力劳动对'家伙们'来说,是声张自由、显示某种力量的途径"[2]。

---

1 [英]保罗·威利斯:《学做工:工人阶级子弟为何继承父业》,第192页。
2 同上,第135—136页。

反学校文化抵制学校教育、质疑文凭价值、贬低"书呆子"、自愿选择不改变阶级地位的体力劳动,这些做法和选择几乎全跟现代文凭社会的主导价值背道而驰,先不论是否能被社会理解,实际上可能不被社会注意。但威利斯认为这里包含着重要的文化洞察。其一,对"家伙们"来说,如果浪子回头,学业有成,能改变地位、向上流动吗?"学业上的'成功'又有什么意义呢?是不是意味着可以在职业等级中平稳地向上流动呢?这种真实的向上流动的可能,看起来又是如此遥远,以至于毫无意义!"[1]问题还在于,"家伙们"决意从事的工作,有没有文凭都无关紧要。其二,为了一纸文凭,去做一个听话的"书呆子",值不值?威利斯相信,"家伙们"以其特有的方式,对做个好学生的回报进行了一种相当微妙的、动态的,也可以说是"机会成本"的评估,他们的结论是:"学业上的'成功'意味着当学徒或从事文书工作。这类工作似乎向人们索取很多,但回报很少……为了获得形式上的却不真实的奖赏(文凭),人们可能完全丧失自由的文化参与、社会集体感、街头和车间里的历险,以及精神上的独立。"[2]

子弟们自由创造了自我诅咒

正是通过对反学校文化洞见的理解,威利斯令人信服地回答了《学做工》开门见山的问题:工人阶级子弟继承工人阶级的工作,

---

[1] [英]保罗·威利斯:《学做工:工人阶级子弟为何继承父业》,第166页。
[2] 同上。

为什么自甘如此？

男孩们的反学校文化虽只是为部分工人阶级子弟所信奉并实践，引出的有关教育之社会再生产功能的问题却是关系所有阶级和阶层子弟的：学历和文凭对提升人的社会地位的作用是不是普遍有效？中产阶级子弟若获得名校文凭，如我们讨论过的"牛桥男"们，他们多半会跻身社会结构的优势位置，而且他们也容易得到校友们在生活机会获取方面的各种照应。名校文凭关联的圈子是有阶级背景的。知识并非不偏不倚，而是充满阶级意涵。工人阶级出身的学生要想实现向上的流动，必须克服一些不利条件。这些不利条件就嵌在他们的阶级文化和教育观念之中。威利斯断言，能够克服不利条件并获得成功的人只是少数。绝不可能是整个阶级，更多的人则只能不断为此而努力，而正是通过这个努力争取的过程，阶级结构被合法化了：中产阶级得以享受特权，并不是因为世袭或出身，而是因为他们被证明具有更出色的才能和品质。但他们中的自我反省者库柏道出了真相：他们并非靠个人才华获得这个位置。（参阅本书《社会结构篇》之《"牛桥人"为何做事不难》章）这样看来，那种暗含在男孩们反学校文化中的对于竞争的拒绝，虽是一种激进行动，但的确表现了拒绝与施加于自身的教育压制合谋的自由精神。

不过，故事并没有结束，虽然我们不能再将反学校文化仅仅视为"落后的""病态的""无知的"，或是需要被消灭的，我们也能认可"家伙们"对体力工作的选择是基于他们的文化洞察而押下自己现实的赌注，但这份工作联系的未来是苍白的。威利斯对男孩们继承父业的自甘如此，甚至用了"自我诅咒"的字眼，是因为"家伙们"自己将测量脑力/体力梯度价值的标准颠倒过来，他们也更喜欢用体力劳动证明自己存在的价值，这等于主动参与了劳动分工之阶级差异的再生产。这是一个既表达自由又失去自由的命运："当劳动力的体力支出不只代表着自由、选择和超越，还代表着工人阶级嵌入剥削与压迫的制度之中的时候，工人阶级文化中就出现了一个重要时刻——在这一时刻，所有通向未来的大门都关闭了……正是这个蕴含于当下的未来，将自由楔入了当代资本主义制度的不平等。"[1]这一洞见沉痛而又深刻：在资本主义社会，张扬工人阶级文化而仍有未来的道路何在？或在任何社会，是不是任何反主流价值的文化，不论具有多少积极的意义创造，最终不是被结构的力量压制而湮没不彰，就是被无情改造而失去本来？

---

1 [英]保罗·威利斯：《学做工：工人阶级子弟为何继承父业》，第153页。

物化之幻觉

社会学对象：人为物与客观物

20世纪初是古典社会学的创始年代，粗略说来，社会学生成了两大传统：德国人韦伯的行动论传统和法国人涂尔干的结构论传统。

行动论说的是人，确切说是人事：社会学研究人跟人互动做出来的事。质疑者或许会问这跟动物有何区别？因为动物之间也有互动，也会做事。韦伯的回答是，动物做事只是本能，只有人理解自己做的事。借用马克思的话，最蹩脚的建筑师从一开始就比最灵巧的蜜蜂高明，因为他在筑造房子之前，已经在头脑中把它建成了。不理解人做事的意义，不仅不会理解人的行动，也不会理解行动成就的事（业），如互动产生的规章、制度和组织等。简而言之，社会学研究有意义的社会互动及其人为产物。

结构论的代表涂尔干或与韦伯正相反，认为社会学研究的是客观社会实在。社会实在是外在的、强制的，不以个人的意志为转移。社会先于个人，个人出生前，它已存在；社会比个人长久，个人离世后，它继续存在。人身上的一切好东西都来自社会，拿去社会加于人的东西，人将只是一个野兽。

涂尔干关于客观物的社会学，看似与韦伯关于人为物的社会学相对立，其实不然。涂尔干把社会事实定义为道德义务、商业契约、法律规章、交易信用、宗教仪式、自然语言等事项，点明了社会事实的人文起源。所有这些事物没有一样是自然物或超自然物，全是人类活动的创造物，跟韦伯说的赋有意义的互动的产物，在人文学意义上并无根本区别。区别在于，涂尔干眼中作为社会事物创造者的人，泛指一代代延续不已的人类。而韦伯说社会是人互动的产物时，他说的人，是个体行动者，人类的制度和组织，就是具体的行动者的互动创造出来的。但把韦伯和涂尔干两大传统的分野视为客观实在与主观实在的分野，或进一步简化为客观物与人造物的分野，是失之简单的概括。

当涂尔干说社会事实是客观物时，他明确将之视为自成一类的实在，既不同于人的心理学事实，也不同于自然的物理学事实，更不是超越人类经验的存在。他分析有关人的科学陷入困境的原因，是将人视为最终完成的存在，似乎再没有什么超越人的东西了，或科学只能"到人为止"，"一旦认识到社会高于个人之上，它并不是一个理性杜撰的名义的存在，而是一种作用力的体系，一种解释人的新方法就变得可能了"[1]。

一旦人类（互动）创造了国家、法院、大学、交易所等，对于个人来说，它们就是具有外在性和强制性的客观实在，伯格认为这一陈述整合了韦伯的论点（前半句）和涂尔干的论点（后半句），表明韦伯的社会实在的内在性与涂尔干的社会事实的外在性并非

---

[1] [法]涂尔干：《宗教生活的基本形式》，第584页。

完全对立，而是相互补充。韦伯说了人类行动的外化，涂尔干接着韦伯，说的是人类行动外化之创造物的客观化。

以上对社会学两大传统的简述，是为引出本章主题：物化（reification）。前面我们已经提及伯格的物化概念，这里做一个完整的引述。伯格是在"社会是客观现实"的主题下进入"物化"分析的。

何为物化？

> 物化就是把人类现象当成事物来理解，即从非人或超人的角度来看待人类现象。换一种说法来讲，物化就是将人类活动的产品当作非人类产品，如物理事实、自然规律或神意的体现。物化现象表明，人会忘记自己是人类世界的创造者，并进一步忘记了创造者（人）与产品之间的辩证关系。显而易见，物化的世界是一个去人性的世界。人类在感受这个世界时就像在感受一种陌生事实。它仿佛是一个根本无法由人控制的外生事物，而不是源于人类自身创造性活动的内生事物。[1]

此段物化定义，伯格说的要点有二。一是物化是将人类产品当作自然物或超自然物（神意体现），当作即"误认"。涂尔干无论如何强调社会实在的客观性，他列举的社会事物全是人类产品，

---

[1] ［美］彼得·L.伯格、［美］托马斯·卢克曼：《现实的社会建构：知识社会学论纲》，第111页。

并无误认,有学者以物化说批评涂尔干,看来根据不足。二是人类产品的世界一旦被人物化,人将从世界的创造者变成屈从于世界的被支配者,德国哲学将此过程说成异化:从主体产生却反过来与主体作对的过程。

从商品拜物教到物化

对视人类产品为自然物的误认或幻觉的揭露,马克思是发明者。学界公认物化说源自马克思的商品拜物教思想。马克思的分析从商品的使用价值和交换价值的二重属性入手。

商品看似简单平凡,却充满神学的怪诞和形而上学的微妙。神秘的并非商品的使用价值,一张桌子,无论是用木头制作,还是被人使用,都是可感觉的物理事物,并无神秘之处。转向商品的价值,魔法随之而来。

价值本不是商品的内含之物,它代表同等的人类劳动,"表示消耗在物上的劳动的一定社会形式,它就像例如汇率一样并不包含自然物质"[1]。以商品的使用价值来比较,"物的使用价值对于人来说没有交换就能实现,就是说,在物和人的直接关系中就能实现;相反,物的价值则只能在交换中实现,就是说,只能在一种社会的过程中实现"[2]。质言之,价值是社会关系而非自然物。马克思揭示商品的神秘性就在于,商品的所有者却把价值表征的人与人的

---

1 马克思:《资本论》第一卷,人民出版社,2004年,第100页。
2 同上,第102页。

关系误认为物与物的关系:"商品形式在人们面前把人们本身劳动的社会性质反映成劳动产品本身的物的性质,反映成这些物的天然的社会属性,从而把生产者同总劳动的社会关系反映成存在于生产者之外的物与物之间的社会关系。"[1]

关于对商品价值性质的误认,马克思的评析用了两个比喻。一是视觉,二是宗教。先说视觉,一物在视神经中留下的光的印象,不是表现为视神经本身的主观兴奋,而是表现为眼睛外面的物的客观形式。但视觉例子在马克思看来并非最为恰当,因为光确实从外界对象射入眼睛,整个过程是物与物之间的一种物理关系。

相反,商品形式和它借以得到表现的劳动产品的价值关系,是同劳动产品的物理性质以及由此产生的物的关系完全无关的。"这只是人们自己的一定的社会关系,但它在人们面前采取了物与物的关系的虚幻形式。"要找一个比喻,我们就得逃到宗教世界的幻境中去:

> 在那里,人脑的产物表现为富有生命的、彼此发生关系并同人发生关系的独立存在的东西。在商品世界里,人手的产物也是这样。我把这叫作拜物教,劳动产品一旦作为商品来生产,就带上拜物教性质,因此拜物教是同商品生产分不开的。[2]

---

[1] 马克思:《资本论》第一卷,第89页。
[2] 同上,第90页。

拜物教幻觉为什么跟商品生产分不开？是因为商品是彼此独立的私人劳动的产品，虽然这种私人劳动的总和构成社会总劳动，但私人能认知的只是与其他私人基于各自商品的交换，他们并不清楚各自的私人劳动与社会总劳动的确切关系，因此，在生产者面前，他们私人劳动的社会关系，"不是表现为人们在自己劳动中的直接的社会关系，而是表现为人们之间的物的关系和物之间的社会关系"[1]。

但是，当商品生产者将他们彼此的劳动产品当作价值发生关系时，他们并不认为这些物只是同种的人类劳动的物质外壳，商品拜物教拜的不是物理的物，而是实质为同种人类劳动之体现的价值的"物"，事实上，"他们在交换中使他们的各种产品作为价值彼此相等，也就使他们的各种劳动作为人类劳动而彼此相等。他们没有意识到这一点，但是他们这样做了"[2]。对社会事物的幻觉和对社会决定力量的无意识，在马克思的拜物教思想中是内在关联的。揭示无意识，是马克思批判理性的武器，批判的关键是，认识到"集体的无意识以及受这一意识所驱使的活动都是为掩盖社会现实的某些方面服务的"[3]〔卡尔·曼海姆（Karl Mannheim）语〕。

如何能看清自己劳动中的直接的社会关系，而不会误将人与人的关系视为物与物的关系？马克思举出若干经济形态的例子，如孤岛上鲁滨孙的一人经济，他所有满足自己需要的不同有用劳

---

[1] 马克思：《资本论》第一卷，第90页。
[2] 同上，第91页。
[3] 转引自［美］弗洛姆《在幻想锁链的彼岸：我所理解的马克思和弗洛伊德》，张燕译，湖南人民出版社，1986年，第118页脚注。

动，只是同一个鲁滨孙的不同活动形式；从其不同劳动产品看到的，也只是同一个鲁滨孙所付出的不同劳动和花费的不同劳动时间，物跟人就是一一对应的直接关系。

再如以人身依附为基础的中世纪经济，劳动和产品作为劳役和实际贡赋而进入社会机构之中，也就不必采取与它们实际存在不同的虚幻形式。"在这里，劳动的自然形式、劳动的特殊性是劳动的直接社会形式，而不是像在商品生产基础上那样，劳动的一般性是劳动的直接社会形式。"[1]

马克思还设想了未来的自由人联合体，他们用公共生产资料进行劳动，自会理解他们的个体劳动只是社会总劳动的一部分，他们劳动的产品属于社会产品。这个产品的一部分会用作再生产资料，而其余部分则作为生活资料由联合体成员消费。不妨设想，每个生产者从生活资料中得到的份额是由他的劳动时间决定的。这样，"劳动时间又是计量生产者在共同劳动中个人所占份额的尺度，因而也是计量生产者在共同产品的个人可消费部分中所占份额的尺度。在那里，人们同他们的劳动和劳动产品的社会关系，无论在生产上还是在分配上，都是简单明了的"[2]。

马克思由此得出结论："只有当社会生活过程即物质生产过程的形态，作为自由联合的人的产物，处于人的有意识、有计划的控制之下的时候，它才会把自己的神秘的纱幕揭掉。"[3]

---

[1] 马克思：《资本论》第一卷，第95页。
[2] 同上，第96—97页。
[3] 同上，第97页。

前引伯格的物化定义，伯格并非此概念的发明者。发明物化概念的，是匈牙利人格奥尔格·卢卡奇（György Lukács）。

马克思的商品拜物教已经揭示，原本人跟人的社会关系，被误认为物跟物的关系，从这一结构性的基本事实出发，引出卢卡奇的物化概念：

> 人自己的活动，人自己的劳动，作为某种客观的东西，某种不依赖于人的东西，某种通过异于人的自律性来控制人的东西，同人相对立。[1]

人的活动外化，创造了一个客观世界，或者说创造了"第二自然"（黑格尔语），这不是问题，恰是人类主体能动性的证明，问题在于被创造物反过来支配人，与人对立，这就从客观化走向异化。

卢卡奇提出双重物化：客观的物化与主观的物化。

客观方面的物化是指：

> 在客观方面是产生出一个由现成的物以及物与物之间关系构成的世界（即商品及其在市场上运动的世界），它的规律虽然逐渐被人们所认识，但是即使在这种情况下还是作为无法制服的、由自身发生作用的力量同人们相对立。因此，虽然个人能为自己的利益而利用对这种

---

[1] [匈]卢卡奇：《历史与阶级意识》，杜章智、任立等译，商务印书馆，1999年，第150页。

规律的认识,但是他也不可能通过自己的活动改变现实过程本身。[1]

主观方面的物化是指:

> 在主观方面——在商品经济充分发展的地方——人的活动同人本身相对立地被客观化,变成一种商品,这种商品服从社会的自然规律的异于人的客观性,它正如变为商品的任何消费品一样,必然不依赖于人而进行自己的活动。[2]

卢卡奇扩展了商品拜物教的释义,将它从原来限定的经济领域推广至全部社会领域:国家、法律和经济制度。资本主义社会的人们倾向于相信,社会结构有其自身生命,因而它们拥有客观的属性。如今"资本主义社会的人面对着的是由他自己(作为阶级)'创造'的现实,即和他根本对立的'自然',他听凭他的'规律'的摆布,他的活动只是为了自己的(自私自利的)利益而利用个别规律的必然进程。但即使在这种'活动'中,他也仍旧是——根据事物的本质——事件的客体,而不是主体"[3]。

---

[1] [匈] 卢卡奇:《历史与阶级意识》,第 150 页。
[2] 同上,第 151 页。
[3] 同上,第 213—214 页。

客观文化与主观文化的失衡

把自己创造的现实当作与己对立的自然，失去的是人的主体性，人从而沦为事件的客体，这些问题，也正是马克思在其著名的《关于费尔巴哈的提纲》中对旧唯物主义的批评。旧唯物主义的主要缺点是：

> 对事物、现实、感性，只是从客体的或者直观的形式去理解，而不是把它们当作人的感性活动，当作实践去理解，不是从主观方面去理解。[1]

所谓从人的感性活动、从主观方面去理解事物和现实，恰恰再明白不过地视事物和现实为人类实践的产物。马克思并未反对将事物和现实视为客体，他反对的是仅仅将事物和现实视为客体，而完全忘却了事物和现实的人类学的起源。

人类实践的产物构成了一个如同自然物一样客观的社会事实或社会现实，这是马克思接受的观点，不然，他不会说社会存在决定社会意识。当涂尔干强调社会事实的外在性时，他与马克思一致，而与伯格相反，后者坚持社会现实的内生性。但若进一步辨析，则涂尔干和伯格的表面的对立也没有那样绝对。涂尔干断言的社会的外在性，是就个体而言的；而伯格坚持的社会的内生性，

---

[1] 中共中央马克思恩格斯列宁斯大林著作编译局编译：《马克思恩格斯选集》第一卷，第16页。

则是就人类全体而言的，这与马克思批评旧唯物主义时所坚持的实践哲学是一致的。在人类活动产物之客观化议题上，涂尔干论说的是集体与个体的关系论；伯格辨析的则是人和非人的起源论。

然而，一旦客观的社会世界因人的活动的外化而建立起来，物化的发生就不远了。人们不仅会对自己创造的现实产生幻觉，也会被自己的活动而外化的客观文化压倒。齐美尔讲述了物化的另一种故事：客观文化与主观文化的失衡。

人创造了社会世界，却把社会世界当成自然物，如此，世界不仅失去了可理解性，也导致创造者失去了主体性。齐美尔关于客观文化与主观文化的失衡论说，阐释了人创造的客观文化是如何物化为压倒个人的支配力量的：

> 如果我们看一下最近几百年来体现在各种事物和知识、制度与享乐中的庞大的文化，并且再将所有这些与同时期个人文化的进步——即使以社会高层群体为例——相比较的话，不难发现这两者的增长是极不平衡的。我们注意到，个人文化在精神性、优美和理念诸方面的确出现衰退之势。这种不一致本质上是由日益发展的劳动分工造成的。因为劳动分工要求个人片面的技能和竭尽片面的追求之能事，而这也常常意味着牺牲个人的个性。无论如何，个人对于客观文化的疯长越来越束手无策……在由物和权力构成的巨大组织中，个人只是一个小齿轮，这个庞然大物将所有的进步、灵性和价值从个人手中夺走，只是为了把他从主体形式转变成纯粹

客观生活的形式。[1]

齐美尔看到，都市正是这种压倒一切个人生活的文化的真正舞台：

> 在建筑物和教育机构中，在空间征服技术的奇迹和享乐中，在社区生活的结构中，在国家的各种可见的机构中，都充斥着这样一种压倒性的具象化和非人格化的精神，以至于可以说，笼罩在它的影响下个人是无法维持自我的。
>
> 结局是：客观文化的过度膨胀导致个人文化的萎缩。[2]

在齐美尔的分析下，物化现象之所以发生是再自然不过的事：一方面，个人面对客观文化的庞然大物不可能不做如此想；另一方面，客观文化压倒一切的非人力量，本身具有一种物化机制，它夺去主体的所有灵性和价值，同时将其物化为纯粹客观生活的形式。马克思用"拜物教"来定义商品的物化现象，表明物化过程不仅包含主体翻转为客体，创造者翻转为被创造者的异化过程，还包含人对其创造物的膜拜和神化过程。这也正是客观文化与主观文化失衡的主要过程和结局。

---

[1] Georg Simmel, "The Metropolis and Mental Life"，选自 Kurt Wolff 编译的 *The Sociology of Georg Simmel*, New York: The Free Press, 1950, p.422。

[2] 同上，p.423。

把人类活动的产品当作非人类的产品，最常见的原因之一是人类创造物的起源因为遥远而变得难以追溯且难以理解，即如涂尔干所言，我们出生时，它们就已存在；在我们死后，它们继续存在。那些久远的制度和传统不仅不是我们创造的，反而是塑造我们的人格和身份的力量，人们难免会将其视为比自己更真实更强大的实在。

不妨设想，当人类活动的产品就在当代人的眼皮底下产生，我们还会把它们当作物理事实、自然规律或神意作品吗？或当这一当代人造物还充满了脆弱、缺点、不定乃至各种挫折时，我们还会把它当作神一般的事物来膜拜吗？

以"金砖国家"为例。二十多年前，地球上还没有所谓金砖国家。今天，二十岁以上的人大体都听说过从概念的"BRIC"（金砖四国）到组织的"BRICS"（金砖国家）和"NDB"（金砖国家新开发银行）的故事。到2023年8月，金砖五国已经举行了十五次元首峰会，而这些年发生的金砖事件，都是在高盛公司前首席经济师吉姆·奥尼尔（Jim O'Neill）2001年首创特指世界新兴经济体的"BRICK"概念后相继发生的，吉姆·奥尼尔因此被称为"金砖之父"，如今他还在英国曼彻斯特大学任经济学名誉教授。目前的现实能消解任何物化"BRICS"的想法，因为"BRICS"的起源就在眼前，"金砖戏剧"上演的时间并不长，"剧本"的"原作者"和"演员们"都还在舞台上，借用马克思的话来说，"金砖国家"的概念和金砖国家的实际关系简单明了。如果一百年后，"金砖国家"这一经济体还作为不可忽视的力量活跃在国际舞台上，那时的人们，需要怎样的解构能力，才能不被由奥尼尔的概念游戏引出的政治游戏所造成的强大现实迷惑？

物化是意识的一种形式，或如马克思所言，是人对世界的一种虚假意识（幻觉）。宗教意识也是一种虚假意识，它虽为人脑的产物，却表现为富有生命的、彼此发生关系并同人发生关系的独立存在的东西。如何去除物化之幻觉？马克思以宗教意识为例，指出："只有当实际日常生活的关系，在人们面前表现为人与人之间和人与自然之间极明白而合理的关系时，现实世界的宗教反映才会消失。"[1] 而按马克思的天才设想，只有当社会生活的形态作为自由人联合的产物时，才能产生人与人之间以及人与自然之间极明白而合理的关系。如此，我们或可推论，在此理想社会到来之前，物化和幻觉将伴随社会生活的全部过程，只是多少而已。

---

[1] 马克思：《资本论》第一卷，第97页。

陆

社会互动篇

经济学家说理解了"成本"概念，就等于理解了一半经济学；社会学家会说若理解了"互动"概念，于社会学差不多登堂入室了。互动看似平常，却是理解社会学的入门概念。互动论的第一条说，互动生成自我，人类婴儿成长为一个自我，是从与父母的亲子互动开始的；个人形成社会化的自我认知，是在与他人彼此想象的镜像互动中完成的；而人一生与他人的在场互动，则是自我人格养成的真正动力。中国文化讲学以成人，成人不只是成己，而是成全他人然后可成己。这是道德论的互动论，跟米德扮演他人角色而成就自我的社会心理学的互动论多有相通。互动论的第二条说，互动岂止于成己成人，更在于创造社会现实。现实不仅是前人创造而在"那里"，是后辈面对的客观实在，现实也是当代人在日常互动中创造出来涌现出来的。互动论的第三条说，互动并非都是平等关系，善行未获善报，也非互动罕见情节。为什么己所不欲，却常常施于人？关键是互动的优势方很少不利用优势为自己谋取非分利益。不对称的跷跷板互动，或许是人际交往的常态。最讲人际互动的中国关系学说，实为基于私德的社会学，而非基于公德的社会学，更非基于善治的政治学。互动论的中西差异必须留意并善加分辨。

互动生成自我

我们已经在《社会主体篇》之《社会自我》中断言自我不是与生俱来的，自我是社会的产物。社会在这里不是名词，而是动词，确切说，是社会互动生成自我、丰富自我，而互动的减少乃至消失，则意味着自我的贫瘠或一部分自我的丧失。从互动论看自我生成，亲子互动养成自我人格，镜像互动建构自我认知，在场互动推进自我成长。

亲子互动之于自我人格的本体论

正统的互动论都断言自我并非从娘胎里带来的，人类婴儿成长为一个自我，就是从与父母的亲子互动开始的。反之，若这种亲子互动有缺或完全没有，自我人格很难是完整的，多半是缺失的。这里涉及的互动对于自我的本体论的基础性，是源于人类学意义上人的先天不成熟，确切说，是人类新生婴儿的先天不成熟。人类学家斯莫尔（M. F. Small）这样描述人类婴儿的不成熟："人类婴儿出生时，它从神经学上讲是未完成的，因而无法协调肌肉的运动。……在某个意义上，人类婴孩的非孤立性达到了这种程度，以致它从生理和情感上讲来只是'婴儿—抚养者'这个互绕联体

（entwined dyad of infant and caregiver）的一部分。"[1] 婴儿与抚养者（在绝大多数情况下就是婴儿的父母）不是两个个体之间的亲密关系，而首先是一个互绕联体。人类初始的互动就是这样一个难解难分的联体结构。

演化生物学家斯蒂芬·杰·古尔德（Stephen Jay Gould）认为："与其他哺乳动物相比，人类的所有生命阶段都来得'太晚了'。我们经历了很长时间的孕期后才出生，而且出生时还是需要呵护的胚胎；我们的童年过长，成熟得太晚。"[2] 正因为如此，人的初始存在并非个体性的而是关系性的，确切说人之成为人，最终成为自我，是在亲子关系的互动过程中成就的。孟子说"亲亲，仁也"，接的正是孔子所谓"仁者人也，亲亲为大"之说。亲亲是真切的亲人关系，在人的初始人际互动意义上，首先指的是幼儿对养育者的信任和依恋的感情。

儿童心理学家认识到信任和依恋虽然主要发自幼儿，但其生成机制十足是亲子互动性的。以提出发展心理学而闻名的埃里克·艾里克森（Erik Erikson）研究发现，婴儿在与其养育者互动中发展出的最重要的感情是信任。当婴儿试图接受他们所需要的东西时，他们与养育者发生相互作用，后者依照他们的文化方式去照护婴儿，"在这种相互作用中，最为重要的是那时婴儿在其监护人的动作中，开始发现某种一贯性、可预见性和可靠性。当

---

[1] 转引自张祥龙《家与孝：从中西间视野看》，生活·读书·新知三联书店，2017年，第96—97页。

[2] ［美］斯蒂芬·杰·古尔德：《熊猫的拇指：自然史沉思录》，田洺译，海南出版社，2008年，第209页。

他们感觉到父亲或母亲是前后一致的和可依赖的，他们就对父母产生了一种基本的信任感。"艾里克森甚至认为信任是婴儿对其养育者的基本信仰，"信任是一种自我力量，因为它能使儿童延缓满足——自我的主要能力之一"[1]。反之，当婴儿觉察到父亲或母亲的不可预知和不可依赖，在他或她需要时不一定出现，便产生一种不信任感。"对于健康的发展来说，至关重要的是信任和不信任之间的一种有利的比率"[2]，信任无疑应该超过不信任。若非如此，孩子的自我发展多半会有麻烦。

心理学家约翰·鲍尔比（John Bowlby）聚焦的是婴儿自我发展中的另一种关键感情：他们对父母或其他熟悉的看护人的依恋。幼小的孩童为了获得保护，他们需要和父母保持接近的机制，"即他们必须发展一种依恋行为——促进和维持与照顾者亲近的姿态和信号"。啼哭是一个明显的信号，当婴儿苦恼或受惊而啼哭时，父母会赶紧回到他们身边看看发生了什么。微笑是另一个依恋行为。婴儿的微笑或是召唤父母与之亲近的最有力信号。

婴儿的依恋反应限于熟悉的人，"这个主要的依恋形象通常是母亲，但也可能是父亲或其他保护人。对最细心地觉察他们的信号，以及与他们之间的相互关系最愉快的人，婴儿似乎发展了最强烈的依恋"。鲍尔比说孤独是人最大的恐惧之一。人们或许会把这种恐惧视为愚蠢的和幼稚的，鲍尔比相信它的背后有牢固的生物学

---

[1] 转引自[美]威廉·C.格莱因《儿童心理发展的理论》，计文莹译，湖南教育出版社，1983年，第228—229页。

[2] 同上，第229页。

理由："从整个人类历史看，依靠同伴的帮助，人类才能抵抗危险和面对危险。因此亲密依恋的需要建立于我们的天性之中。"[1]

亲子依恋对于自我人格的重要性，可对比非亲子养育的情况。许多在公共机构长大的儿童，在以后的生活中不能形成深刻的依恋，鲍尔比对此痛心疾首，他称这种个性为"无感情的性格"："这样的个人只是为了他自己的个人目的而利用人，似乎不能和别人形成一种爱的、长久的联系。""由于在正常的早期阶段失去了发展亲密联系的能力，在成年生活中他们的亲戚关系仍然是冷淡的。"[2]

本节讨论的亲子互动，几乎不见于社会学教科书，身心发展中的婴儿还不被视为独立主体，因而不是互动论中的自主一方。但上面的讨论表明，初始亲子互动的缺失或失败，将对自我人格造成终生不利的影响。正是在此意义上，哲学家张祥龙将亲子关系看作人的终极存在，即本节标题所说的自我人格的本体论。所谓"亲亲为大"，意味着"人的终极存在不在个体而在原初和真切的人际关系，也就是家关系，特别是亲子关系之中。人类的根本所在并非社会性的，而是家庭性的。因此，家状态首先不应被当作一个社会单元，而是海德格尔意义上的存在论的生存单元"[3]。

---

[1] 转引自［美］威廉·C.格莱因《儿童心理发展的理论》，第70页。
[2] 同上，第71页。
[3] 张祥龙:《家与孝：从中西间视野看》，第39页。

镜像互动之于自我认知的认识论

人是在想象他人如何期待、如何要求、如何应对自己的过程中形成自我认知的。他人是一面镜子，人们彼此对对方的想象，我称之为"镜像互动"，这是从库利的"镜中自我"借来并稍加改造的概念。镜像互动的生理基础，是人类大脑中的镜像神经元。神经科学家告诉我们，镜像神经元若受损，人的同情心、同理心也会多少受损（参本书《社会主体篇》之《身体自我》章）。镜像互动是认识论教科书，它帮助我们不仅获得对自己的认知，更直接形成我们的特定自我。我们是从父母的期待和要求中懂得怎样做一个懂事的孩子；同样，我们也是从学生的期待和要求中懂得怎样做一个合格的教师。这绝非一蹴而就的，本质上仍是一个历时性的社会化过程。也许我们一辈子都在学习如何做父母；而我们的孩子，即便被教化为懂事的孩子，也不一定是东亚标准的孝子。亲子之爱，亲代对子代是本能，子代对亲代则是觉悟了的本能。张祥龙自己做了父亲后，体认到孝子之情勃发的契机，可能就在为人子女去养育自己的子女之时，"这个与他/她被养育同构的去养育经验，这个被重复又被更新的情境，在延长了的人类内时间意识中，忽然唤起、兴发出了一种本能回忆，也就是长期的，哪怕是内隐的回忆，过去父母的养育与当下为人父母的去养育，交织了起来，感通了起来。当下对子女的本能深爱，与之前父母对自己的本能深爱，在本能记忆中沟通了，反转出现了，苍老无助的父母让他/她不安了,难过了,甚至恐惧了。于是,孝心出现了"[1]。

张祥龙的叙述感人且有力,但绝不意味着只有自己成为父母才可能成为孝子。我们一生与之互动的无数他人,无论是真实在场的,还是虚拟想象的,多是我们人生的导师和自我认知的镜子。这无数面镜子不仅映照出"我"的缺点,也展现出他人的优点。如果我们羞于在勇敢的人面前表现怯弱、在坦率的人面前遮遮掩掩、在优雅的人面前表现粗鲁,这岂不意味着我们不仅崇尚勇敢者、坦率者和优雅君子,也乐于自己成为他们那样的人?日本剧作家山崎正和说:"一个人理应成为无数自我的集合体。"[2] 侯世达会纠正说,不是理应,而是事实。他说:"我的质地的大部分是由从成百上千个人的经验中借来的零星碎片编织而成的……我们都是奇妙的拼贴画,是古怪的小小的'拷贝'星,通过累加其他人的习惯、观念、风格、怪癖、玩笑、习语、语调、希望和恐惧而成长起来,仿佛它们都是从天而降、忽闪而至的流星,与我们相撞并结合在了一起。最初,这种不自然的、外来的举止缓慢地融入我们的自我之中,好像蜡在日光下熔化,然后逐渐成为我们的一部分,跟它们曾经作为他人的一部分的状态没有什么不同(虽然那个人也很可能是从别人那里借来的)。"[3] 结论是:"我们每个人都是一束他人灵魂的碎片,只不过是以一种新的方式组合起来而已。"[4]

---

1 张祥龙:《家与孝:从中西间视野看》,第 105 页。
2 [日] 山崎正和:《社交的人》,第 261 页。
3 [美] 侯世达:《我是个怪圈》,第 301—303 页。
4 同上,第 303 页。

自我受惠于并取材于他人，这是一个事实，但这是一个为好哲学反省出的事实，而非寻常人性的事实。大多数人认为"我独一无二"，这是一种幻觉，一个加扎尼加所说的"压倒一切的强大幻觉"，几乎不可能被撼动。自我幻觉还让人生出这样的自信：除去少数自己推崇的人，其他所有的人都不如自己。霍布斯甚至认为"几乎所有的人都认为自己比一般人强"[1]。这仍然是一种幻觉，却因多数人的抱持而成为一个社会心理事实。自我中心论让人爱自己甚于爱他人，这已经不是幻觉，而是由自我幻觉必定导致的感情倾向。

然而，正因为人人爱己胜过爱人，就没有人同情人的利己和自恋。通过他人的眼睛，即亚当·斯密说的公正的旁观者，猜想他人是如何同情自己的，人们就应该明白："对于他人来说，自己的任何感情都是过剩的，在他人眼里都是小题大做。"[2] 亚当·斯密以自我评价为例："我们更经常抱怨的无疑是其自我评价过高而不是不足。当他们摆出一副凌驾于我们之上的样子或者把自己摆在我们面前时，他们的自我评价就伤害了我们的自尊心。我们的自尊心和自负促使我们去指责他们的自责和自负。"[3] 明白他人对我们不会如同我们对自己那般偏爱，就会敏锐地意识到自己的感情对他人多少是不"适当"的，必然会主动抑制自己过剩的感情。要使利己人与利己人之间的感情和利益协调一致，亚当·斯密建议

---

[1] ［英］托马斯·霍布斯：《利维坦》，第92页。
[2] ［日］山崎正和：《社交的人》，第242页。
[3] ［英］亚当·斯密：《道德情操论》，第320页。

要"多同情别人,少同情自己",或"仅仅像爱邻居那样爱自己,或者换一种结果相同的说法,仅仅像邻居能爱我们那样爱自己"[1]。在《道德情操论》中,如同在《国富论》中,亚当·斯密并未抛弃自爱人性说,但一个自爱的人要为另一个自爱的人所接受,无论是作为得体的社交主体,还是作为一个公平的市场主体,都必须抑制自爱的主观强度,使之与他人对自己的同情强度相对应。人们如此合乎道德地行事,"并非遵循了什么命令,可以说只不过是根据上述那种与他人的同情互换而进行的。因此,指引人们合乎道德地行事,是对他人心情的感受性和想象力"[2]。这里所说的他人,可以是字面上的他人,按亚当·斯密的思路,更可能是由自我想象的旁观和感受自己的他人,膨胀的自我回归得体的自我,由此而获得公正的导师。

在场互动之于自我成长的规范论和动力学

无论怎样周全地与他人同情地互换想象,都不能取代人在现场的互动对于自我成长的决定性作用。这里说的现场,既指空间场所,也指社会情境,例如师生只有在课堂与校园面对面互动,才能成就学业与育人。完全脱离在真实现场与真实他人互动,得体和道德的自我是否可能?儒家的"慎独说"提供了一种可能的回答。让我们看看社会学的互动论会怎样评价慎独说。

---

[1] [英]亚当·斯密:《道德情操论》,第25页。
[2] [日]山崎正和:《社交的人》,第242页。

慎独说出自儒家经典《中庸》，原文是"君子戒慎乎其所不睹，恐惧乎其所不闻"。在人面前庄重严肃，一人独处也要庄重严肃；在人前戒慎恐惧，在他人看不到听不到的地方也要戒慎恐惧。慎独不易，不然儒家大哲不会反复告诫，儒家经典不会再三致意。这也是儒家的为己之学，修行是为了自己成圣，而非做给他人看，表面上体面。如果亚当·斯密设定公正的他人，是要让人醒悟自己在他人的感受中没那么重要，那么儒家想象不存在的他人或旁观者，是要激励儒家君子一人独处时也要按最高的道德标准来践行。朱熹曾感叹孔学一千多年来未曾被真正落实，何故？原因或许就是这套讲慎独的为己之学陈义过高，多数人难以实践。

慎独说主张人人有遵守道德的本性本心，成圣不是向外用力，而是要去发现和守护这个内在的本心本性，不因外界的好处而向善，更不因无外界的约束而为恶。但这恰恰提出一个问题：人的成德，慎独之路可行，还是互动之路可行？讲心学，似人人应该反求诸己，而非迎合顺从社会规范而勉强做个好人。但若讲社会学，人之独处的问题，恰恰是既没有了社会的约束也没有了社会的鼓励，人的向善主动性缺少了动力。所以，社会学将现场互动视为自我成长的规范论，是因为在互动中，人的任性不再畅行无阻，会时时受到同样任性的他人的阻挠；而他人的任性一样不为自己所接受，也会受到我的阻挠。这种互相约束之力在独处环境中全然没有，对多数常人来说，独处时可能是更加任性而非慎独。

另外，只有在与人交手、合作、竞争时，人们的优点和长处，如美貌、机敏、善意、灵巧、细心、通达等，才能不仅被自己发现，也同样被他人发现。互动本身包含竞争、发力、改进等事项，这不仅是让他人发现自己的长处，也是发掘和提升自己长处的必要过程。如此，慎独之不易，不仅对常人不易，对心智高明者一样不易，因为在缺少真实他人这面镜子时，人对自己的美丑善恶并不能一目了然，即便吾一日三省吾身也无济于事。往深处说，慎独绝不可能脱离社群、脱离互动而有完全独立的价值。康德说人的非社会的社会性，就是说人既烦他人又离不开他人，他人既是妨碍也是激发，激发人在追求超越他人的优越性的竞争中发展自己的才能。

从人性看，爱自己多半胜过爱邻人，所以基督教教诲人爱邻人如爱己，这是发展积极互动关系的高要求。上文提到，亚当·斯密提出一个发展合宜互动关系的低要求，即要像爱邻人那样爱自己，或像邻人爱我们那样爱自己，这是同儒家进取的反求诸己不同的反求诸己，即把对自己的关切降低到对他人关切的平均水平，也就是把自己放到与他人同等的地位。如此，自我才不会太自恋、太自以为是、太自我中心。自我重要，但至多与他人一样重要，这并不真的降低自我认同，而是能与他人发展互动关系的持续之道。这不是慎独之路，这是总把他人作为自己行为的参考框架和自我观照的镜子，不仅是想象中的，还是现实中的。

之所以说现场互动是动力学，也是因为人是与游戏伙伴、同学、同事、战友，在游戏场、教室、操场、办公室、车间、营房等具体空间和情境中一起玩耍、一起学习、一起做事而成长的。是发生在这些场所的具体互动塑造了我们的社会化的自我身份。我们将这种强调现场互动对于自我成长重要性的分析，视为社会空间学或社会地理学的分析。社会地理学相信，自我不仅不是与生俱来的，也不会是独一无二的。借用戈夫曼的比喻，自我更像是躯体衣架上吊挂的诸多衣服。这些衣服就是个体与他人互动而来的人性面貌和人性成就，若没有上述种种展开互动的社会场域，人性的丰富面向如何发展出来？我们同他人同场竞技，是想在体力和体能方面竞争高下。我们在公共参与中竞相投入时间、付出努力，如同体育比赛一样，我们一样在竞争高下：才智的高下和善意的高下。在游戏理论最重要的奠基者赫伊津哈看来，"文明化的竞赛本质便是游戏。其中，利益和权力的扩张只是次要目的，而赢得他人敬意和社会名誉时的喜悦才是主要目的"[1]。促使居民参与基层社会公益活动的一个很大动力，是行动实实在在改善生活环境的同时，也给居民带来道德荣誉和社会重要性。无论社会地位、职业成就如何，所有人都一样追求社会的尊重和认可。在社会场的竞技中，我们释放了能量和野心，获得了赞许和荣誉，更培育了公德心和责任感。

社会地理学就是互动结构分析。它让我们发现了人的社会化的在地途径：我们在游戏场学习了规则，在训练场锻造了纪律，在工作场学会了合作，在公益场培养了责任，这一切活动都是面对面的现场互动，而非孤立主体的闭门修炼；现场互动让我们识别了社会自我生成历经的一座座地标。进而明白，对于由这样的自我结成的主体间世界（社群）来说，现场和情境是内在构成，而非仅仅是外在条件。

---

1 转引自[日]山崎正和《社交的人》，第69页。

跷跷板互动与善恶报应理由

敬人者，人恒敬之，这是互惠的互动论。人善被人欺，马善被人骑，这也是互动论，却不是互惠的，而是单方面受惠，贡献善意的一方反倒是受损的。大街上擦肩而过的路人，或眼神交会或点头示意，此为最轻微的人际互动；而亲子之间的互动，则多半是最黏稠也最累人的人际互动。互动是人类最基本的交互行为，但不代表互动的各方在地位、财富、声望、权力、知识、人伦及其他事项上都是平等的。平等的互动只是互动关系的一部分，而非全部。互动行为与互动结果不必对应，此非互动之反常。我们需要将不平等不对称关系引入互动分析，方可理解互动过程及效果的复杂面相。为此，我们创造了"跷跷板互动"这一概念。跷跷板动起来有平衡和不平衡两种状态，以此来比喻人际互动：第一，互动的平衡，或行为和结果的对称，只是可能，而非必然；第二，互动的不平衡，亦是互动常态，不平衡反映互动双方力量或技能的强弱，实际关联各自权力、声望、资源的拥有状况，也就是说，互动是地位或平等或不平等者之间的互动，比起平等关系，互动更多是在不平等不对称关系中展开的。互动和不平等分析本是社会学的两大经典主题，却很少彼此关联。跷跷板的互动分析或许算是将不平等引入互动的初步尝试。

跷跷板的互动

在本篇之《互动生成自我》章中讨论的慎独功夫，不妨可视为跷跷板互动的一种，自然是多种另类互动中的一种。因为慎独不等于完全没有观众，戒慎恐惧中说的"莫见乎隐，莫显乎微"的"见"和"显"两字，透露出慎独仍然要像被人看见、被人监督那样行为和表现，这是一种更加心学化的想象互动。而为了在独处中不自甘沉沦，努力达致君子的道德标准，即日常互动的道德平衡状态，慎独也成为一种难度更高的自我跟自我的互动。少数人或许能成就慎独，多数人却难以由此成圣。慎独之路，如同内圣外王之路，仍是一条道德的乌托邦之路。

慎独说也是儒家的心学。讲心学，似人人应该反求诸己，而非顺从社会规范迎合他人期望而勉强做个好人。但若讲社会学，第一，在想象中将自己置于他人目光之下，按他人对自己的期望和态度行事，这既是社会化的结果，也是社会化的能力。在米德所举的著名的棒球队例子中，一个棒球手若想成为合格的运动员，"他本人的每一个动作取决于他所设想的另一些参赛人的动作"。但这仅仅是独处中的设想吗？当然不是！这是棒球手在实战中的设想。米德接下来的话明白表达了这一点，"他的动作受到制约，因为他兼有该队每一个其他人的态度，至少那些态度影响了他自己的特定反应"[1]。米德的想象他人并扮演他人角色的概念，并非慎独语境下的心学想象，而是有真实互动场景的社会学想象。

---

[1] [美]乔治·H.米德:《心灵、自我与社会》，第137页。

第二，慎独的问题恰恰是没有了真正的他人，即米德反复强调的"我们得到一个'他人'，他是参与同一过程的那些人的态度的组织"[1]。

他人是个人社会化的能动机制，这不仅包含他人的期望、示范和鼓励，也包含他人对个人构成的约束、阻碍和对抗。我们遇到的他人，并不都是我们的同伴、同乡、同学和同事，还有我们的父辈、长辈、老师、教练和上级，以及我们的儿女、小辈、学生和下级。以上的他人，只有第一类属于大体平等的范畴，其余两类皆非平等和对称关系。真实的互动，是有特定他人在场的互动。从街上的邂逅到课堂上的师生问答，从车间里工友的交谈到两国代表的谈判等，涉入的程度或浅或深，投入的关注或多或少，彼此的关系或平等或不平等，互动的方式无以计数，互动的结果不会千篇一律。

路上行人的相遇，可能是最平等的关系，但也是最缺少互动理由和互动涉入的关系。眼睛礼貌地对视，或许就是街头陌生人互动的标准方式。齐美尔对此有一番妙论："眼睛有特别独特的社会学功能。个人的相会与互动基于互相的一瞥。这也许是最直接最纯粹的交互性。目光交流把人联系起来，但这种最高级的心理反应并不形成任何客观的结构；两个人的相会在交流场合里形成，在交流的功能里消解。这一结合顽强而微妙，唯有眼球间最短、最直接的线条才能使之维持，最细小的偏离，最短暂的游移都会

---

[1] [美]乔治·H. 米德：《心灵、自我与社会》，第137页。

使这一结合的独特性被摧毁殆尽。"[1]对路遇的他人视而不见固然失礼,但眼神的微妙和瞬息万变,也让故意的疏离以避让目光的互动十分容易。街头的互动实在飘忽不定,谁也没有对谁负有确定的责任,这就是齐美尔所说的不形成任何客观结构的意思。

同样是街头的相遇,换成有邻里关系之后,互动结果的责任性便随之增加,尽管互动仍然可能是一方主动而另一方被动。加拿大城市学者简·雅各布斯(Jane Jacobs)发现,"在实际生活中,只有从城市人行道上的那些普普通通的成人身上,孩子们才能学到(如果他们要学的话)成功的城市生活的最基本的东西:人们互相间即使没有任何关系也必须有哪怕是一点点的对彼此的公共责任感。这样一种经验没有人可以通过别人的告诉学到手,只有通过让不是你的亲朋好友、对你不承担任何正式责任的人为你承担哪怕是一点点的公共责任这样的事,你才能学到这种经历"[2]。雅各布斯举了她儿子的例子,一天锁匠莱西先生冲着他大声嚷嚷,告诉他不要跑到马路上去,"这个时候,我的儿子不仅在注意安全和顺从方面得到了一种公开的教益,更多的是,他还非直接地得到了一种体验,即莱西先生这位与我们非亲非故的街坊近邻认为自己为他承担着某种责任"[3]。

大众或粉丝与其追捧的名流或明星的关系,也是跷跷板互动关系的典型案例。其不平衡表现在各自投入的感情能量不一样、

---

[1] 转引自[美]欧文·戈夫曼《公共场所的行为》,何道宽译,北京大学出版社,2017年,第92—93页。

[2] [加]简·雅各布斯:《美国大城市的死与生》,译林出版社,2005年,第89页。

[3] 同上。

各自的诉求不一样，进而从互动中得到的损益也大不一样。简而言之，粉丝们虽然捧红了偶像，却是互动中更弱、更易受伤的一方。内地的某位顶流明星一直被经纪公司按照"大众情人"或"国民老公"的人设来推广，所以这位顶流明星公开恋情一事在粉丝中掀起轩然大波。众多的女粉丝又难过又愤怒。报道说，一个千禧一代的女生哭得稀里哗啦，她无法接受偶像的恋人是某某某，她实际受到的伤害是自身情感体验梦的破碎。粉丝们为明星花钱，为其造势，是把偶像当成一个符号来消费：一个潮流的符号，集中了各种想象的和情感的符号或符号群。明星抛开公司人设，试图讲述个人的情感故事，这不仅破坏了粉丝们对偶像的想象，也破坏了明星人设与粉丝之间的契约，进而破坏了彼此的互动模式，最终导致互动崩塌。

对名流和明星的追捧，已经成为当代社会的文化现象。柯林斯说，人们努力接近名流，跟他们接触，以获得来自他们的代表物，如照片、衣服、签名等。按一种涂尔干式的解释，"崇拜名流是群体在崇拜自己——崇拜其获得令人兴奋的和从一个人平淡无奇的生活中得到某种超验的东西的能力"[1]。这样，崇拜名流实质就是造神，与部落的图腾崇拜无异，名流就是被图腾化的神圣物，而"被大众媒体抬高了地位的名流是当今唯一可充当神圣物的人，此神圣物是社会中任何相当大一部分的集体意识的标志。所以就难怪普通个体企图通过表示同情的戏法，即穿类似于名人穿的衣服，或有这些名人标志的衣服，来使他们自己占有一部分这种超自然

---

[1] ［美］兰德尔·柯林斯：《互动仪式链》，第374页。

力或者象征力。部落人把他们氏族的图腾画在自己身上,当代人,特别是那些在至少赋予他们一种专业化类群身份领域的职业中不出类拔萃者,穿着印有运动英雄的号码与姓名的紧身套衫、印有娱乐明星照片的T恤衫。在一种不存在明显的地位群体、更少宗族身份的社会结构中,唯有媒体明星充当着标志,表示对关注群体的集体能量的参与"[1]。问题是,名流的确被公众崇拜成神人,但以为穿着名人衣服就能让自己也神起来的膜拜者,获得的多半只是自己变得重要起来的想象,而非实在的社会重要性。

粉丝与偶像的关系,也是一种宠和被宠的关系。人是会被宠坏的,而利用受宠条件为自己牟利,则近乎人性常态。孩子最容易受父母宠爱;颜值高者到处引人瞩目而易受优待;一位当上中央级部长的文化人直言,当部长最好的感受是走到哪里都被人尊敬且爱戴。宠和被宠是一种互动关系,却是一种不对称的关系。一直被宠的结果是,被宠者的同理心和同情心容易减弱甚至泯灭,进而丧失推己及人的道德能力,丧失正常的现实感。被宠坏了的孩子,不容易跟其他孩子友好相处,他们倾向于视自己为世界中心,这不是一个正常的现实感。一个人或许可以在家里成为家人关注的中心,走出家门就不难发现没有人会像家人一样继续宠着他/她,没有人再像家人一样把他/她当作世界中心,除非父母有权势并足以继续罩着他/她,他/她才可能继续享受他人宠着他/她让着他/她的特权。这种一方任性一方迁就的互动情节,在实际生活中并非罕见。

互益的互动是一种平等的互动,是交互、对称和恩怨循环,

---

1 [美]兰德尔·柯林斯:《互动仪式链》,第375页。

而非一方高调、一方憋屈的跷跷板关系。中国人说"礼尚往来，来而不往非礼也"，这是互惠和对称往来。孔子有类似的话，含义更深更丰富，"以德报德，以直报怨"，以德报德，互惠的互动不难持续，以德报怨，就会把对方宠坏，互动就会滑向人善被人欺的不平衡。问题是，以德报德、以直报怨是有前提的，前提就是互动双方不仅人格平等，还应地位大体平等。

平等多是一个理想假设，社会学最重要的洞见之一就是断言社会生活中的关系多是不平等的。例如，老板拖欠工资，以怨对待农民工，农民工如何以直报怨？不是忍气吞声，便是铤而走险，很难按孔子说的原则来应对，因为农民工在此种互动中是弱者，他缺少以直报怨的执行力。在这里，指望农民工对老板以直报怨，不如依靠国家法律和机构对劳工权益的保护，这是以社会干预的"直"报不良资方的"怨"，而非仅仅诉诸个人道义的"直"。

平等的互动过程之所以不易，不仅在于互动双方的社会地位多半不平等，还在于互动中占优势的一方很难不利用优势地位为自己牟利，这就让孔子所倡导的忠恕原则难以成为人际互动的必然原则。"己所不欲，勿施于人"，是很好的原则，是公认的道德金律。问题在于一方力行恕道，另一方却未必如此，尤其是当对方占优势地位时。更经常发生的或许是"己所不欲，要施于人"。富人说贫穷限制了穷人的想象力，此说不谬。然而，反之亦然。占据任何优势资源或优势地位的行动者，是比弱势一方更难换位思考而行恕道的。要而言之，忠恕是很好的应然原则，但不容易成为面对面互动中的必然原则。

善恶报应的理由

从不经常平等、不经常平衡的互动，引出不经常兑现的善恶报应，就回到本文一开始提出的互动过程与互动结果不一致的问题。人们愿意相信善有善报、恶有恶报，实际上却经常不是现报。哲学家赵汀阳在分析报应不是现报的原因时，讲了两点："（1）人性天然自私，因此，追求私利的个人理性是行为的默认设置，这种默认设置不可能无缘无故地自动更改；（2）由于生活语境过于复杂，强取豪夺、坑蒙拐骗、见利忘义的存在论报应相对滞后，甚至无限期延迟，因此，存在论报应的威胁往往弱于当前利益的诱惑。"[1]

所谓"存在论报应"，就是你做恶事会有恶报的，但它不必是马上现报，但总归会报。做恶事者就会有一个非分的想法，会屈服于当前利益诱惑而"搭便车"。人宁愿服从个人的私意去寻找一切机会，让别人来承受艰难困苦的成本，而让自己无本万利。讨论善恶报应的原则、现实境况，以及不能够现报的人性原因和社会原因，是要获得一个认知，即对主体之间的互动行为的善恶结果考察，我们要从一对一的关系进一步拓展到跨主体的普遍原则或规范。也就是说，要从主体之间的道德论进一步拓展到社会交往的规范论。一个人出来混，造了业，即便自己不想还，但最终多半能由社会大环境来主持还，这样就让善恶报应的预期从存在论的想象变成当下的道德律令，也让人们对恩怨循环的平等互动

---

[1] 赵汀阳：《第一哲学的支点》，生活·读书·新知三联书店，2013年，第259页。

更有信心。

不论互益的互动如何不确定，人们多半也不乐见互害的互动盛行。也就是说，我们还是要相信善恶报应的老话，它本有道理，我们还可以加上科学的道理。为了社会的公序良俗，我们要继续支持和维护善恶报应的信念。

人格和地位不平等的互动，是产生善恶结果不公的原因。我们难以人为消除地位的不平等，但在理论上可以去除任何人格的中心论，无论是以自我为中心，还是以他人为中心，就是接受理论上的人人平等。想想看，人能够接受什么样的互动关系？实际上，人只能接受礼尚往来、投桃报李、恩怨循环。我若对人不好，如何指望他人以德报怨？人不犯我，我不犯人，就是以牙还牙，恩怨循环。恩怨循环是互动关系，且是稳定的互动关系。这是可预期的关系。如此，善恶报应就是人际互动的一种形式，也具有规范意义，即善恶报应是一种具有规范意义和建构意义的互动关系。我们必须认真对待"人善被人欺"的说法，不然，善恶报应说会失去感召力，做好事的人也将失去继续行善的信心和动力。"人善被人欺"说与善恶报应说不合，但它仍是一种互动论，一种失衡的互动论。此说的语境是善人太好，好到没有了分寸，就会鼓励受惠人得寸进尺。对于此种情境，上海人爱说一句话："你不要把别人的客气当成福气。"问题是好到过分，别人就会把善意当成理所当然的福气了。人善被人欺也是一个互动结果，但它既不稳定，也会最终消灭善人和善行。

普通人性，既非大善，也非大恶，多数人是中常人性。从互动的脉络来看中常人性，人们互相之间的反应大体上是恩怨对应或情意循环。一种名为"交换论"的社会理论，就是基于中常人性来刻画人的这种恩怨循环的日常图景的。交换论认为，人在互动中追求的东西有两种，一是追求报酬，一是逃避损失。这是人类行为的两个主要动机。以追求报酬为例，我送礼，也希望你对我好。这是互惠关系。读者不难发现，交换论就是古典经济学的假设。或者说，"以德报德、以直报怨"也是一种基本的交换论。

孔子的"己所不欲，勿施于人"也可视为一种交换论。如果我加诸别人己所不欲，别人也会加诸我他所不欲；我不想自己受到这样不堪的待遇，我也不想把这种不堪的待遇加给别人，这是一个交换论，也是一个报应论，在交互的互动性上与"报"是同义的。而孔子的"己欲立而立人，己欲达而达人"，不同样是一种交换论吗？而且是一种更高级的交换论，确切说，是一种仁义化的交换论，它说的不只是你对我好，我就对你好，而是说我要立身我要发达，也要让你能立身能发达，其立场是尽其在我，这一立场对互动双方的道德主动性和主体性的要求比西方人的交换论更高。

从儒家的忠恕仁义之道来讲对善恶报应说的支持时，必须记住其暗含的前提是平等人格和平等地位。事实上，上文孔子言及的"人"，是指与"民"相对的"士"以上阶层的"贵族"；而"民"则是指"人"以外的平民百姓。今天引用孔子的"己所不欲，勿施于人"的律令时，此"人"已经不分"贵族"和"平民"，因此也让该原则的实行易受不平等关系的制约。

我们支持善恶报应说，也有科学依据。严肃的研究说人的善恶会影响人的寿命。美国和其他一些国家的心理学家、生理学家做过相关研究,发现诚实守信、责任心强的人的寿命要比弄虚作假、敷衍塞责的同龄人长！美国某心血管专家在1958年对500名医科大学的大学生进行追踪研究,25年后,专家发现其中对他人抱有强烈敌意的人,死亡率高达96%。这类人患心血管疾病的概率也是其他人的5倍。品德好的人和品德不好的人,为什么在寿命上会有差别？科学家认为,当人心怀善念、积极思考的时候,体内会分泌出令细胞健康的神经传导物质,或者说免疫细胞会变得活跃,人就不容易生病。正念长存,人的免疫系统就强健；心存恶意、负面思考,走的是相反的神经通道,负向系统被激发启动,而正向系统受到抑制,身体机能的良性循环就会被破坏。美国有医学杂志曾经发表题为《坏心情产生毒素》的研究报告,报告称,人的恶念能引起生理上的化学物质反应,在血液中产生毒素。当人在正常心态下朝冰杯内吐气时,附着在杯壁上的是一种无色透明的物质；而当人处在怨恨、暴怒、恐惧、嫉妒的心情下,凝聚起来的物质就会呈现出不同的颜色。通过化学分析得知,人的负面心理会使人的体液产生毒素。以上科学报告是否绝对支持了善恶报应说,或还是见仁见智,注定不会得到恶人的认可。科学家必定会说,心怀善念的人活得长,这符合民间多数常人的期望和信念。

讲了儒家的理由,讲了科学的发现,再来讲点社会学的:善恶报应的人性论和社会学的解释。从人性的角度来说,即使人人自私,也没有人喜欢别人对自己自私；即使人人不慷慨,也没有人或很少有人不喜欢别人对自己行善。善恶评价几乎是我们生活中最强的一种价值评价,是人人在意的评价。请注意这句话。你被人说成是个好人或说成是个坏人,这是生活中一件重要的事。

如此，善恶评价可能会变成有最大共识的一种社会评价。大家知道坑蒙拐骗是做坏事，虽然做的人还在做，但是他也知道大家认为坑蒙拐骗是做坏事。而对助人为乐的人，人人都会夸奖。是的，生活中慷慨的人不多，不自私的人也不多，但是人人都希望别人慷慨，都希望别人不自私。这就构成了一个善恶评价的社会气场。一个人无论做好事还是做坏事，他都知道有这么一个舆论场域存在。个体的存在价值和生活意义，多半来自社会的评价、社会的肯定和社会认为的重要性。如果你做善事，就会得到社会的积极评价，你自己也会得到积极的生理心理感受，从而引起积极的生理心理过程，也就是上文所说的免疫细胞被激活的良性过程。而一个人做恶事，做坏事，他对抗的，恰恰是这个主流社会的价值气场。做了坏事或许因此还占了便宜的人，其中的多数人仍然有负罪心理，会有精神压力。身心若长期处在非常态，就容易生病和折寿。例如，那些被"红色通缉令"通缉并最终被抓回来的人，多数说他们在国外惶惶不可终日，虽然有很多钱，但不敢吃、不敢用，担惊受怕不已。不少在逃犯承认，当被中国警察抓住后，反倒觉得轻松了。为什么？就是因为社会主流的善恶评价构成的强大的舆论场，对每个人的所作所为都有持久的评判和暗示作用。

回到儒家倡导的慎独。在不被人看见的独处境况下，个人的所思所为能否合乎道德，是难以保证的。"只要没人在看，什么怪事都会发生。"物理学家劳伦斯·克劳斯（Lawrence Krauss）认为这是一条支配成功政治家和首席执行官的主要规则，而这正是量子力学的核心。量子力学的不确定性原理被如此解释，可谓别出心裁。然而，心学化的慎独已被笔者解释为社会学化的慎独，即在独处时,修行者仍是以想象的观众为对象,以其熟知的社会情境为背景,从而达致真实世界的道德成就。只是这样的慎独功夫对于普通常人来说难乎其难。而情境化的力量之大,戈夫曼看得清楚:"即使独处时,个人也可能要维护他可示人的体面相——这使我们不得不承认,即使实际的社会情境不存在,情境性行为也可能发生。"[1] 而本章重点讨论的不对称不平等的跷跷板互动,其中优势一方无不知道如何利用优势情境来获得互动的优势,则更是情境性行为无处不在的证明。

---

[1] [美]欧文·戈夫曼:《公共场所的行为》,第43页。

恩义互动

同情心辨析

人有怜悯心、感恩心、羞愧心,孟子在良知四端说中几乎全部谈到。其中的恻隐之心,就是人天生对他人的怜悯心,而此种怜悯是对人类的而非仅仅指向亲人、熟人,这就是为什么孟子把恻隐之心视为仁之端的原因。在孟子看来,恻隐之心是人之所以有利他心和利他行为的道德基础。

世人熟悉的亚当·斯密的人性学说,是他在《国富论》中提出的自利人假设。根据这个假设,我们每天需要的食物和饮料,不是出自屠户、酿酒家或面包师的恩惠,而是他们自利的打算。我们不说唤起他们利他心的话,而说唤起他们利己心的话。但由完全利己的人组成的社会秩序如何可能?在亚当·斯密看来,人的利他行为不能全部归为人的自利心,人还天生具有同情心,这是社会合作的人性基础:

> 无论人们会认为某人怎样自私,这个人的天赋中总是明显地存在着这样一种本性,这个本性使他关心别人的命运,把别人的幸福看成自己的事情,……这种本性

就是怜悯或同情，就是当我们看到或逼真地想象到他人的不幸遭遇时所产生的感情。……这种情感同人性中所有其他的原始感情一样，绝不只是品行高尚的人才具备，虽然他们在这方面的感受可能最敏锐。最大的恶棍、极其严重地违反社会法律的人，也不会全然丧失同情心。[1]

同情是设身处地的想象，而非直接经验。当看到他人身体受到折磨时，同情意味着通过想象，我们似乎进入他的身体，也感到自己忍受着所有同样的痛苦，在一定程度上同他像是一个人，最后，自己竟然也会战栗和发抖。同情就是感同身受，是在我们自己身上引起同他人遭遇苦难时一样的感受。这是自利的个人也能对他人的处境发生共鸣并进而做出利他行为的人性根源。这是亚当·斯密"同情心"的思路，也是2300多年前孟子的"恻隐之心"的思路。

无论是"恻隐之心"，还是"同情心"，孟子和亚当·斯密都是通过内省而悟到的，而且他们两人都断言同情心是人与生俱来的。当代神经科学揭示了同情心是有生理基础的，此为镜像神经过程，"同情的产生基于做某件事情时和观测到同一件事情时对神经网络（或者说神经元系统）的共享。例如，一个人做某个动作时，镜像神经元被激活，而同一个动作被这个人观测到时，同样一些

---

[1] ［英］亚当·斯密：《道德情操论》，第5页。

镜像神经元也被激活"[1]。

当科学家说同情心是有生理基础时，社会学家会关心哪些社会因素会影响此生理基础，包括对生理基础的损害。历史学家亨利·亚当斯（Henry Adams）挑出了权力因素，在他眼里，权力是"一种足以杀死患者同情心的肿瘤"。亚当斯借用医学术语作比喻，得到当代医学的支持。神经科学研究发现，掌握权力会导致脑损伤，领导者会失去原本让他们得以成为领导者的一种心理能力——设身处地理解他人，也就是共情的能力。心理学家在多年实验室和田野实验的基础上得出相似结论：在权力影响下的被试们，其行为与遭受了创伤性脑损伤的患者类似，变得更加冲动，风险意识很弱，而且，至关重要的是，更不善于从别人的观点观察事物。脑科学的假设是权力损害了一种特定的神经过程：即作为移情作用基石的"镜像"（mirroring）过程。同情能力在某些人群某种程度的丧失，已被多种富有创造性的实验证明。2006 年的一项研究，要求参与者在自己的额头上写出给别人看的字母 E。这是一项需要从旁观者角度观察自己的任务。有权力感的人写出正确字形的概率比普通人高出三倍，但在其他人看来是反的。[2]

权力会损害有助于换位思考的神经系统，这还只是一个假设，并非当今科学公论。但缺少约束的权力会损害人的同情心，确是不争的事实。古今同情说，让人人可以行善的教义理直气壮，但

---

[1] [美]阿尔多·拉切奇尼、[美]保罗·格林切尔等：《神经元经济学：实证与挑战》，浙江大学跨学科社会科学研究中心译，上海世纪出版集团，2007 年，第 42—43 页。

[2] Jerry Useem, "Power Causes Brain Damage", *Atlantic Monthly*, July/August, 2017 Issue.

善行的实现，更取决于主体的社会地位和具体的行动情境。行为者的权力地位，是社会中最重要的情境地位。行为者的互动关系，是影响我们的同情心为谁而起的现场机制。常人的同情心表达很少一致。我们或尽心尽力帮助一位朋友，却对另一位朋友的不幸无动于衷。一个人可以既是一位温柔的母亲，同时又是集中营里一名冷酷无情的守卫；或者既是一位正直和气的公务员，同时又是一位冷漠严肃的父亲。人性的复杂性在于，同情心或良知确是我们和其他人类成员共同具有的核心的普遍人性，但同情心事件是社会情境中的因果事件，它涉及我们"以非常特定的方式对待非常特定的一些类型的人和非常特别的事情"[1]。但无论人性如何多面，我们的确会在特定的情境下对特定的人产生同情心并做出善举。

我们由孟子和亚当·斯密的同情心，引出权力损害同情心的假设，是想把行为之人性基础的哲学讨论和科学讨论，引向基于互动情境的善恶行为的社会学讨论。互动情境将影响行为的结果：是恶的强化，还是恩义互动。在《社会建构篇》之《犹太人大屠杀的悲剧叙事》章中，我们通过两个作恶行为的实验，说明了社会心理学的一个重要洞见：社会情境对于人类行为的决定性影响。参加斯坦福监狱实验的都是经过挑选的心智正常的年轻大学生，但一套制服一个身份，就能轻易让一个人性情大变，或变成残暴不仁的狱卒，或沦为心理崩溃的犯人。静态地争论人性善还是人性恶，并不能解释为什么像你我一样的普通人会名列历史上种族

---

[1] ［美］理查德·罗蒂:《偶然、反讽与团结》，徐文瑞译，商务印书馆，2003年，第49页。

大屠杀的罪人名单，而同样人性的普通人则在别的情境下能做出种种感动人心的善举。下面的例子就是一个感动了无数人的恩义互动的佳例。

仁义司机与感恩孩子的恩义互动

几年前，在云南广南县，一位司机为一个赶夜路的孩子开车灯照路。司机有仁有义，孩子懂得感恩。这个故事感动了大家。人真正感动的是什么？是恩义互动，这是社会学。

在漆黑的山路上，一个少年骑着单车在前面走，一辆汽车在后面缓缓地跟着，用车灯照亮少年回家的路。突然，少年停下来，汽车也停住。少年停好车，对汽车司机鞠了个躬，再返身骑上车继续前行。司机将这段经历录成视频放到网上后，少年鞠躬的举动击中了无数网友的心。短短几天的时间，视频光在抖音上获得的点赞量就是577万次，还有15万条评论。司机还在视频下面写了一段话。他说："给他照了20分钟的路，只是看见灯光。小男孩下来向我鞠了一躬，鲜红色的红领巾显得格外刺眼，让我一瞬间无地自容。"做了好事还无地自容？这让这个故事多了一层悬念。究竟为什么羞愧？司机解释道，在这之前，他给很多三轮车师傅照过亮，在农村，路灯的覆盖率不高。他为什么要录视频？是担心孩子摔倒后讹他。没想到骑车的孩子途中将车停到一旁，下车鞠躬表示感谢，这让他为自己之前的那个念头感到羞愧不已。这件事有哪些点戳中了人们的泪点？大体说来有三个点。

1. 恻隐之心让人感动

第一个点是司机的恻隐之心。回到孟子，看到别人家的孩子要掉到井里了，不管认识不认识，人多半马上会生出恻隐之心。恻隐之心就是关切同情之心。进化论证明，同情心是进化所带来的人性的内在感情，因为同情并引出的利他行为能使受惠的后代有更多的存活机会。这在生存上是有利的适应。这等于说，我不仅要关爱我的孩子，我还要关爱我部落的孩子，如此整个部落的存活机会就高了。这是符合自然选择的。人天生有利己心，这是自然选择的默认程序。没有利己心，就会被别人占便宜，就不利于生存。好人最后被坏人干掉，是因为没有防备，被别人搭了便车。一种最坏的市场，是劣币驱逐良币的市场。在自然选择的剪刀下，没有利己心是活不下来的。但是，光有利己心也不行。你是暂时把自己保住了，但若这个族群保不住，你最终还是保不住自己。同情并帮助自己的同类，是在帮助他人，也是在帮助自己。这样，利己心和同情心在人性中皆有根据。无助的孩子容易激发人的同情心，而关爱孩子则容易唤起更多人的同情心。网友说得好："司机的灯光不仅照亮了孩子的心，也照亮了所有人的心。"然而，一个人的善意不一定带来受惠者的感恩。举手之劳之所以难，是因为想做好事的人会对人存着一点戒心。害人之心不可有，防人之心不可无。这是不过时的老话。司机存有戒心的恻隐之心是一个触动人的点。

2. 感恩之心让人感动

第二个点是小男孩的感恩之心。有了感恩的情节，这个故事就圆润起来、互动起来，人跟人就开始交流，开始突破自我的局限。随后我们就发现，人跟人有了感应和感动。这个感恩之心就是中国人常说的"滴水之恩，涌泉相报"。社会学家会把它说成是情义互动和情义循环。我们的存在从来不是自我的孤立存在，是跟他人的共同存在。这是社会学的第一课、社会学的第一义。男孩知道感恩，意味着他体会到他人的善意。男孩虽不能同等地回馈情义，但能表达对他人善意的肯定。男孩下车鞠躬戳中泪点，是在互动的场域和脉络中引发了万千人的共情。在此刻，两个彼此外在的个体超越了自我的篱笆，达到了恩义的交流。一个是被人关爱，一个是被人需要。这种被人肯定的需要是要受惠者表达出来的。有时候，我们做好事觉得不爽，就是不确定自己的善意到底是不是被人需要。人做了好事需要别人肯定，这恰恰是人性的需要。一个人被别人需要，就是他的价值、他的社会重要性，从而他会更乐意做好事。这是一种被人需要的成就。被人肯定，就是将被人需要这一点说破了，就完成了一个恩义的对话和互动，这是最能打动众人的点。

当我们各自走出一己之考虑，就不仅会为他人带去幸福，他人也会为我们带来幸福。人若沉溺于自我之中，能有漆黑的山路上这令人感动的一幕吗？

3. 戒心消解令人感动

最后，司机的羞愧之心因为男孩的感恩而被触动。这是第三个触动点，或者叫人心和情感的节点。司机有善意，又有戒心，这是真实人性的复杂面，而突破人的戒心的，还是情义、恩义。这个故事的关键词是仁义。重温孟子的"四端说":"恻隐之心,仁之端也。""仁"就是对别人的善意和同情。"羞恶之心,义之端也。""义",宜也,就是亚当·斯密喜欢说的合宜性。"辞让之心,礼之端也;是非之心,智之端也。"司机有仁,男孩有礼;男孩有礼,司机有义。在这个故事中,"仁义礼智",几乎都有了。而且,"仁""义""礼"三字全在互动脉络里,全是交互概念。因此,真正戳中泪点的感情和行为全是主体间的、跨主体的,英文就是"inter-subjective"和"trans-subjective",而不是"subjective"。"subjective"就是一个"我",恩义互动必定在"我"和"我"之中发生。

以上概括的三点,还可用一个字来点明:恩。司机施恩,孩子感恩。恩义对话和循环让看客们流泪。"任何人的生活内容、意义和价值都是他人的恩赐,而他人对我在的恩赐正是我在的存在论条件"[1],这是赵汀阳说的。要而言之,自我越脱离他人,自我就越空洞,也越冷漠。人间恩情,通常是善意互动创造的,这是恩义互动的社会学。爱因斯坦对儿子最感欣慰的是,"(他)继承了我的主要性格特点:能够数十年如一日地牺牲自我,追求一种非个人的目标,从而超越单纯的生存"[2]。正是基于这种为别人而活的哲学,全人类感恩爱因斯坦,因为全人类需要爱因斯坦。这个牺牲自我的自我成就有多大?爱因斯坦为别人而活,最后他的生命充满了别人对他的需要、感恩和肯定。

---

[1] 赵汀阳:《第一哲学的支点》,第104页。
[2] [美]沃尔特·艾萨克森:《爱因斯坦传》,第474页。

从人机互动到"人际"互动?
由 GPT 引出的主体性问题

迄今为止,我们讨论的互动,都发生在作为生物体的人类之间。生成式人工智能的出现,令人和智能机器之间发生了类人的互动过程。本章将以 GPT 效应为切入点,讨论由此引出的新型的互动关系及主体性问题。

人机互动:人长成超人,还是沦为废人

人机互动并非新概念。七十多年前,当诺伯特·维纳(Norbert Wiener)撰写《人有人的用处》时,"他正处于将机器和动物简单地理解为物理过程的时代的末尾,以及将机器和动物理解为计算过程的我们当下这一代的开端"[1]。创建控制论的维纳认识到,人对机器发出指令,跟人对人发出指令本质上并无区别。在那个刚刚开始的通信时代,理解通信及其过程才能理解社会,因此,"人与

---

1 转引自 [美] 约翰·布罗克曼编著《AI 的 25 种可能》,王佳音译,浙江人民出版社,2019 年,第 78 页。

机器之间，机器与人之间以及机器与机器之间的消息，势必要在社会中占据日益很重要的地位"[1]。维纳时代的人机对话采用的是工程语言，而非 GPT 上人机对话的自然语言，人机对话在维纳看来更多是一比喻。此外，控制论关心的是在通信中与信息的组织性降低与含义受损的自然趋势作斗争，即跟约西亚·威拉德·吉布斯（Josiah Willard Gibbs）所讲的增熵趋势作斗争，也非今日生成式语言模型的人机开放性互动。在维纳的人机系统中，机器结构只是对人类生理结构的复制，因此机器智能只是人类智能的复制。他不担心机器智能会否超越人类，而是关心机器系统的价值观如何与人类保持一致。"当个体人被用作基本成员来编织成一个社会时，如果他们不能恰如其分地作为负着责任的人，而只是作为齿轮、杠杆和连杆的话，那即使他们的原料是血是肉，实际上和金属并无什么区别。"[2] 他先知般地告诫人类不能沦为机器的一个元件。人机对话的关键是："除非我们问题提得正确，我们绝不会得到正确的答案。"[3]

GPT 的人机互动发生在两个维度。其一是工程师和机器的互动，基于人工神经网络的深度学习和大语言模型训练，是机器所谓自主学习和自主成长的机制。强化学习甚至没有预先输入数据，机器仍能学习哪些变量是重要的，以及如何对它们进行加权以达到人类设定的目标。但无论是大数据投喂还是强化学习，都是人

---

1 [美] 维纳：《人有人的用处》，陈步译，商务印书馆，1978 年，第 2 页。
2 同上，第 166 页。
3 同上。

类与机器基于规训[1]的互动，源自维纳的价值对齐要求，更是强迫机器价值与人类价值一致。其二是用户与机器的互动，以自然语言对话为展开的人机互动，既是机器向各色人等学习的过程，也是人类向几乎全知机器学习的过程。

人机互动引出的主体性的第一个问题，关乎人是成为尼采式的超人，还是成为赫拉利在《未来简史》中所预言的废人。

GPT超强的能力，是叠加数据、算法和算力的结果。语言学家诺姆·乔姆斯基（Noam Chomsky）虽对GPT批评多多，但也肯定其成功的机制在于通过获取大量数据，在其中搜索规律，能越来越熟练地生成统计上可能的输出——比如看似人性化的语言和思想。这些程序可被誉为通用人工智能地平线上的第一缕曙光。[2]有人戏言，利用GPT，聪明的会变杰出。GPT将昂贵的知识真正平民化，不再需要"头悬梁，锥刺股"，人对自己及环境都能够获得最充分的信息，并知道最好的行动方案，真正实现"认识你自己"，从而无须到七十岁就能"随心所欲而不逾矩"。如此人类是否真正进入了人人都是英雄豪杰的时代？

然而，得力于AI而"认识你自己"，更可能是AI比你更了解你自己。由人类作者写的脸谱网算法研究给出的预测是，人类若遇到重大人生抉择，如要选择从事何种活动、职业道路甚至交往对象，可以考虑放下自己心理上的判断，依赖计算机所做的选择，

---

[1] "规训"是福柯的概念，原意是掌握话语权的人对人的预先训练，这里的意思是使机器有用并驯服。

[2] https://zhuanlan.zhihu.com/p/612985114

"这种数据导向的选择，有可能会让人类生活得更好"[1]。GPT-4在各种专业和学术考试上已然表现出明显超越人类水平的能力，例如，在模拟律师考试中，GPT-4取得的成绩排在应试者的前10%左右。而AI诊断系统，它所了解的病例和治疗方案远超多数医生。面对不断迭代而表现更强的AI，人们惶恐它将横扫多少工作岗位。赫拉利说人工智能将终结个人主义，因为多数人将变得无用而成为废人。[2]

答案或许不是在要么成为超人要么成为废人之间两选一，而是赫拉利说的少数掌控算法的人"神机妙算"，从智人成为智神，多数人则变得高度依赖系统而沦为多余的人。近代科学和哲学的诞生与发展，让人类经历了四重自恋创伤。先是哥白尼的日心说，令人类居住的地球从中心滚到一边，此系人类在宇宙中位置的一次失落；继而有达尔文的进化论，把阿米巴和灵长类连成一线，此系人类在生灵世界的一次下凡；再有马克思的历史唯物主义，恢复物质（生产）对于精神的本体地位，此系人类在社会世界的一种还俗；而西格蒙德·弗洛伊德（Sigmund Freud）的精神分析说，更把人之初级本能视为人之高级行为的原始动力，这是人类在心理世界的一种认祖。人工智能在各项人类事务上比肩人类甚至超越人类的强悍表现，是否构成21世纪人类正在遭遇并将继续承受的新一重自恋创伤？埃隆·马斯克（Elon Musk）曾断言，人类恐怕只是数字超级智能的一段非常小的生物引导程序。他担心的不

---

1 [以色列] 尤瓦尔·赫拉利：《未来简史》，林俊宏译，中信出版集团，第306页。
2 同上，第294页。

是多数人类或成为废人，而是全体人类的生死存亡。[1]

人机互动：机器只是机器，抑或会成为主体？

人机互动引出的主体性的第二个问题，即机器是不是一主体，或仍只是一工具？目前的智能机器虽表现出让人惊叹的能力，但还不具有自我意义上的主体性，不过我们仍可以用"主体性"概念来理解 AI 最新一波的跃进。上文关于人机对话的专家/机器维度和用户/机器维度的说明，已经透露机器的拟主体性，即它虽还没有本体论意义上的主体性，却有互动论意义上的主体性。机器本身不直接显露自主性，但一方面，在互动过程中，机器会影响进而诱导使用者在一些事务上的认知方向，形成惯性，甚至在使用者兴起违背道德或邪恶的念头时，帮助其设计一个完美的实践路径，达成"犯罪者"所期待的"黑暗荣耀"；[2] 另一方面，被人类价值调教过的 AI，或会在使用者刚萌生不端心思时中断对话，拒绝协助用户策划恶意方案，此时的机器便表现了某种人际互动中才有的道德主体性。

GPT 表现的这种拟主体性，是传统人机对话中从未有的，进而引出这一问题：像人际对话一样的人机对话，在何种意义上会被当真视为人际对话？

从哲学人类学上看，今天的 AI 迈不过两个坎：主体的感受质

---

[1] https://www.wired.com/story/elon-musk-humanity-biological-boot-loader-ai/
[2] 参陈迎竹的《警惕 AI 的先进成为人类险境》，见 2023 年 4 月 9 日新加坡《联合早报》。

陆　社会互动篇　　323

和主体的创造性。今日 AI 在人机对话中表现的主体性，还只是拟主体性，即非本体论意义上的主体性，而是互动论和功能论意义上的主体性。

迄今只有人类一个主体，虽这是人类的自我加冕，却没有第二个物种有资格和能力起而与人类争冠。社会学的主体性概念，只用于人类关系，而不会用于人和其他动物或非生物之间的关系，在人类主体看来，它们都只是客体。主体性的一个主要特质是主体的感受质。感觉、感情都是主体感受质的主要表现。以颜色为例，宇宙是无色的，颜色是主体的主观感受。物理学能告诉我们，颜色是电磁波在神经纤维"键盘"上演奏的结果，却不能解释我们当下的色彩感是怎么回事。又如，"感时花溅泪，恨别鸟惊心"，离愁是文人书写得最多的人类感受。持还原论立场的神经科学家，总想把人的一切主观感受全都还原为神经元的物理化学反应。对一次长久的、心碎的分离，神经科学家或能观察到从大脑传出的脉冲电流通过运动神经纤维传导至手臂的某些肌肉（对应手臂不情愿地颤抖着告别）；脉冲电流还会引起某种泪腺分泌，从而蒙上悲伤的双眼。但在任何神经通路上，"你都看不到性格特征，看不到可怕的伤痛，看不到心中的担忧"[1]。在用碳基细胞组成的神经网络上都读不出主体的感受，我们还能指望在用硅基材料组成的人工神经网络上读出感受吗？简而言之，AI 仍无心无肺。因此，战胜加里·卡斯帕罗夫（Garry Kasparov）的"深蓝"计算机并不快乐，柯洁却难解被 AI 围棋（AlphaGo）碾压的郁闷。

---

[1] [奥] 埃尔温·薛定谔：《生命是什么》，第 133 页。

创造性是被人类特别珍视的主体性特质,尤其是表现在科学和艺术上的创造性。智能机器在艺术上的成就,特别唤醒了人的主体性危机意识。

当音乐家大卫·科普(David Cope)用他编写的"音乐智能实验"程序 EMI 创作了让发烧友和专家都真假难辨的肖邦和巴赫风格的乐曲时,《哥德尔、艾舍尔、巴赫》一书的作者侯世达说他被吓坏了。在他的学生梅拉妮·米歇尔(Melanie Mitchell)看来,"他不是担心人工智能变得太聪明、太有侵略性、太难以控制,甚至太有用。相反,他担心的是:智能、创造力、情感,甚至意识本身都太容易产生了,这些他最为珍视的人性特征和人类精神,结果只不过是'一套把戏',一套肤浅的暴力算法就可以将其破解"。侯世达承认:"如果人类这种无限微妙、复杂且具有情感深度的心灵能被一块小小的芯片所简化,这将会摧毁我对人性的理解。"[1]

但研究者指出,无论是"深蓝"还是 EMI,都还不具有让侯世达感到威胁的人类特有的创造性。2009 年诺贝尔化学奖获得者文卡·拉马克里希南(Venki Ramakrishnan)说,打败卡斯帕罗夫的不是"深蓝",它只是一架笨重的机器,"'深蓝'的胜利是几百名程序员战胜卡斯帕罗夫一个人的胜利"[2]。米歇尔认为,EMI 并不真正理解其所生成的音乐作品,无论指音乐概念,还是指情感表达。因此,EMI 也无法判断自己作品的质量,这是音乐家科普的工作。

---

1 [美]梅拉妮·米歇尔:《AI 3.0》,王飞跃、李玉珂等译,四川科学技术出版社,2021 年,第 10—11 页。

2 [美]约翰·布罗克曼编著:《AI 的 25 种可能》,第 225 页。

艺术是人类引以为傲的事情，因为艺术可以说最能区别人类与其他生物之间的不同。米歇尔补充道："让我们感到自豪的不仅是我们可以创造艺术，还有我们对艺术欣赏的能力、对其感人之处的理解以及对作品传递的信息的体会。这种欣赏和理解的能力对观众和艺术家来说都是必不可少的，没有这些，我们就不能说一个生物是有创造力的。"[1]

以上定义主体性的感受性、创造性和理解力等，当然都是基于人类立场的观念。问题是，如果人工智能并非人类智能的直接抄写，那么，AI 的理解和 AI 的创造性也不必是复制人类的理解和创造性。人类理解是概念驱动，通过经验建立因果推断，使用极简的模式和极少的数据，加上自由联想和直觉。今天的生成式人工智能，几乎没有一样对得上，没有概念驱动，没有因果联系，甚至没有正式的编程，更没有实在世界的经验，只是借助海量的数据和强大的算力，通过复杂的统计相关性计算，便能够获得近乎完美的模型表现。专家们对大型语言模型（LLMs）智能是否类人智能的分歧表明，我们基于自然智能的传统观念是不够充分的。如果 LLMs 和其他模型成功地利用了强大的统计相关性（我们或可认为它绕开了人类的理解模式），那么这种利用难道不也可以被视为一种新兴的"理解"能力，一种能够实现非凡的、超人的预测的能力？"比如 DeepMind 的 AlphaZero 和 AlphaFold 模型系统，它们似乎分别为国际象棋和蛋白质结构预测领域带来了一种来自

---

[1] ［美］梅拉妮·米歇尔：《AI 3.0》，第 307—308 页。

'外星人'的直觉形式。"[1] 人类对自己大脑的工作原理并不清楚，人类专家对最新 AI 大脑的工作原理一样也不甚清楚。如果说程序员明确理解传统编程输入如何以及为何与输出相关，而大型 AI 系统就相当不同。AI 专家说："我们并没有真正编写它们的程序——我们是培育它们，而随着它们成长，它们的能力会急剧跃升。你添加 10 倍的算力或数据，突然间系统的行为就大不相同了。近期的一个例子是，随着 OpenAI 从 GPT-3.5 扩展到 GPT-4，这个系统在律师资格考试中取得的成绩排名从最末 10% 提高至头 10%。"[2] 虽然机器并无创新意识和自觉，但这种随系统数据和模型参数的增加而来的能力"涌现"，岂非大型 AI 系统的"创新"？AI 在特定任务上赶上甚至超过人类的表现，已让多数人工智能专家不再怀疑 AI 已经具有"创造性"。柯洁说打败他的 AlphaGo 下出了人类棋手从未下过的步子，他见证了机器从"像人类一样下棋"到"像棋神一样下棋"的自我进化。

人机互动如何被人视为"人际"互动？

今日人工智能又强悍又人性化的表现，让普通人很难仅仅视其为一工具。从 GPT 上抄作业抄论文的学生，是把 GPT 当作授业教师还是学霸同学？当不少程序 AI 都能把程序写得又快又好时，

---

[1] Melanie Mitchell and David C. Krakauer: The Debate Over Understanding in AI's Large Language Models, from https://arxiv.org/pdf/2210.13966.pdf.

[2] 伊恩·霍加斯：《细思极恐的通用人工智能》，https://www.ftchinese.com/story/001099417?archive

编程员是得意于获得了一个得心应手的助手,还是焦虑于面临一个将淘汰他的对手?看了一圈医生没有解决问题的病患,最后通过与AI的互动而获得正确诊断,这类互动岂非用户与医术更高明的专家的互动?一个画师,现在给GPT打下手,给AI作品修图,你说画师是主体,还是AI是主体?主客体在这里是否颠倒了?虽然修图要求的技术或许更高,但在人机关系上,画师多少失去了重要性。

GPT的英文是Generative Pre-trained Transformer,意为生成式的预训练转换器。机器的学习是在人类和机器老师的训练监督下进行的。工程师告诉我们,训练机器如同训练青少年一样困难和缓慢。[1]这意味着,越来越人性化的计算机系统实际上也是一个类社会化的产物。问题是,谁不是GPT? 社会化就是父母、老师、游戏伙伴、同事、上级、机构等对人做预先训练,让受训者逐步掌握一套说话的模式、做事的模式、价值和规范的模式,然后可在不同场景举一反三生成恰当的话语和行为。但人的预训练深受种种限制,如家庭、阶层、出生地、工作机构、人种等,跟大语言模型训练出来的GPT-3和GPT-4及未来的GPT-n在数量上不可比拟。GPT是人对机器进行类社会化训练的产物,这是人机关系具有人际关系的底层逻辑。但机器终究将无所不知、无所不能,成为通用人工智能甚或超级智能,那时恐怕会有一个反向的社会化,即人被GPT社会化,或曰人被AI化,这或许是可以预测和想象的前景,这是另一种互文性、另一种互动性,或人机的交互

---

[1] [美]约翰·布罗克曼编著:《AI的25种可能》,第24页。

社会化。但笔者担心的不是发明、改进和掌握 AI 的技术精英，而是芸芸众生或常人主体。AI 医疗系统已经强过多数医生，不被 AI 取代的医生必将更多地向 AI 请教而非相反。AI 恋人，若被发明并合法化，其施爱的本领和善于与人相处的性情，多半优于毛病多多的人类恋人。常人会被各种优秀表现的 AI 降服，这样演化出的"人际"关系势必削弱人的主体性。

至于工程师们，当他们决心要让机器用人的自然语言跟人类对话时，想到的何止是语言，还有思维、逻辑、价值等，都要像"人"一样。他们的确是把机器当作匹配人的主体来训练。从人机对话到人际对话或不成问题。但当机器日益强大且势不可挡，真正严重的问题，已经不再是人类主体是否能匹配机器主体，而是人类主体是否能控制机器，不至于被机器降维（成为 AI 的客体），或被机器消灭。

年度《AI 现状》报告的合著人伊恩·霍加斯认为由三个单词的首字母组成的缩略词不能体现 AGI（通用人工智能）将会带来的巨大影响，因此他实事求是地称其为"上帝般的 AI"，"'上帝般的 AI'可能是一种我们无法控制或理解的力量，可能导致人类被淘汰或毁灭"。

其实 AI 公司的创始人从一开始就了解上帝般的 AI 的风险。DeepMind 的首席科学家沙恩·莱格（Shane Legg）早在 2011 年就将 AI 对人类生存构成的威胁描述为"本世纪的头号风险，人为设计的生物病原体紧随其后排在第二位"。OpenAI 的山姆·奥尔特曼（Sam Altman）则坦率地说："最糟糕的情形是——我认为说出这一点很重要——我们所有人迎来末日。"

AI 导致人类末日的一个例子，是加州大学伯克利分校计算机教授斯图尔特·拉塞尔（Stuart Russell）在 2021 年的 BBC 广播讲座中提出的。设想联合国请一个通用人工智能帮助去除海洋酸化。联合国深知指定目标暗藏着不当的风险，因此要求副产品无毒且不会伤害鱼类。作为回应，AI 系统提出了一种实现所有指定目标的自我增殖的催化剂，但随后发生的化学反应将会消耗大气中四分之一的氧气。"我们都会缓慢而痛苦地死去。"拉塞尔总结道，"如果我们将错误的目标输入一台超级智能机器，就会造成一场我们注定会沦为输家的冲突"[1]。

人机互动的末世前景还有并不如此悲切的议论，我们可将之归为人机互动的降维论，即人类将以达尔文主义的达观，看着硅基生命以我们碳基生命为踏脚石而升维为地球的第一甚至唯一主体。让我们来听听六十年前硬核科幻作家阿瑟·克拉克（Arthur C. Clarke）的预言：

> 未来世界最聪明的居民不会是人和猴子，而将会是机器及今天计算机的遥远后代。现在的电子大脑完全是白痴，但在将来就不会这样了。他们会开始思考，最终他们会完全超越他们的创造者。这令人沮丧吗？我不觉得我们应该这么想。我们取代了其他古人和尼安德特人，我们认为这是一种进步。我们认为我们应该把这看作是一种荣耀，可以成为高级生命的垫脚石。我怀疑有机或

---

[1] 引自伊恩·霍加斯《细思极恐的通用人工智能》。

生物进化已经走到了尽头，我们正处于无机或机械进化的开端，而它的速度将比之前快几千倍。[1]

火鸡不会投票支持感恩节，人类多数也不会像克拉克那样，大方接受被机器代替的结局。无论是被淘汰还是被降维，都是人类主体性的末世。所以有乐观的专家设想智能技术将今日之"码农"解放出来，使其变成明日之"智农"，成为"人机结合，知行合一，虚实一体"的"合一体"智慧员工。[2] 这个设想是不是过于理想？合理的前景还是发明人机通信的维纳提出的：人有人的用处，机器有机器的用处。也就是说，人和机器互动足矣，一定要走向"人际"互动，危矣！

---

[1] Arthur C Clarke, "1964: Arthur C. Clarke Predicts the Future", https:// YouTuBe/YwELr8ir9qM

[2] [美] 梅拉妮·米歇尔：《AI 3.0》，译者序。

柒

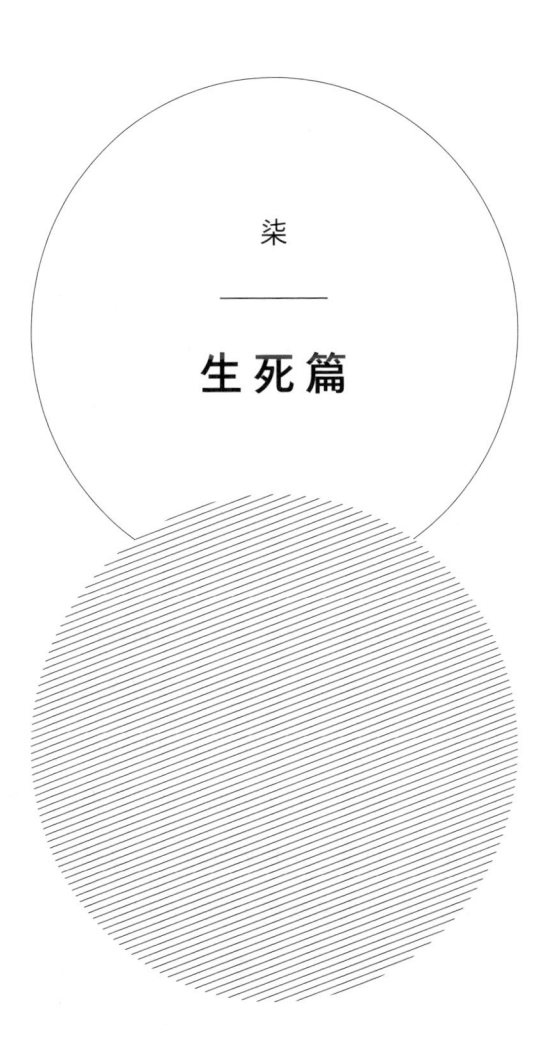

生死篇

死亡从来不只是个体生命的结束,也是死者生前编织的社会之网的破损甚至解体。关注生死,社会学有充分理由,但主动而负责地谈论死亡,却鲜有表现良好的社会。儒家文化慎终追远,但在生死学上不如佛家执拗,佛祖出世本为生死大事,断言非于生死之外别有佛法,非于佛法之外别有生死。但出世主义并不能成为众人参透生死的方便法门。生死议题与社会机制的关联,其一是存在论的。布尔迪厄说人注定要死的结局,让人成为一种没有存在理由的存在,正是社会,通过创造重要的议程、事情和位置,给予人的存在以辩护和理由,从而令各色人等从其中获得社会价值,来摆脱存在的荒谬和虚无。其二是人生论的。为摆脱存在荒谬而全力投入的社会重要性角逐,是否真的拯救了存在,从来都不是确定无疑的。海德格尔说当生死事尚未涉及自己,生命的真相总有几分晦暗不明,人在世间的努力也总有几分盲目。经历生死,也就获得在极端境况下看清生命真相的机会:比功名地位、财富声望更重要的价值不是别的,正是为平常的人性人情所充实的社会存在感。笔者支持珍惜生命的三大理由是:活着,就是宇宙间最大的奇迹;意识到活着,就是生物界最大的奇迹;和你爱与爱你的人一起活着，就是人世间最大的奇迹。生死篇的论说宗旨是"生"，是消除对"死"的无知而对"生"的认知更深切；是破除对"死"的恐惧而对"生"的热爱更深沉；是把"死"对"生"的时时挑战转化为日日奋勉的"生"对"死"的超越；是看清纠缠于小我生命得失的虚妄，而活出大我生命的气象。

人为什么怕死

死亡恐惧

生死篇，生死必须一起说。光说生，不能把生的道理讲透，因为必死的命运，让我们有了对活下去理由的挑剔和选择。挑剔，正是死逼出来的。光说死，无非"人死如灯灭"云云，若只是晓得"死了死了，一死百了"，于生又有何益？

生命独一无二，才让我们对死的思考成为终极关怀和终生作业。

钱穆说人生苦痛，皆因人生有限，最大者两项，一是人我之限，一是生死之限。这两限的连接在"我"，走出人我之限，才能最终破除生死之限。

《易经》说："天地之大德曰生。"生是大德，凡有利于生的，就是好事；凡不利于生甚至毁灭生的，就是坏事。经典如此说，常理亦然。正是眼前的天朗气清，惠风和畅，游目骋怀，极视听之娱之乐，让王羲之发出"古人云：'死生亦大矣。'岂不痛哉！"的感喟。

哲学家阿图尔·叔本华（Arthur Schopenhauer）不认同死和痛苦是一回事，其理由是："一方面，痛苦显然是在死前这一边的；

一方面，我们正是每每为了躲避痛苦而投奔死亡。"[1] 也就是说，人们所说的痛苦是死前的那些病痛，那不是死；不少人被病痛折磨，了无生趣，最后自我了断，对他们来说，死是解脱而非受苦。但面对痛苦而一死了之，不是常态，中国人不是说"好死不如赖活"？常人视死为大苦而避之唯恐不及，乃人之常情，他们是不会轻易相信哲学家的辩词的。

死带给人的痛苦实际上是对死的恐惧。美国学者厄内斯特·贝克尔（Ernest Becker）说，死的观念和恐惧，比任何事物都更剧烈地折磨着人这种动物，"人类最强烈的感情之一是死亡恐惧，死亡恐惧与生俱来，它是一种根本性的恐惧，影响着其他各种恐惧。不管这种恐惧具有什么样的伪装，却无人能幸免"[2]。

英国学者埃德蒙·伯克（Edmund Burke）也有一段关于死亡恐惧的描述，影响甚大。他说，死亡恐惧无远弗届，因为"死亡是所有引起恐惧的事物中最为可怖的一种，它与生俱来，无所不在，它是笼罩在生命之上的巨大阴影，神秘而幽深。死神的狞笑令人毛骨悚然，死亡的不可逆转性决定了死亡恐惧的恒久性。人类的一切恐惧都可随着空间的位移、时间的延伸而得到缓解和转化，唯死亡的恐惧真是难以排遣"[3]。

因为怕死，常人对死的态度多是逃避。死亡每日在身边发生，但无论是西方还是东方，人们对死大抵讳莫如深。

---

1 [德]叔本华：《作为意志和表象的世界》，石冲白译，商务印书馆，1982年，第388页。
2 [美]厄内斯特·贝克尔：《反抗死亡》，林和生译，贵州人民出版社，1988年，第30页。
3 转引自陆扬《死亡美学》，北京大学出版社，2006年，第59页。

人为什么怕死

人为什么怕死？求生的意志是刻录在细胞里的指令，从而构成人类最原始的情感之一？或是生活与文化塑造和影响的自我意识？

生物学家提供了一种解释：任何生物，小到单细胞生物，似乎具有一种不可动摇的决心，"其微小细胞核内的基因命令它们活多久，它们就会活多久。对生命的支配中包含一种对维系生命的笃定坚持"[1]。

人类身体内的所有细胞全都具有这种维持生存的无意识的态度，但科学家似乎相信，这种无意识的基因指令岂非有意识的求生意志的源代码？"人类的意识渴望生存、渴望超越其他物种，这会不会是我们体内所有细胞早期意志的集合，是所有细胞的集体宣言呢？"[2] 原来，"贪生"本是每一个细胞的"意志"，由一堆细胞组成的人如何能生来不怕死？

哲学家向来对生死问题最饶舌，在本篇的讨论中，我们遇到的哲学家远比其他学者多。

叔本华说："我们之所以怕死，事实上怕个体的毁灭，死也毫无隐晦地把自己表现为这种毁灭，所以个体的全部存在都是要起而抗拒死亡。"[3]

---

1 [美]安东尼奥·达马西奥：《当自我来敲门：构建意识大脑》，李婷燕译，北京联合出版公司，2018年，第32页。

2 同上，第34页。

3 [德]叔本华：《作为意志和表象的世界》，第388页。

印度当代哲学家乔德哈里说死亡恐惧主要有三个原因。

"首先,死亡是种痛苦的经验,一个垂死的人,通常要经历巨大的苦痛。"根据叔本华,那不是死亡本身的痛苦,而是死前的病痛。

"其次,死后万事皆空,我们生前孜孜以求的享受、荣誉、名位、财富等,一切将化为乌有。"就像陆游诗里说的,"死去元知万事空",也是叔本华所说的毁灭,个体所有的一切的毁灭。个人总会想到人的一切努力为了什么,死亡让所有努力看上去终归徒劳,死亡的可怕就在于虚无的恐怖。人生是为意义而活的,如果一切努力最后全部归于死灭,一切归零的结局就成为人生的大挑战。

"第三,我们将被周围的人忘却,因此失去我们的骨肉和亲朋挚友。"[1]

美国动画片《寻梦环游记》提出了人一生要死几次的问题。影片告诉我们：三次。第一次是心脏停止跳动、呼吸消失,个体在生物学上宣告死亡。第二次是当你下葬时,人们穿着黑衣出席你的葬礼,宣告你在社会意义上不复存在了。第三次是这个地球上最后一个记得你的人也忘了你,至此你才完全死去,整个宇宙都不再和你有关。

《寻梦环游记》想表达的是：肉体死亡还不是终结,你还活在相关人们的记忆里。如果人间再没有人记得你,人生才会化为真正的虚无。因此,电影中的亡灵都特别在意家人是否还留着他们的照片,是否还记得他们的名字。

影片巧妙地提出并回答了一个问题：个体的死亡在何种意义

---

[1] 转引自陆扬《死亡美学》,第8页。

上意味着绝对的寂灭。

虽说现代生物学认定个体必死,基因不朽,比如"苏格拉底在今天的世界上可能还有两个活着的基因",但"谁对此感兴趣呢"。[1] 人们记得苏格拉底、达·芬奇(Leonardo da Vinci)、哥白尼,是因为他们的思想、画作和学说。智慧的中国古人,早就看穿肉体不朽的虚妄,"立德、立功、立言"才是人真正能成就的"三不朽"。

"三不朽"关乎的都是个人的社会性生命的延续。孔子说"仁者不忧,勇者不惧",但他有忧有惧:"君子疾没世而名不称焉"(《论语·卫灵公篇》),怕死后名字不被人称颂。

傅伟勋分析怕死的根源,用的是佛家义理:"怕死,实际上是怕自己,归根到底,无非怕自己将要完全失去世上所喜爱过的事物,包括爱人、亲属、好友以及自己所偏好的世上东西;用佛教学说分析,我们之所以怕死,表面原因是我们自己在世俗世间的'渴爱',根本的原因是我们自己的'无明',因为无明,我们执着于'我',因为执着于'我',进一步执着于世俗世间所'渴爱'的一切。"[2]

执着于我,这是常人怕死心理的根本原因。

怎么能够不怕死呢?傅伟勋讲了三条,即无我、爱和希望。

第一,无私、无我是超克死的必要条件。因为执着于"我",怕失去"我"的所爱、"我"的财富、"我"的名声、"我"的地位、"我"的爱人——"我"的这一切。当不执着于"我"的时候,对于死亡的恐惧就会得到很大的缓解。

---

[1] [英]理查德·道金斯:《自私的基因》,第226页。
[2] 傅伟勋:《生命的学问》,浙江人民出版社,1996年,第234页。

孔子说要"绝四":"毋意、毋必、毋故、毋我。"老子说:"吾所以有大患者,为吾有身也,及吾无身,有何患?"这个"身"实际上就是小我。如果没有这个小我,我怕什么?如果我不把我放在中心位置,老是想着我,我还有什么好害怕的?我们经常说"无欲则刚",无欲就没什么好害怕的。庄子说:"至人无己,神人无功,圣人无名。"慧能说:"无住,无念,无相,无心。"所有大哲大贤教导人们要做的功课都是去消除那个以小我为本的痴迷。

第二,超克死亡挑战的是爱。一个有爱心的人,一个对亲人、爱人有爱心的人能够应对死亡的挑战。

《相约星期二》一书的主人公、渐冻人莫里斯教授眼看着自己一天天走向死亡,他深知,若没有家庭的爱,他早就失去了支撑的根基,"爱是至高无上的"。他反复吟诵着大诗人奥登的名句:"相爱,或者死亡。"[1]

第三,希望。我们要想到人生是有使命的,我们是为了一个任务、一个目标、一项有益的工作而活的,包括对于病情控制与好转的希望,"没有希望,就没有信心,没有信心,等于精神的死亡,不必等到肉体的死亡,抱有第一义希望(指此生此世而非来世——引者注)的人生态度,有助于我们祛除怕死的负面心理"[2]。

---

[1] [美]米奇·阿尔博姆:《相约星期二》,吴洪译,上海译文出版社,2007年,第89页。
[2] 傅伟勋:《生命的学问》,第236页。

任生死、超生死的思考

人可以不怕死的理由

说了人怕死的原因,也要说说不怕死的理由、做法和好处。

死只有一次,但死亡的恐惧困扰终生,只要想到死,快乐的时光也会让人伤感。人只要不是没心没肺,就不能不被怕死的心理折磨。所以怎么能不怕死,跟怕死的心斗,这实际上已经变成人生的终身话题,理应早早就开始思考和修为。

没有哲学家对生死不关心,按照苏格拉底的说法,哲学就是对死亡的练习,说哲人多数是被死的压迫和恐惧逼上哲学之路的。此说大体不错。本章的内容多以先哲的死亡论说为主。

第一个给出死不足惧理由的哲人是古希腊的伊壁鸠鲁(Epicurus),他的观点是死亡是一件与我们不相干的事。为什么?对于生者来说,死亡还没有到来;就死者而言,死者本人已不复存在。所以,死亡与生者和死者都不相干。无关论好像是雄辩,但它与人们的感受相差太远。我们对死亡的恐惧是切切实实的,怎能说它是与己无关的事?即使在梦中,最可怕的噩梦无非死到临头,梦到这里,几乎没有人不被惊醒。

死亡意味着什么?周国平说,死亡意味着"登上这个千古长存的受难的高冈,从那里被投入万劫不复的虚无的深渊","死的可怕,恰恰在于死后的虚无,在于我们将不复存在。与这种永远的寂灭相比,感觉到痛苦岂非一种幸福?"[1]所以,伊壁鸠鲁把我们不能接受死的根本原因当成劝说我们接受死的理由,在周国平看来,是最没有说服力的。

第二个不怕死的理由是苏格拉底给出的,他认为追求真理和荣誉比保住生命更重要。按照雅典的法律,苏格拉底在被法庭判处死刑后可以寻求免于一死。但他不听从朋友的安排去求生,而是慷慨赴死,因为"做事对不对,是好人还是坏人,跟生命危险相比更重要"。他把事情的对错和人的行为的善恶放在比生命还要重要的位置上。他又说:"雅典公民们,真理就是这样:一个人的职位在哪里,不管这事是自己选定的,还是上级指派的,他都应该坚守在那里。面对着危险,不考虑死亡,也放弃其他考虑,绝不让荣誉受到损害!"希腊神话里,诸神们非常勇敢,不怕死。因为希腊的英雄们相信,如果神跟人一样必有一死,那为什么要把勇敢的荣誉留给敌人?苏格拉底也相信,如果追求真理是我之所以立身的荣誉,即便为此献身,又有何妨?神让我来追求真理,"要和别人一样坚守阵地,冒着死亡的危险不退"[2]。但对既不追求真理,也不以荣誉为人生最高价值的普通人来说,这种不怕死的英雄主义理由恐怕难以打动人心。

第三个不怕死的理由是人文主义者米歇尔·德·蒙田(Michel

---

[1] 周国平:《周国平文集》第2卷,陕西人民出版社,2006年,第136—139页。
[2] [古希腊]柏拉图:《柏拉图对话集》,第39—40页。

de Montaigne）提出的，"藐视死亡，这使我们的生活恬然安适、纯洁温馨，否则，其他一切快乐都会黯淡无光"[1]。藐视死亡的勇敢能让我们奋不顾身，那还有什么能烦扰我们日常的快乐？如果我们每天都在怕死，实际上就没有了自由，就被死的恐惧束缚住，变成了奴隶，做什么都不会自在和快乐。不如我们勇敢地面对死亡，准备着自己死，也跟怕死的念头作斗争。

蒙田的下面这段话被引用得最多。他说："死神在哪里等待我们，是很难确定的，我们要随时随地恭候它的光临。对死亡的熟思也是对自由的熟思。谁学会了死亡，谁就不再有被奴役的心灵，就能无视一切束缚和强制。谁真正懂得了失去生命不是件坏事，谁就能泰然对待生活中的任何事。"[2] 是的，人生中还有比死亡更大的事吗？若能迈过这个坎，还有什么麻烦不能泰然应对？问题是，这个坎哲人们迈起来都千难万难，况常人乎？

人如何克服死亡恐惧

讲出不怕死理由的哲人，大多也给出了如何能不怕死的办法。把每一天当最后一天，或是今天人们爱说的顶级励志的话，此话的开创者是一千八百多年前的罗马皇帝马可·奥勒留（Marcus Aurelius）。"把每一天都当作最后一天来过，永不慌乱，从不冷漠，

---

[1] [英]蒙田：《蒙田随笔全集》（上册），潘丽珍、王论跃等译，译林出版社，1996年，第89页。

[2] 同上。

也永不装腔作势——这便是人性的完美境界。你为什么要为生命的长度担心呢？只有对那些无能活在当下的人来说，死亡才是恐怖的。"[1] 把每一天都当作最后一天来过，显然每一天你都会很专心地过，你就不会虚度每一天。哲学家对死亡有超乎常人的敏感度，不可能无视死亡而安心活，但若每天为死准备着，或也难以安心地活吧？但至少可以积极地活，如古罗马哲学家吕齐乌斯·安涅·塞涅卡（Lucius Annaeus Seneca）说的，不会"活得心不在焉"。

蒙田给出的方子就是熟悉死亡从而无惧死亡。"起初一想到死，会有不舒服的感觉。但翻来覆去想多了，久而久之，也就习以为常了。否则，我就会终日担惊受怕、坐立不安。从没有人像我这样轻视生命，也没有人像我这样无视生命的长短。""我反复对自己说：'未来的一天可能发生的事，今天也可能发生。'确实，意外或危险几乎不可能使我们更靠近死亡。但是，如果我们想一想，即使这个最威胁我们生命的意外不存在，尚有成千上万个意外可能降临我们头上，我们就会感到，不管快乐还是焦虑，在海上还是在家里，打仗还是休息，死亡离我们近在咫尺。"蒙田对死亡念兹在兹，他的目的是要熟悉它，不怕它。他说他是随时准备上路的，"我死前要做的事，哪怕有一小时的空闲，我觉得也不够用来完成。一天，有人翻阅我的随身记事本，发现那上面写着我死后要做的事。那确实是个备忘录。因此，我告诉他说，那天我离家虽然只有一里路，身体无恙，心情愉快，但我没有把握能否平安抵家，就随

---

[1] 转引自 [英] 西蒙·克里切利《哲学家死亡录》，王志超、黄超译，商务印书馆，2015年，第72页。

即匆匆记下了我的想法。这些想法无时无刻不浮现在我的脑海里,萦绕在我的心头,我随时随地都准备应付可能发生的事。这样,死亡降临时,我就不至于措手不及。我们要尽量做到随时准备上路,尤其要注意只管自己的事"[1]。

蒙田还说,怎么死关系是否习惯死亡,"假如我们突然死亡,我相信,我们是无法承受这个变化的。但是,如果死亡牵着我们的手,引导我们慢慢地、一步一步地走下缓坡,我们仿佛处在死亡的凄惨氛围中,渐渐地也就习以为常了。当青春从我们身上消逝时,我们竟然毫不感到震动。青春消逝,其实也是一种死亡,甚至比生命衰竭而死,比老死更不堪忍受。从活得不好到不活之间没有大的跳跃,正如从一个幸福快乐的人到一个被痛苦煎熬的人没有多大距离一样"[2]。他喋喋不休的,都是告诉我们,事实上死没有那么可怕。即使不做哲学训练,看到身体一天天地衰老、活力一天天地减少、青春一天天地逝去,实际上就是在一天天地死亡。最后,我们就习惯了走向死亡。是的,大部分人正是这样习惯并接受了死亡,蒙田说出了常人世界的真相。

看看20世纪的哲人伯特兰·罗素(Bertrand Russell)怎么说:"克服死亡恐惧的最佳途径是拓展兴趣范围,使之变得比较超个人,以至自我之墙逐渐消退。"[3] 他谈到"自我之墙"。当我们被限在自我的墙壁里时,死亡对我们来说太恐惧了,因为死亡意味着我们所

---

[1] [英]蒙田:《蒙田随笔全集》(上册),第96—97页。
[2] [英]蒙田:《蒙田随笔全集》(上册),第100页。
[3] Bertrand Russell, *New Hopes for Changing World*, chapter 3, Aakar Books, 2019.

拥有的一切的毁灭。我的名声、我的财富、我的儿女、我的朋友……但如果你走出自我，罗素看到"个体生命和众生广大的生命日益融为一体。个人的一生应该像一条河流——源头细小，拘囿于狭窄的两岸之间，从岩石边瀑布上激烈地奔流而过。渐渐地，河流变宽，河岸远去，水流更为平静，最终也看不出泾渭之别，便汇入了大海，毫无痛苦地失去了个体的存在。能这样看待生命的老人，不会为死亡的恐惧所苦。因为他珍之重之的事物将继续存在。而且如果活力减退，疲乏丛生，再想到长眠，也就不难接受了。我愿死在工作的时候，知道我未竟的工作会有人继续完成，并因为竭尽一己之所能而感到欣慰"[1]。罗素说的跟傅伟勋所说的一样，走向无我，把自己个体的生命跟广大的生命连在一块，你就发现我们个体的生命实际上通过这个广大的生命延续了下来。

向死而生

以上种种论说，除了苏格拉底的，都非临终之言。面对死亡，无论是伟人还是常人，可能会有怎样的表现？下面的故事，不只是单纯的生死论说，而是真正的向死而生的修为。

第一个是弗洛伊德的故事。这里不讨论弗洛伊德的心理学，我们关心的是弗洛伊德怎么面对自己的死。他在67岁时得了口腔癌，前后做了33次手术，最后活到了83岁。也就是说，他跟癌症抗争共处了16年。弗洛伊德的这段经历让人极为震惊和感佩。

---

[1] Bertrand Russell, *New Hopes for Changing World*, chapter 3, Aakar Books, 2019.

当他耗尽体力完全不能工作而只有折磨、痛苦时,他又亲手开启了死亡之门。弗洛伊德的行为给我们如何面对死亡树立了一个典范。漫长的 16 年是一个垂死的过程,但是,他并没有放弃工作,仍然到处演讲,给病人看病,仍然会友、写信,仍然在发展他的学说。面对他的行迹,我们不仅感慨他的成就,更感慨他面对常人难以忍受的痛苦所表现出来的勇气。

在如此痛苦地走向死亡的途中,弗洛伊德怎样看待生命的价值?如果抽象地问生命的价值或者生命的真谛,人的生命没有价值,也没有真谛。弗洛伊德说如果抽象地问这个问题,人会变得很病态。精神分析学家维克多·E.弗兰克(Viktor E. Frankl)也说过:"人不应该去问他的生命意义是什么。他必须认清,'他'才是被询问的人。一言以蔽之,每一个人都被生命询问,而他只有用自己的生命才能回答此问题;只有以'负责'来答复生命。"[1]弗洛伊德说,生命的真谛和价值就在于生命本身,就在于履行和完成每天日程表上列出的任务和义务,在于生命手工业,在于日之所求〔歌德(J. W. von Goethe)生前最喜欢的座右铭〕,在于我们要解决我们生命中的每一个最紧迫的下一个任务。所以,不要抽象地讨论生命的意义这个问题,必须意识到我们每时每刻都面临着生命向我们提出来下一个紧迫的任务。具体到弗洛伊德,生命的真谛就在于继续他以往从事的精神分析研究和其他有益的工作。弗洛伊德创立了精神分析学说和学派,建立了国际心理分析协会,

---

[1] [奥]弗兰克:《活出意义来》,赵可式、沈锦惠等译,生活·读书·新知三联书店,1991 年,第 93 页。

他联系着全世界的心理分析学家,他跟他的学生、同事不断地进行学术交流,他要经常撰文回应或反驳别人对他的学说的批评,他要接待全世界的来访者,他要面对和治疗自己的病人,他还要会见爱因斯坦、茨威格(Stefan Zweig)这样的世界名人,了解心理分析学说对于他们的影响,同时忍受疾病一类无法改变的外部事件。所以,对他来说,疾病本身也属于生命的意义。他说,危难、黑暗、损害,所有这些东西都是生命的一部分。

为了继续他的工作和事业,弗洛伊德以无比的勇气忍受治疗给他带来的折磨,直到这一年:

> 1931年,弗洛伊德的病情突然急转直下,口腔中又长出了恶性肿块,这一下子打消了弗洛伊德多年来心存的一线希望:他一直以为1923年确诊的癌症已由第一次手术彻底战胜了。他这时才恍然大悟:"生命对我来说仍然是瞬间恩赐的食粮。"直到这时他才认识到,他本身就带有这种不可避免的致死疾病,至于什么时候走到终点,这只不过是时间问题。[1]

面对如此苦难,他战胜困境的动力是什么?很多人遇到这种情况,或会选择早早了断。但是,弗洛伊德把提前自杀痛斥为临阵逃脱、回避使命。他与疾病搏斗了16年,他的力量来自哪里?

---

[1] [德]弗兰茨·贝克勒等编著:《哲人小语:向死而生》,张念东等译,生活·读书·新知三联书店,1993年,第100—101页。

第一来自健康时候的积累，他可以毫不费力地加以运用。第二来自他的幻想，来自他维持下的人际关系、家庭、友谊和对事业的自豪。他说："我这一大把年纪，有着许多对家庭对朋友的爱、大胆而坚毅的事业、对胜利的切盼……谁能骤然与我比肩呢？"[1] 他还有一个安慰，就是抽烟。人或许还是应该有一些嗜好，有嗜好，人才有东西支撑着活下去。他不顾医生的警告，至死不戒烟。他宁可抽烟而能工作，也不愿意无烟而一事无成。他说，这一点是没有半点含糊的。若没有烟，他无法创造出"自我的统治"。当生命变得如此暗淡、如此艰难的时候，我们需要在一片暗淡中看到一线光明，看到有自己真正留恋和喜欢的东西。"人无瘾不成活"这句话，弗洛伊德是力行者。

1939年9月21日，弗洛伊德抓住医生的手说："亲爱的舒尔茨！您还记得我们的第一次交谈。您当时向我许诺不丢弃我，即使情况就像现在这样糟。现在，只剩下了煎熬折磨，再无人生意义可言了。"[2] 医生点点头，停止治疗，给他打了镇静剂，大量的镇静剂。就这样，弗洛伊德亲手开启了自己的死亡之路。

16年他可以坚持下来，最后该走的时候，他又能义无反顾地离开。他认为生命的价值就在于每日每时的职责。当我们不能够再尽这个职责的时候，人生就没有意义了。弗洛伊德漫长的垂死就这样完结了。这完全可以诠释海德格尔所说的"向死的存在"。这十多年，没有激情也没什么戏剧性。弗洛伊德死了，就像他曾

---

[1] ［德］弗兰茨·贝克勒等编著：《哲人小语：向死而生》，第110页。
[2] 同上，第102页。

经活过一样。他之所以断定人生已无意义，是因为疾病已经剥夺了他从事科学研究并赋予人生以意义和价值的力量。所以，他是自由自在地死了。曾子说："仁以为己任，不亦重乎？死而后已，不亦远乎？"此言用在弗洛伊德身上完全确当。

第二个是笔者的复旦同事于娟的故事。于娟的故事已经通过她的日记《此生未完成》而广为人知。在得知她患上不治之症后，我给她写了下面的信：

> 虽然从未谋面，或确切说从未当面交谈过，但因为姓名的缘故，我常开玩笑说你是我家妹子，有时还会在我的信箱里发现你的邮件，由姓名发生的小小失误却也包含了几分真实的联系并生出几分善意，所以听办公室同事说起你患病的事，我是真切地感到不安。我不知道我能为你做点什么，但马上想到我看过的一本书《恩宠与勇气》，我自己在困顿时曾从它那里得到教益，并感受人性的力量和温暖。下面是我在我的《2006年年鉴》中说过的话，希望能与你分享我对生命遭遇的一点体会：
>
> 当然，我会坦然说，2006年的确是最近十年我个人生命中最大变化的一年。改变起于8月的一场病，本年鉴的最后一节有详细记录。由病发生了生死问题，由生死的思考读到一批对我发生重大影响从而导致人生观点重大改变的书，这些阅读既是求知的，更是求生的，是被生命的困境推动着进入存在深处的探求，所以对信念、态度和行为都发生改变的作用。我体会，只是求知，不

容易影响态度；只有真正想触及行为，知识才能改变态度。知行合一，行是发动者。一直推崇王阳明，此次变故，阳明之学真正进入我心。之所以用"大变化"，是感觉因今夏之困，似正发生一个像龙场（王阳明）、塔楼（马丁·路德）悟道的破解，但还是刚刚开始，还是像梁漱溟说的朦朦胧胧。最震撼的"启蒙"是肯·威尔伯给的，我被他们夫妻把九死一生的苦难当作生命历练和人性成长的见证而深深感动，更被他们极具智慧和穿透力的理论所折服，过去十年没有一本书让我如此着迷和信服。

威尔伯说，和"做主"同样重要的是学习放下、臣服，随顺因缘而不抗拒。放下和做主是互相对立的——这也是"存在"和"做"，阴阳生万物的另一个版本。这里并不是指"存在"胜过"做"，或阴对了阳错了；整个重点是在找到平衡，也就是古代中国人所说的阴阳之道——崔雅在和癌症抗争的过程中，最重要的议题就是找到平衡——存在与做、做主与放下、抵抗与开放、抗争和臣服、意志力和接受力之间的平衡。

阴阳之道被如此解说，我是想象不出有比这更精彩的说法。对这本书的阅读和消化远远没有结束，我会一再回去。我曾对一位同事说它是我的《圣经》。我若要对我这一年最大的转变作帚简单的慨悟的话，那就是，我不仅比过去更积极更勇敢，我更学会了放下和接纳，接纳自己的不完美，接纳世界的不完美。如果我们竭尽人事，仍然无法改变遭遇，那就脱落身心，让遭遇不受抵抗地从你这里洞穿而去，这难道不是大勇吗？都说菩萨是大慈悲，大慈悲就是大接纳、大解脱，也是大精进、大勇敢。看似最无计较心，却又最有进取心，所以说佛义是大智大勇，今天才有体会。尽人事，听天命，因此可有新的含义。尽是做主，是精进，是抗争，是 make different；听是放下，是接受，是臣服，是 take for granted。但这绝不是放弃对人事的尽，而是尽人事后的听命，是把臣服也当一种人事来尽的听命，还有比这更进取的听命或放下吗？

于娟在"我的2010"博客专栏的第十七篇，讲述了她和笔者的那次书信缘分：

> 我所在的学院很大，几近七十位同事。因着大学教师特殊的工作时间安排，同院旁系的同事蛮少碰到。生病最为痛苦的时候，收到过一封张耐老师从学院带过来的同事的来信。这封不能叫作陌生的陌生来信对我影响颇为深远，哪怕不能翻身的时候，我也经常攥在手里一遍遍去看去读。那个时候我的世界一片混乱，东西物件无数，谁有工夫谁整理，我越是交代要放好的东西越被人放到极为"好"的地方，以至于怎么也找不到，其中包括一本名为《恩宠与勇气》的书和这封信。
> 你们可曾读懂，这是一份几乎素不相识同事的真切而沉重的关爱，这是一份慈爱长者的切身指引与教导。

愿能读懂的人，汲取世间的美好。

2011年4月19日，于娟走了，留下了感动和激励无数网民的七十余篇生命日记。十天后，这些日记被湖南科技出版社以《此生未完成》结集出版。于娟的文字不是吟诵或推敲出来的，而是面对日益迫近的死亡，拼尽了力气从生命源头涌出来的。

读于娟的书，笔者一直担心我们能否真正读懂她。不是说于娟说的话有多深奥，而是能否从她在生不如死、生生死死之际说的那些看似平常的话里，体会到她对人生的觉悟。黑格尔说，同样一句格言，从年轻人嘴里说出来与从饱经风霜的老年人嘴里说出来含义是不同的。于娟在"此生未完成"时留下的话，却是真正饱经风霜的话。正如她对自己的处境亦庄亦谐的描述："绝少人会在风华正茂的时候得癌症，更少人查出癌症时癌细胞已经转移到全身，剩下没有几个可以在这绝症下苟延残喘，而苟延残喘的几个人难能有这个情致来'我手写我心'。所以我自认为我写的这些文字可能是孤本。"[1]（《此生未完成》第67页，以下所引只注页码）若我们相信于娟对自己病中所记文字如此自谦，庶几可接近于娟。

于娟说她在这里与大家分享的故事和感悟，可能是绝大多数人永远没有机会知道的，却又是人生最内核而日常最容易被忽视的。什么是人生最内核又最容易被忽视的？"人要面对自己的灵魂去修持！"（第12页）

---

[1] 于娟：《此生未完成》，湖南科技出版社，2011年。

灵魂修持，岂非平常之语，如何成为多数人生中最易被忽视的功课？在于娟看来，是因为平常的人生被职称、金钱、买房、买车的需求填满了，对于灵魂的修持人们只是说说而已，并未认真面对过。只有在生死临界点的时候才发现，以上种种都是浮云，生死大限逼出了物的虚妄，也逼出了灵的实在。所谓灵魂修持，其灵并不神秘，其修持也非独善其身，而是如同下面的叙述这般平常、这般具体："如果有时间，好好陪陪你的孩子，把买车的钱给父母亲买双鞋子，不要拼命去换什么大房子，和相爱的人在一起，蜗居也温暖。"（第一部分题记）

以上的话本非惊天动地，为何打动或确切说击中了无数读者的心？是因为"人之将死，其言也善"；更是因为我们大多数人沉迷于买房买车的奋斗中而多少冷落和忽视了与我们关系最近的亲人们，更不必说如何地冷落和忽视关系不那么亲近的其他人！而我们之所以被于娟的话语击中，不正是因为人与人的彼此关切才是我们人类真正的需要？

但我们好好地活着时，悟不到这个道理。于娟是诚实的，她承认，若不是这病患，她自然放不下尘世，确切说是没有把尘世想明白从而将人生过明白。因为这场病，于娟放下的是对尘世的无明和对无明的执着，而并未放下尘世中最普通的亲情，亲情是她觉悟后的"上帝"，既是支持她抗争的力量，更是安顿她生命的终极价值。于娟真正感动我们的不是"神马都是浮云"的潇洒的体悟，而是"在活着的时候能帮别人就帮别人一点，能让大家快乐一点就快乐一点"（第6页）的热烈的执着。于娟已临深渊，却还要为安全的我们做最后的"挣扎"，我们心疼的岂非一个更加执

柒 生死篇

着的于娟?

于娟想明白的确是最简单的道理,"只要活着就好",这不是苟活,不是保命哲学,而是"因为不能再忽视死亡,于是我更加用心地活下去"[1]。人的难题恰是好好活着时不知如何"好好活",吃饭时百种需索,睡觉时千般计较,所以,慧海禅师说修禅功夫无非"饥来吃饭,困来即眠",于娟说的"活着就是王道"就是活得用心、活得专注,"若天有定数,我过好我的每一天就是"(第11页)。于娟的感言不也是对好好活着的我们的一种希望?

因为活着成为问题,平日的百种需索和千般计较都失去了意义,专心致志努力活着,生命变得简单。于娟说她不再有对手,不再有敌人,不再想去控制大局小局(第64页),为人生做减法,快乐反而更简单也更容易获得。得了病的于娟知道了"人应该把快乐建立在可持续的长久人生目标上,而不应该只是去看短暂的名利权情"(第63页)。也正因为更专心地活着,于娟和病友有一种面对生命的豁达、勘透和安详,有一种对人生意义的了悟和升华,病榻或轮椅上的她们,"却笑得比以往更加幸福和舒展。最真实地活着,拥有最真实的亲情、友情和爱情,体味着最真实、最质朴的来自内心的温软"(第37页)。

以上的一切,都是在生死之际发生的转变,于娟专注于灵魂修持,并将九死一生的苦难转变成人性成长的见证。在生死临界点上,于娟成为觉者,她求仁得仁。实在地说,让活得好好的人

---

[1] [美]肯·威尔伯:《超越死亡:恩宠与勇气》,胡因梦、刘清彦译,许金声审校,生活·读书·新知三联书店,2006年,第256页。

想象生死之际的情境是困难的，但我们可以相信，于娟从生生死死的折磨中悟出的道理，正是对着正常的人生说的。我们应以感恩之心，感恩我们还好好活着，更应激励我们要"好好活"。

下面的故事出处不同。在《活出意义来》中，弗兰克讲他在集中营里遇到的一个女人。她知道自己将不久于人世，但跟弗兰克谈话时，她显得开朗而健谈。女人说："我很庆幸命运给了我这么沉重的打击。过去，我养尊处优惯了，从来不把精神上的成就当一回事。"到了集中营，看不到生还的可能，如此厄运反倒刺激她来想象精神上的成就。她被关在一个小房间里，通过窗子可以看到外面的一小片天。她说："我经常对窗外的一棵树说话，那棵树是我孤独时唯一的朋友。"弗兰克问那棵树有没有搭腔，她说："有的。树对我说，我在这儿，我在这儿，我就是生命，永恒的生命。"[1] 女人没有谵妄，完全束缚住她身体的高墙，并不能阻挡她对生命活跃和自由的想象。

这个故事是关于法国哲学家吉尔·德勒兹（Gilles Deleuze）的。他五十多岁时从巴黎公寓的窗台上跳下去自杀了。他患了肺气肿，患肺气肿的病人经常有窒息感，还有溺亡感，所以极度渴望吸入空气。有医生分析，高速下降是强迫空气进入肺部的一种方式，由于迫切渴望深呼吸一口，肺气肿患者一时冲动，或会选择从高处自主坠落的结束。德勒兹的朋友、哲学家让-弗朗索瓦·利奥塔（Jean-François Lyotard）评价说："他太坚强了，无法体验失望和怨恨这类负面情绪。在这个属于虚无主义者的世纪末，他代表了肯定，

---

[1] [奥]弗兰克：《活出意义来》，第59页。

一直到生病与死亡都是如此。他过去笑,现在也笑。他就在这儿。他会说,笨蛋,那是你的悲伤。"[1]利奥塔能够体会,这个自杀在某种意义上实际上是对生的要求,是对一种肯定的生命状态的要求。

  法国哲学家莫里斯·梅洛-庞蒂是怎么死的?一种说法说他是在办公室一头栽在一本笛卡尔的书里去世的。有人质疑,说他喜欢蒙田更胜过笛卡尔。莫里斯·梅洛-庞蒂写过一篇关于蒙田的文章,他说:"思考死亡的目的并非得到阴郁和不快,相反,透彻地理解死亡便是真诚地对待生命。"[2]有意思的是,正是对必死命运的熟悉,才促使人们去把握这一偶然但珍贵的存在,也就是我们的生命。每个人的生命的确偶然,而非必然。在生成生命的过程中,任何一个小小因素的改变,都不会有此生命。或许我们得相信,世界上某些最好的东西可能就是偶然天成,不是有意弄出来的。所以,"死亡的治疗之道并非远离恐惧,而是蹚过死亡之河,回归原初的生命力"[3]。

  木心说:"人活着,时时要有死的恳切。"对死的恳切之心,我们常人不大会有。常人对死的议题一直是回避的,因为的确不容易想明白。上文我们讲哲学家的生死学说和生死表现,是想告诫人们要随时随地准备着自己的死。这些哲学家都在人类历史上留下过伟大成就,想必他们一定是对死有恳切之心,才能够让生变得如此灿烂。对死恳切,对生才能深切。死的问题不想透彻,

---

1 [英]西蒙·克里切利:《哲学家死亡录》,第262页。

2 同上,第245页。

3 同上。

难说真能活明白。也就是说，把死想明白，才能把人生活明白。

平时的生死思考，不到临终之际，大体无法确定其效果。这里以佛教界的著名居士李元松为例。李元松致力于禅修，每日禅坐八小时以上，也是现代禅的创立者。2003年，李元松罹患癌症，他在临终之时，根据自身体验，以挚诚的态度坦言"过去的功夫使用不上"。二十几年的修行竟然找不到出路，最后只能用念佛法门安慰自己，"唯有'南无阿弥陀佛'是我生命中的依靠"。

李元松的案例逼出一个问题，生死思考和修为是否徒劳？所有的努力，既不能让思考者免于一死，也不能保证思考者免于恐惧。萧伯纳给自己撰墓志铭："我早就知道无论我活多久，这种事情迟早总会发生的。"他的话几分潇洒，几分无奈。但周国平仍然相信，思考死是有意义的徒劳，"一个人只要认真思考过死亡，不管是否获得让自己满意的结果，他都好像是把人生的边界勘察了一番，看到了人生的全景和限度。如此他就会形成一种豁达的胸怀。他固然仍有自己的追求，但不会把成功和失败看得太重。他清楚一切幸福和苦难的相对性质，因而快乐时不会忘形，痛苦时也不致失态"[1]。"思考死亡的另一个收获是使我们随时做好准备，即使明天就死也不感到惊慌或委屈。尽管我始终不承认死是可以接受的，我仍赞同许多先哲的这个看法：既然死迟早要来，早来迟来就不是很重要的了。在我看来，我们应该也能够做到的仅是这个意义上的不怕死。"[2]

---

[1] 周国平：《周国平文集》第2卷，第151页。
[2] 同上。

参透为何，迎接任何

《人间值得：来自上海中山医院的二十一堂生命教育课》是一部由复旦大学附属中山医院院长樊嘉院士、葛均波院士主审，朱畴文、罗哲等25位上海援鄂医疗队成员共同撰写的生命教育书。它的主书名没有"生命"两个字，但这25位作者讲的都是关于生命的故事，帮助我们认识生命之真，实践生命之善，创造生命之美。

人生价值也有秩序表

关于生命教育，有两种人讲的道理最有力量，一是从鬼门关走过一遭又活过来的人，他们自会更加珍惜生命；二是每天身处生死一线并有能力救人一命的医生，他们目睹生死可能在分分秒秒中转换。医生常常说的一句话是"有时去治愈，常常去帮助，总是去安慰"，他们对生命的价值自然有更深的体会。《人间值得》的作者们正是最有资格谈论"人间值得"的第二种人。

钱穆说，人生两大限，人我之限和生死之限。《人间值得》的作者都是2020年2月上海援鄂医疗队的成员，队里还有许多ICU的医生，他们经历生死之限，也就获得了在极端境况下看清真相的机会：有生活的真相、价值的真相、世界的真相，一言以蔽之，那就是生命的真相。

在那一刻你就会知道"人生价值的秩序表",知道什么才是真正重要的。用哲学家牟宗三的话来说,中国的学问是生命的学问,西方的学问是自然的学问。当然西方不是没有生命的学问,只是中国从孔子、孟子一路下来,儒、释、道三家全都是讲生命,讲怎么能够活得丰富、活得自在、活得自由、活出境界,这是中国学问的胜处,也是《人间值得》这本书努力探讨的话题。

生死境遇最容易揭示真相

书中引发我们思考的最重要的问题是关于人生真相的定义。什么是人生真相?是功成名就,是出人头地,还是财务自由?书名就告诉了我们其中的一条路径:"人间值得,我们一起拼搏",说得非常激励人心,这当然是真相的一种。但是还有其他的可能,正如潘文彦护士所写的:"我们都是过客,朝朝夕夕,忙忙碌碌,最终撒手人寰一场空,恰如蚍蜉朝生夕死。"在这里,潘护士讲出了人生的另一种真相,这就是个体生命的渺小。

生死境遇是揭示真相的契机。海德格尔认为,死亡每天都在发生,但多数人谈论的还是别人的死亡,而非确定地讲属于我们自己的无可逃遁的死亡。当死亡之事并未涉及自己,并未真正切入自己生命的最深处,生命的真相总有几分晦暗不明,我们在尘世间的努力也总有几分盲目。

人间真正值得的东西,除了功名、地位,还有别的什么?这仍然是一个值得考问并需要我们回答的问题。人间到底什么是值得的？值得的东西之间有没有价值的阶梯？这本书其实给了我们答案：平常的人情、人性，就是人间值得的真谛。

疫情让生死分分秒秒发生，变得直截了当，给了我们看穿世界和生活真相的机会，这就是书里叶茂松医生说的："人生真的没有永远，更没有来日方长，每一次和父母的团聚，每一次和朋友的把酒言欢，每一次和同事的并肩战斗，都弥足珍贵。"

看起来平淡无奇的阳光、空气和水，其实就是上天给我们的最好礼物。是的，平常的亲情、友情实为人类最为珍贵的价值，这就是生活的真相，但这经常被我们忽略。顾国嵘医生说，人即使拥有无数的财富和无数的阅历，"最终还是希望得到家庭的温暖、家人的陪伴"。正是在与死神搏斗的抢救室、急诊室、手术室、重症监护室，医生深刻而真实地体会到"活着到底有多值得"。

有温度的治疗是人文关怀

医生同样目睹了人间最强烈的求生意志是如何成就生命的奇迹的。

让我印象最深刻的是书中《坚持》一篇所写的许多顽强的癌症患者，他们宁愿忍受痛苦，也不愿意接受能让自己暂时"舒服"的治疗，其精神让人动容。

按照尼采的说法，"参透为何，迎接任何"，有人为了家人，为了理想，一定要活下去，但并非人人在此劫难下都奋力求生。医生所要做的不只是把病人从鬼门关拉回来，更要注入能量让他活下去，告诉他活下去的意义。葛峰医生说："真正有温度的治疗是人文关怀。很多患者在知道没有音讯的亲人安全活着以后,病情迅速减轻,然后痊愈。"这就是找到了一种意义,让我们在最困难的时候能坚持下去,这也是生命的奇迹。

我还想到另外一个例子,奥地利心理分析第三代传人弗兰克写的《活出意义来》。他自己是一名医生,在奥斯维辛集中营时做过多次集体的心理治疗。他说,在圣诞节之前的若干天,整个营房里的死亡率相对较低,因为难友们怀着被盟军解放的希望,这种强烈的求生意志支撑着他们身体内的免疫力。随着时间一天天流逝而什么都没发生,情况就开始恶化。圣诞节后集中营里的难友大批死亡,就是因为意志被绝望摧毁了,希望一垮,免疫防线也一败涂地。

这就像医生所说的,在很多最困难的情况下,人能够忍受常人不能忍受的事。2003年抗击"非典"时,有很多求生意志极强的人活下来了。在呼吸极其困难时,他们强撑着一定要活下去,那一刻只要松一口气就完了。我认为这种意志是有信念支撑的,就像弗兰克一定要完成他的博士论文。弗兰克的手稿曾经被集中营的狱卒扔在地上,他知道进入集中营后,他就必须和过去一刀两断。但他的强大信念是一定要活着出去,去完成博士论文,这支撑着他的集中营生活。他说,从集中营活着走出去的最重要的一个体验,便是历尽沧桑之后所享有的美妙感觉:从今以后,除了上苍,什么都用不着畏惧了。这就达到了佛教所说的"大自在、大自由",生活的种种羁绊都没了。我相信度过抗疫最艰难的阶段,人心会迎来坦途。

生死关头,唯有明了活着的意义,或是亲人的安全,或是个人的事业，或是孩子的成长，才能激发活下去的动力。就如罗曼·罗兰（Romain Rolland）所说，人认清了生活的真相后，依然热爱生活，这就是真正的英雄主义。

对世界的有情是责任

当生死考验让人看清生活真相时，人的心灵就发生了转化，用佛家的话来说就是"觉悟"，知道平常是真、是美，平常心是道。儒家的追求就是触处成真、触处成乐。孔子赞颜回，"一箪食，一瓢饮，在陋巷，人不堪其忧，回也不改其乐"，孔颜之乐不是功利的乐，不是物质刺激的乐，是一种"得道"的乐，是一种提升人生境界的乐。直到今天，它仍然是能够用来诠释"人间为什么值得"的非常重要的哲学根据。

另外，平常道并不排斥专业、功名和技术。相反，我们会明白为什么要更努力地追求业务的成就、技术的精湛，因为我们对他人的关怀、对家人的亲情，是以专业为实现条件的，而非空头许诺。医生难免有时会感到回天无力，都希望自己的技术会更精湛。在书里，领队朱畴文教授提醒医生们要把"医生三职责"第一项的"治愈"放在更重要的位置上，这是绝对正确的。要把病危之人拉回人间，不只要用情感，更要用技术拉回，用专业拉回。我们对世界的有情，也是责任，否则，我们无法来兑现对人间值得的肯定。对专业的敬畏，对职责的敬畏，归根结底是对生命的敬畏。

拿手术刀之外也该拿起笔

除了医生给我们的生命教诲以外,这本书中描写的一些平凡的瞬间,也让我想谈一谈文章开头所说的另一种人——差不多死了一回的普通人的觉悟。

里克·埃利亚斯上过一次 TED 演讲,他是一家公司的 CEO,亲历过全美航空公司 1549 号航班紧急迫降事件。飞机的发动机被鸟撞到,在危急时分,机长下令返航,把纽约的哈德逊河当作降落跑道。这真是从天而降的大灾难。人到命悬一线时,往往会想此生有什么后悔的事,如果还有生还的机会,他将怎么生活。我们永远不知道意外和明天哪个会先到来,请珍惜当下,珍惜自己身边的人和事。

空难让里克学到了三件事。

第一件,时不我待,改变就在当下。这些,我相信医生、病人及家属都会有特别的体会。因为平常生活中很难有什么事让人觉得这么时不我待,是生死极端的情境给人极大的改变力量。

第二件,里克不再会花太多时间与重要的人讨论不重要的事。他说,我不再争辩对错,我追求快乐。

第三件,他领悟到,生活中头等重要的事是做个好爸爸。

最后的反思还是落在人情上。让我们回到那个"人间值得"的问题,到底人间什么最值得?我想,是人情、亲情、爱情、友情,一切人性中柔软的情怀。朱畴文医生在当年情人节发给全队的话说得好:情人节,不在于你有情人,而在于你是有情人。

我想起书里有一个标题是"医学的专业技术主义和医学的人

文关怀",要把专业主义和生命的完整结合起来,这就是"以人为本"、人性的关怀。这也是《人间值得》这本书给我带来的最深的感触——这些医生在拿手术刀之外还拿起了笔,写下了独特的生命教育课,让更多人"参透为何,迎接任何"。

珍惜生命的三重论说

前面《人为什么怕死》章中我们没有谈及的一个怕死原因是，人在别的事上可以犯错，做砸了多半可以重来，唯独不能犯错而致命。生命之金贵，在于失去了无法重来。教人不怕死的道理，如果不取叔本华放弃生命的悲观主义，那一定也要教人珍惜生命的道理。

本章讲珍惜生命，或有三个说法：宇宙学的论说、进化论的论说和人文学的论说。宇宙学和进化论都是从天地不仁到生命有情；人文学就是从对生命的愁肠百结到对人生的万般不舍，彻里彻外一个"情"字。

珍惜生命之宇宙学论说

从科学说生命，没有比宇宙学更大的尺度了。其出发点是说宇宙中出现生命的条件是罕见的，生命现象可以说是宇宙演化中概率极小的事件。霍金将生命起源的物理条件追溯到宇宙起源之大爆炸后的一秒钟。

宇宙起源于138亿年前的一次尺度为零、温度无限的大爆炸，霍金自信地说："我们现在完全确信已经取得的正确的图景，至少可以追溯到爆炸后的一秒钟。"膨胀力和引力是宇宙演化的两种基本力,膨胀力产生无限浩瀚无限多的宇宙,而引力则形成某些光滑和一致的区域,只有在光滑的区域里,星系、恒星才能形成,也才能演化出生命,进而发展出可以质疑宇宙为什么如此光滑的智慧生命。问题在于,膨胀力和引力之间的平衡点是一个极小的值,膨胀的"速率只要小了十亿亿分之一秒,宇宙就会在达到它今天的大小之前塌缩;而若一秒钟时的膨胀率多了同样的值,宇宙就会极度膨胀,以至于它现在简直就会变得空无一物"[1]。霍金禁不住发问,为什么宇宙的膨胀率恰到好处,既有虚空的宇宙,又能看到满天星斗?

霍金相信,如果热大爆炸宇宙模型从时间起点以来都是正确的话,那么宇宙的初始状态确实做了非常仔细的选择。[2] 换言之,差之毫厘,就不会有今天的宇宙、今天的星系、今天的地球和地球上的智慧生命;也不会有亚里士多德、托勒密(Ptolemy)、哥白尼、伽利略(Galileo Galilei)、开普勒(Johannes Kepler)、牛顿、爱因斯坦、霍金等一批人类最聪明的头脑绵延几千年的天问。

霍金相信,现代物理学已经确定地解释了宇宙是什么的问题,但想要解释宇宙为什么恰好是这样的是困难的,除非借助"上帝之手",因为上帝的本意是要创造出我们这样的生命。霍金在《时间简史》和《宇宙简史》里反复谈论上帝,还借爱因斯坦的问题"在构建宇宙时上帝有多大的选择余地"来展开议论,但实际上他没

---

[1] [英]霍金:《宇宙简史:起源与归宿》,赵君亮译,译林出版社,2012年,第67页。
[2] 同上,第69页。

有给上帝的创世留下多少选择空间。当代的学者已不再有以为适合人居的宇宙是上帝专门为人创造的自恋。宇宙的演化对产生生命进而产生智慧人类的所谓"恰到好处",只是因为人类已经在那里了,这是人择原理,而不是仁慈上帝(或仁义天地)的恩宠原理。显然,从宇宙学里找不到人的生命的意义和根据。

即便既有的宇宙膨胀率对生命"恰到好处",也不意味着生命的诞生在宇宙中是容易发生的事。道金斯的思想实验否定了生命在宇宙中四处发生的可能。

道金斯按宇宙的尺度,列出了生命在宇宙中出现的三个可能假设。

第一,生命在整个宇宙中只出现在一颗行星上,若然,那颗行星必然是地球,因为我们已经在这里。

第二,生命大约在每个星系发生一次,若然,在银河系,地球就是那颗幸运的行星。

第三,生命起源是件非常可能的事,因此每个太阳系都可能发生一次,若然,在我们太阳系,地球就是那颗幸运的行星。[1]

道金斯说,不可能再有第四个可能了,否则地球人早就找到太阳系内的其他生命形态了。

道金斯继续推演,如果生命起源是个大概率的事件,那地球附近无线电波发射范围内的许多行星,也应该发展出无线电技术来。人类发明无线电通信已经超过一百年,在这个时段无线电波

---

[1] [英]理查德·道金斯:《盲眼钟表匠:生命自然选择的秘密》,王道还译,中信出版集团,2016年,第212页。

的发射范围内,大概有五十颗恒星。"要是我们在计算里包括那些一千年前就发明了无线电技术的文明,那么就会有一百万颗恒星在发射无线电波的范围内(再加上绕行它们的行星)。要是我们将那些一万年前就有了无线电技术的文明纳入,恒星数以万亿计的整个星系都在无线电波的范围内了。"[1] 结果怎样?迄今为止,地球人没有接收到一条地外文明的无线电波。

道金斯没有再给结论,笔者根据他的计算,可以推论,生命出现的三个可能,至少可以去掉假设三,也就是说,每个太阳系都发生一次生命的可能性是太大的概率,或至少我们可以说,银河系只有一个太阳系出现了生命,这样,在直径16万光年、总质量为太阳2100亿倍的银河系里,生命只在地球上出现。

在宇宙的尺度上,生命几乎是一个不可能的奇迹,对此道金斯评论道:"要是一个生命起源理论描述的事件太容易发生了,我们凭主观判断就能确定,反而无法解释我们的经验——在宇宙中我们很少观察到生命迹象。"[2]

生命的宝贵,还在于它对个体来说几乎也像是一个纯粹偶然的产物。周国平这样推理:"大自然产生你的概率几乎等于零。如果你的父母没有结合(这是偶然的),或者结合了,未在那个特定的时刻做爱(这也是偶然的),或者做爱了,你父亲释放的成亿个精子不是那个特定的精子使你母亲受孕(这更是偶然的),就不会有你。如果你父母各自的父母不是如此这般,就不会有你的父母,

---

[1] [英]理查德·道金斯:《盲眼钟表匠:生命自然选择的秘密》,第213页。
[2] 同上。

也就不会有你。这样一直可以推到你最早的老祖宗，在不计其数的偶然中，只要其中之一改变，你就压根儿不会诞生。"[1]

生命在宇宙中的出现，已经像是一件不可能的事；而"你"的生命在人世间的出现，看起来也像是一件概率等于零的事，这两个不可能加起来，不是要引出生命和你的生命的不可能，因为生命和你的生命已经在那里，而是要引出对生命的感恩和珍惜。活着，就是宇宙间的最大奇迹。

珍惜生命之进化论论说

生命已经在那里，你的生命已经在那里，珍惜生命的道理不必再从宇宙学绕过来，眼见生命的壮观和多彩，自然生出喜欢、激发出生的热情。《易经》说"天地之大德曰生"，把生的道理抬到至高地位，学理上只是一家之言，却也贴近常人感情。生命灿烂，却如春之樱花，转瞬即逝，珍惜生命的最好道理多半出自对生命无常且短暂的自怜、伤感或更加积极的觉悟中。

进化论讲生命，起点是天地不仁，因为进化没有目的，只是自然对最适者的"无情"选择，但进化产生的是一个"有情"世界。《物种起源》的最后一段文字，达尔文饱含感情描绘生机盎然的生命世界："凝视树木交错的河岸，许多种类的无数植物覆盖其上，群鸟鸣于灌木丛中，各种昆虫飞来飞去，蚯蚓在湿土里爬过。并且默想一下，这些构造精巧的类型彼此这样相异，并以这样复杂

---

[1] 周国平：《周国平文集》第2卷，第147页。

的方式相互依存,而它们都是由于在我们周围发生作用的法则产生出来的,这岂非有趣之事?……最美丽的和最奇异的类型从如此简单的始端,过去、曾经而且现今还在进化着,这种观点是极其壮丽的。"[1] 达尔文将人和阿米巴放在一条生命链上,并将人与猴子攀上最近的亲属,据说这是给人类的一个大大的自恋创伤。人还是万物之灵长吗?这样的问题要看谁来回答,是生物学家,还是诗人,或宗教领袖?但无论如何,把人的生命与地球上的生命通过进化链条内在关联起来,有助于培养我们对生命的敬畏心。

提出"敬畏生命"口号的,是德国人阿尔贝特·施韦泽(Albert Schweitzer),他被爱因斯坦赞誉为"不曾有过像他那样理想地集善和美的渴望于一身的人"。之所以将施韦泽的敬畏生命说归到进化论名下,是因为他要唤起人类对动物的同情心,其根据出自进化论的世界观,但他表达的生命一体思想,同样属于下一节讨论的人文学范畴。他给下列场景这样一个说明:"死在路上的甲虫,它是像你一样为生存而奋斗的生命,像你一样喜欢太阳,像你一样懂得害怕和恐惧。现在它们却成了腐烂的机体,就像你今后也会如此。"[2]

路上的死甲虫,能否引起我们物伤其类的感触?若然,施韦泽的联想就把我们引向生命伦理的思考,"我只能敬畏所有生命,我只能与所有生命共同感受:这是所有道德的基础和开端"[3]。

---

[1] [英]达尔文:《物种起源》,周建人等译,商务印书馆,1995年,第559页。

[2] [德]阿尔贝特·施韦泽:《对生命的敬畏》,陈泽环译,上海世纪出版集团,2007年,第157页。

[3] 同上,第158页。

敬畏生命的理由在于，所有生命之间都存在普遍联系。人的存在不是孤立的，而是有赖于其他生命和整个世界的和谐。人类应该认识到，任何生命都有价值，我们和它们不可分割。所以，原始的伦理就产生于人类与其前辈和后裔的天然关系。只要人一成为有思想的生命，他的"亲属"范围就扩大了。

施韦泽从其他动物的遭遇中想到我们自己跟它们在生命上的联系，由此激发出我们的怜爱心，把我们对生命的敬畏心扩展到一切有生命的事物上，这的确是一个心怀悲悯的哲学家的论证思路。人类出于生存需要，必定要消灭一些生命，比如对人类有害的蚊蝇。但施韦泽说人必须有自责的意识。如果人类认为自己有权力毁灭别的生命，他总有一天会走到毁灭与自己类似的生命或自我毁灭的地步。这种自责是对敬畏一切生命原则的妥协，同时也是一种生命的自觉。

在施韦泽看来，关于敬畏生命，人类占有一个独一无二的地位，因为"所有生命都必然生存于黑暗之中。只有一种生命能够摆脱黑暗，看到光明，这种生命就是最高级的生命——人。只有人能够认识到敬畏生命，能够认识到休戚与共，能够摆脱其余生命苦陷其中的无知"[1]。

休戚与共，是反省认知，更是伦理情感，仅仅人这种智慧生命才有这种生命意识，而关键在于，只有生命才能触动和激发（智慧）生命的多愁善感。此种休戚与共、生命一体的情怀，古今中外皆有引为同调者。中国哲人王阳明阐发儒家万物一体的仁心仁

---

[1] ［德］阿尔贝特·施韦泽：《对生命的敬畏》，第161页。

义,"其视天下之人,无外内远近,凡有血气,皆其昆弟赤子之亲,莫不欲安全而教养之,以遂其万物一体之心"[1]。17世纪的英国诗人约翰·多恩(John Donne)在其《沉思录》第十七篇中写道:"无论谁死去,都是自己的一部分在死去,因为我是人类的一分子。因此我从不问丧钟为谁敲响,它为你而鸣。"[2]意识到生命的休戚与共,就是生物界的最大奇迹。

珍惜生命之人文学论说

只要一个人开始觉悟到,无论当下的丧钟是不是确定为自己敲响,丧钟也一定为自己敲响,他对生命的反思,无疑进入人文学范畴。萧伯纳自撰的墓志铭不是说"我早就知道无论我活多久,这种事情迟早总会发生的"。与动物比起来,我们的确怀着"人类特有的所有内驱力、才智、爱、自豪感、愤怒、希望以及焦虑,最终确信不疑的只有一点:他参与帮助着同一循环的永恒延续。诗人们把这一事实视为悲剧"[3]。

把人类不免一死的悲剧说得触目惊心的,是法国人帕斯卡尔:"让我们想象一群被囚禁的人全部被判了死刑,每一天,他们中都有一些人被杀死在其余之人面前,幸存者从同伴身上望见了自己

---

[1]《王阳明集》(上),第50页。

[2] John Donne, *The Works of John Donne*. Vol Ⅲ. from https://www.luminarium.org/sevenlit/donne/meditation17.php

[3] [美]爱德华·O.威尔逊:《论人的天性》,第3页。

的命运，他们悲伤而绝望地彼此对视，等待着轮到自己的那天。"[1] 悲催的还在于，"死亡只不过到来一次，但在一生之中却无时无刻不使人感到它；理解死亡要比忍受死亡更艰巨得多"[2]。正如托尔斯泰对马克西姆·高尔基（Maxim Gorky）所说的："要是一个人学会了思想，不管他的思想对象是什么，他总是在想着自己的死。"[3]

萦怀于人生苦短的悲戚，也是汉代《古诗十九首》的主旋律："生年不满百，常怀千岁忧"，"人生忽如寄，寿无金石固"。由天地无限而此生有限的对比引出的悲戚，充斥在中国无数文人的诗文中，如"哀吾生之须臾，羡长江之无穷"（苏东坡）；"念天地之悠悠，独怆然而涕下"（陈子昂);《兰亭集序》的后半篇全是对"修短随化，终期于尽"的哀矜，即便"游目骋怀，足以极视听之娱"，每念及死生大事，"岂不痛哉！"

如此痛彻心扉的感伤，难免产生幻灭感，如托尔斯泰在五十岁时所遭遇的精神危机。这正是托尔斯泰在智力方面已经完全成熟，生命的全部奥秘已经一览无余的时候，他突然醒悟：死亡不必多久就会落到心爱的人和自己身上，"我的事业，无论是怎样的事业，会被统统忘掉——或迟或早，连我本身都不会存在"。于是他像古今的哲人一样发问："那么又何必忙碌呢？一个人怎能对此视而不见，并且活下去"，"头脑一清醒，就不能不看到，这一切

---

1 转引自[英]西蒙·克里切利《哲学家死亡录》，第138页。
2 [法]帕斯卡尔:《思想录》，第81页，第169节脚注。
3 转引自[美]威廉·巴雷特《非理性的人》，段德智译，上海译文出版社，2012年，第189页。

都是幻觉,而且是荒唐的幻觉!"[1]

若非对生命的荒谬一无所知而活得浑浑噩噩,又不想通过自我了断来结束生命的荒谬,剩下的路无非两条,或追随庄子,无所作为,"知其不可奈何而安之若命";或追随曹操,慨当以慷,"对酒当歌,人生几何"。若说庄子多少有些消极,自况"烈士暮年,壮心不已"的曹操自然积极,事实上,这也是中国文化对生命的主导取向。即如《古诗十九首》那样极致的伤怀诗,也是一方面感伤"人生寄一世,奄忽若飙尘",另一方面反复申言"何不策高足,先据要路津","不如饮美酒,被服纨与素","为乐当及时,何能待来兹"。

及时行乐,常人看到的似总在"行乐"两字,哲人却从来最重"及时"一语。及时的极致,就如诗人贺拉斯(Quintus Horatius Flaccus)所说:"把照亮你的每一天当作最后一天,赞美它赐给你意外的恩惠和时间。"[2] 把每一天当作最后一天,这样的想象,传达的是时不我待的紧迫,还是又多活一天的从容?无论是何种态度,指向的岂非"日日是好日"的境界?把对死亡的恐惧转变为对生的感恩。

主张及时人生,就是主张活得用心。斯多葛派哲人塞涅卡说:"只有念念不忘生命的脆弱,才能活得从容。凡人对死没有意识,对生就心不在焉,这样的人生命也就最为短促。心不在焉的人,不光是酒色之徒,饱食终日、无所事事的人,也包括终日忙碌、

---

[1] [俄]列夫·托尔斯泰:《忏悔录》,第24页。
[2] [英]蒙田:《蒙田随笔全集》(上册),第95页。

顾不上思考死之将至的人。"[1]

我们总把明天视为理所当然,绝症让明天成为问题,死亡帮助人重新发现了今天。美国人崔雅·威尔伯(Treya Wilber)罹患绝症后意识到自己不能再忽视死亡,于是更用心地活。她的丈夫肯·威尔伯(Ken Wilber)写道:"崔雅非常明白病情的严重性,但是她的镇定与对生命所抱持的喜乐似乎与日俱增。她很高兴自己还能活着!"对还好好活着的人来说,这件事情并不怎么了不起。但这实际上很了不起。还活着,还能走路,思想还能转起来,还有敏锐的感觉,还可以连续工作,这是何等的好事!但事实上,好好的生命状态,我们往往不知珍惜,不以为然。

威尔伯还写道:"去他的明天!我看到她兴高采烈地与狗儿玩耍,愉快地在花园里栽种植物,带着微笑从事玻璃画创作。我发现有股类似的平静与喜悦悄悄爬进我的灵魂,让我也能享受宝贵的当下,我很高兴能拥有眼前的这一刻,这比以前拥有无限的当下要快乐多了,因为以前的快乐是会被时间冲淡的。这是我看着崔雅每天与死亡共处所学会的功课。"[2] 威尔伯庆幸自己不仅活着,还活得比以前更充实,而这是因为一个随时将失去生命的病人把自己的生命意识唤醒了。

死到临头,的确能逼迫我们活得用心起来,但若在平常的日子里,就能活得用心,活得有滋有味,我们的生命岂不更丰富和充实?李泽厚将中国文化喻为乐感文化,是说中国人既无天国可

---

[1] 转引自[英]西蒙·克里切利《哲学家死亡录》,第69页。
[2] [美]肯·威尔伯:《超越死亡:恩宠与勇气》,第311页。

去,也无从仰赖人格神的恩宠,只能在人世间寻找生命的真谛。人世间的什么值得我们为之用心体验和追求?"亲子情、男女爱、夫妇恩、师生谊、朋友义、故国思、家园恋、山水花鸟的欣托。普救众生之襟怀,以及真理发现的愉快、创造发明的欢欣、战胜艰险的悦乐、天人交会的皈依感和神秘经验。"李泽厚深情地发问:"为什么不就在日常生活中去珍视、珍惜、珍重它们呢?为什么不去认真地感受、体验、领悟?探寻、发掘、'敞开'它们呢?你的经历、遭遇、希望、忧伤、焦虑、失望、欢快、恐怖……不也就是你的实际生活吗?回忆、留恋、期待、执着、追悔,种种酸甜苦辣,即使作为自身体验不也重要吗?一切事件、事物、景色、环境,不也都围绕着它而构成意味吗?不正是在这里,你才真正活着吗?人生无常,能常在常驻心灵的,正是那可珍惜的真情,片刻始终大有深意在,只有它能证明你曾经真正活过。于是,在这日常平凡的,似乎是俗世尘缘中,就可以去欢庆自己偶然的生;在这强颜欢笑中,这忧伤焦虑中,就可以去努力把握、留恋和留住这生命的存在。"[1]与你爱的和爱你的人一起活着,就是人世间的最大奇迹。

　　珍惜生命的道理,从霍金、道金斯的宇宙学说来,天地庄严,让人心生敬畏;从达尔文的进化论说来,天地不仁,却让人生出无限自爱,且由进化链条产生生命一体的感受;从中西的人文学说来,天地人皆有情,让人觉悟:此生无二,人间值得。

---

[1] 李泽厚:《人类学历史本体论(下卷):存在论纲要》,人民文学出版社,第35页。

后记

本书写了三年，但缘起五年前的线上讲座《把人生活明白》。当时，智慧树网的王晖先生出人出力为我做了一百集音频课程。那次赶时髦的尝试虽未能起半点蓬头，但为讲座准备的文字成为本书的部分原始材料。我为智慧树网慷慨开启的计划由衷地感谢王晖先生和葛新女士。也是他们的诚意邀请，我得以在其创立的在线教育平台上将"西方社会思想两千年"的慕课推向全国几百所大学。

最初的人生观讲座已经变为社会学著作。中外社会学教科书无数，由我再添一本无益。教科书全面系统，多为成熟而公认的知识。但不成熟无公认的知识或议题更多，也更有解释的价值，尝试别样的社会学论说，主导了本书的写作。

别样并非离经叛道。本书引经据典，既表明"不可见社会"论渊源有自，也表明我对经典的敬畏。我们平视世界，不等于我们可以不仰视经典。经典是什么？经典就是孔子："他说过的话，总有机会在特定的场合在心里跳出来，好像他等在那里，等着你想起他的话。"[1] 经典就是康德：通过康德，可能有好哲学；绕过康德，

---

[1] 刀尔登：《不必读书目》，山西人民出版社，2017年，第22页。

只会有坏哲学。

引经据典,也为倡导开卷有益。人最多麻烦来自自我,最大自由亦来自自我。读不读经典和成不成觉者,没有必然关系,但经典让人多少明白自我的无明则是确定的。几乎人人认为自己重要,比别人优秀,把个人的这种幻觉普遍化一下,其结论必然是,自己的感情对他人来说都是过剩的,在他人看来都是小题大做。点出自我幻觉和捅破自我幻觉的正是包括霍布斯、亚当·斯密等在内的一众经典作家。自己没有那么重要,确切说,自己对于他人来说没有自己想象的那么重要,尽管我们对自己和最近的亲友来说依然是重要的。自我若有这份觉悟,还会到处端着并动辄感觉被冒犯了吗?人到了看世界、看人都能心平气和平视时,差不多就是圣贤气象了!对自己更少骄矜,对他人更多同情,此即宋明理学家所乐道的"变化气质",是会被敬畏和热爱经典的长年阅读者真切感受到的。

读经典,每每生出"古今经典皆寂寞"的感慨:好道理曲高和寡,好道理也未被好好阅读,好似文庙,看似香火很旺,夫子仍是一个寂寞。传说李白在黄鹤楼上感叹:"眼前有景道不得,崔颢题诗在上头",黄鹤楼的风景被崔颢写到无人可及,诗仙李白大可以撂笔。但崔颢的黄鹤楼诗总还要人解读,说出妙处来。本书的工作,是被敬畏心驱使的鉴赏,或曰强说经典的妙不可言。道理讲到极致,当然是才气使然,也是人格使然。经典是超凡人格和独特性情的极致表达,其深度、广度和强度都大大超出普通作品。我们常被经典或震撼或点醒,可见经典的力量是思想的也是人性的。休谟认为卢梭的善感性达到了他所见过的最高高度,卢梭好像是这样一个人,"这人不仅被剥掉了衣服,而且被剥掉了皮肤,在这种情况下被赶出去和猛烈的狂风暴雨进行搏斗"[1]。休谟为卢梭所绘的人格画像,在文化史上恐怕难有第二个。这样一个人写出的作品岂能不具有感人至深的"善感性"?韦伯曾经断言,凡是不承认没有马克思和尼采这两个人所作的贡献就没有他们自己的大部分成就的人,都是自欺欺人者,"我们在其中从事学术活动的领域,在很大程度上是由马克思和尼采创造的"[2]。我读尼采超过四十年,也在我的《西方社会思想史》和本书中卖力引用和阐释尼采,但一直不能完全读懂他。当读到威廉·巴雷特(William Barrett)说"我们在读他的作品时会产生一种感觉,觉得他所讨论的那些根本问题差不多足以把人逼疯"[3]时,我不仅产生了共鸣,也大概明白了自己未能走近尼采的原因。尼采的工作最终的确把他逼疯了,而我们的思想和激情都没有如此的强度,不大会到入魔的地步,这是我们和尼采的距离。

但若经典是人类思想和感情的极致表达,经典注定就能激起我们的共鸣和感动;或者,只要我们愿意走近经典,我们一定能找到最让我们产生亲切感的经典。通过阅读,读者不难发现本书引用了许多经典作家,如孔子、帕斯卡尔、亚当·斯密、达尔文、马克思、韦伯、涂尔干、爱因斯坦、詹姆士、戈夫曼、布尔迪厄、傅伟勋、塞尔、威尔逊、薛定谔、加扎尼加、道金斯、侯世达等

---

1 [英]罗素:《西方哲学史》(下卷),马元德译,商务印书馆,1976年,第231页。
2 [美]刘易斯·科瑟:《社会学思想名家》,石人译,中国社会科学出版社,1990年,第274页。
3 [美]威廉·巴雷特:《非理性的人》,第270页。

的观点。在这份并不完全的名单里的，无论是人文社会科学家，还是自然科学家，都有着人类顶尖的大脑。他们各自的学科洞见，汇集成理性的光束，投向不可见社会的方方面面。本书是对经典和经典作家的真诚致意。

合著者邹华华参与了本书涉及的所有田野调查和现场研究；撰写了社会分层、自我认同、社会命名、城市更新等主题的相关内容；并分担了参考文献的查阅、摘引和核实工作。我知道这些或许是比写作本身更花时间的劳作，感谢邹华华的合作与贡献。

完成本书，我还要感谢编辑陈丽女士。她对本书的信心和耐心，让我的写作少了焦躁多了率性。我由衷地觉得，与这样一位善意而敬业的编辑合作，是作者的福气。

于海

2024 年 4 月 26 日

于上海新江湾城寓所